현대교정학

현대교정학

공정식 · 정선희 공저

한국학술정보[주]

현대 사회의 범죄는 갈수록 증가되고 있을 뿐만 아니라 잔혹·흉폭해지고 있어 범죄피해에 대한 두려움은 일반인들 사이에 널리 확산되고 있으며, 사회활동을 위축시키거나 스트레스를 주는 등 사회생활에 적지 않은 영향을 미치고 있다. 이로 인해, 범죄로부터 사회를 보호하기 위해 수사와 재판 등 처단적인 기능만으로는 그 한계가 있으므로 형사사법의 최종 단계로서의 교정의 중요성은 날로 높아지고 있는 실정이다.

과거의 교정은 응보와 억제적 차원에서의 처벌이었다. 범죄자가 저지른 범죄에 대해 형법에 근거하여 그게 합당하다고 생각되는 형량을 부과하여 사회로부터 격리하는 것이다. 그러나 이러한 처벌은 범죄에 대한 사회의 보호에 있어 일시적인 효과만을 보여주고 있다. 범죄를 스스로 행하는 데에 영향을 주는 요인은 상황적 요인뿐만 아니라 정신적, 사회/심리적인 요인들이 복합적으로 작용하기 때문이다. 이로 인해 현대의 교정은 각 범죄의 특수 상황과 각 범죄자의 개별적 특성에 기초하여 보다 과학적인 방법으로 분류하여 범죄의 오염을 최소화하고 사회/심리적인 요인을 다양한 프로그램들을 통해 낮추어 사회에 복귀하였을 때 범죄를 저지르지 않게 하는 데에 주목적이 있다.

이 책은 이러한 교정에 대해 이해를 돕기 위해 다음과 같이 구성하였다. 첫째, 교정기본이론들을 다루었다. 교정의 원리와 수용자 처우의 원칙, 교정의 발전과정에 대해 간략하게 서술하였고, 처우의 여러 모델들과 실제 교정환경에 대해서 다루었다.

둘째, 교정관리이론들에 대해 다루었다. 교정시설과 시설수용의 방법, 수용자의 권리를 중점으로 교정시설의 요건과 외국과 우리나라의 시설구조와 수용에 관한 전반적인 사항들에 대해 설명하고 있다. 셋째, 북한의 교정제도에 대해 다루었다. 현재 불안한 북한의 사회적 상황으로 인해 통일에 대한 기대가 커져가고 있다. 남한과의 균형있는 교정발전을 위하여 북한의 교정제도에 관해 살펴보았다. 넷째, <u>교정처우이론들</u>을 살펴보았다. 앞에서도 언급한 바 있지만, 궁극적인 교정의 목적을 실현하기 위하여 보다 체계적이고 과학적인 분류제도와 그에 적절한 대처방안의 필요는 절실해지고 있다. 이에 분류심사제도와 누진처우제도에 관한 이해를 돕기 위해 자세히 설명하였고, 범죄자들의 재범위험성을 알아보기 위한 범죄위험성평가에 대해 이론들과 실제 쓰이고 있는 방법들에 대해 구술하였으며, 현재 실시되고 있는 교정·교화 프로그램들에 대해 살펴보았다. 다섯째, 수형자들의 사회복귀를 위한 <u>교정심리와 상담, 그리고 지역사회교정</u> 등에 대해 살펴보았다.

　그 밖에 본 서는 교정학에 대해 두루 설명하고 있지만, 간략한 설명으로 인해 적은 분량임을 밝힌다. 핵심사항만을 서술함으로써 교정학에 대한 부담감이나 거부감을 최소화하여 교정학에 대해 보다 쉽게 다가갈 수 있을 것이다.

　마지막으로 고마운 분들을 모두 헤아릴 수 없지만, 무엇보다도 본 서가 출간되기까지 바쁜 일정에서도 정성을 다해준 공저자 정선희 박사에게 감사를 드리며, 현대교정학의 출간을 흔쾌히 허락해주신 (주)한국학술정보 사장님과 임직원에게도 고마움을 전한다. 또한 모친과 아내, 자녀(睿閜과 警浩)와 조카(睿琳)에게도 감사하고, 경기대학교 교정학과 교수님들과 자료수정을 도와준 양귀비, 권은지 후배에게도 고맙다는 말을 전한다.

2010. 3. 1.

한국범죄심리센터에서

대표저자　**공 정 식**

목 차

제1장 교정기본론

제1절 교정의 원리

Ⅰ. 교정의 개요

1. 교정의 개념

보편적 의미로서의 교정이란 유죄가 확정된 범죄자, 즉 수형자에게 적용된 행동이라 볼 수 있으며, 사전적(사실적) 의미로서의 교정이란 미결수나 수형자를 관리할 책임이 있는 조직, 시설, 서비스 그리고 프로그램의 집합이다. 따라서 교정이란 사회의 요구에 따라 유죄가 확정된 범죄자를 처벌하고, 그들이 장래 사회에 유용한 삶을 영위할 수 있도록 그들을 지역사회로 재통합시키기 위해 취해지는 행동으로 볼 수 있다.

2. 행형과 교정

구분		교정의 형식적 · 법률적 측면을 강조한 개념	근거법률
행형 (行刑)	협의	자유형의 집행	형의 집행 및 수용자의 처우에 관한 법률
	광의	자유형 집행＋사형수의 수용, 미결수용, 노역장 유치 등	

구분		교정의 실질적 · 이념적 의미를 강조한 개념	근거법률
교정 (矯正)	최협의	자유형의 집행	형의 집행 및 수용자의 처우에 관한 법률
	협의	자유형 집행＋사형수의 수용, 미결수용, 노역장 유치 등	
	광의	협의의 교정＋시설 내 수용보안처분의 집행	형의 집행 및 수용자의 처우에 관한 법률, 소년법, 치료감호법, 보호소년 등의 처우에 관한 법률
	최광의	광의의 교정＋사회 내 교정처우	형의 집행 및 수용자의 처우에 관한 법률, 소년법, 보호소년 등의 처우에 관한 법률, 보안관찰법, 치료감호법, 보호관찰 등에 관한 법률 등

3. 소극행형과 적극행형

소극행형	인권옹호적 행형이라고도 하는 것으로, 인간에 관한 행동과학에도 한계가 있다는 것을 인정하고, 원래 형벌을 부과하고 자유를 구속하여도 인간의 개선교육은 이루어지지 않으며, 그것을 기대하는 일 자체가 모순이라는 처우비관론에 기초한 것이다.
적극행형	교화개선적 행형이라고도 하는 것으로, 형벌에도 개선교육효과가 기대되는 처우낙관론에 기초한 것이며 행형의 과학화와 개별화를 도모하고, 수형자의 재사회화를 위해 보다 좋은 형사정책을 모색하려는 것이다.

4. 교정의 역사

(1) 복수적 단계

원시시대부터 고대국가 형성시기까지를 말하며, 이 시대의 복수관념을 나타내는 탈리오(Talio) 법칙이란 범죄행위에 대한 처벌로서 눈에는 눈, 이에는 이로 보복을 가한다는 의미이다. 또한 이 시기는 개인적인 형벌에 입각한 복수관과 더불어 종교적이고 미신적인 사회규범에 의한 속죄형제도를 포함한다.

(2) 위하적 단계

고대국가로부터 17세기경까지 왕권강화와 강력한 공형벌 개념에 따른 준엄하고 잔인한 공개적인 처벌을 포함한 형벌제도와 순회판사제도가 있었던 시기를 말한다. 대표적인 법전으로 16세기 카롤리나형법전을 들 수 있으며 수형자에 대한 행형이 야만성을 탈피하지 못했다.

(3) 박애적 개선단계

유럽의 문예부흥기와 산업혁명으로 인한 잉여노동의 성장과 공리주의의 영향을 받아 국가형벌권도 박애주의에 입각하여 위하적 혹평에서 박애적 관형으로, 죄형천단주의에서 죄형법정주의로 바뀌고, 형벌도 생명형과 신체형으로부터 자유형으로 변화되어 가는 시기라 할 수 있다. 따라서 자유의 박탈은 응보적, 위하적 목적에서 교정적, 개선적 목적으로 바뀌게 된다.

(4) 과학적 처우단계

19세기 말부터 20세기 초를 거치면서 형벌의 개별화가 주장된 때라고 할 수 있다. 이 시기에는 실증적인 범죄 분석과 범죄자에 대한 처우로서 사회를 범죄로부터 구제 내지 방어하려는 방향을 제시하였고 훈련된 교도관으로 하여금 수용자의 구금분류와 처우를 담당하게 할 것과 수용자의 적성 발견과 개별 처우를 통해 건전한 사회인으로 재사회화를 도모하는 것에 초점을 두었다.

Ⅱ. 수용자 처우의 원칙

1. 인도적 처우

(1) 일반적 기준

구금[1]된 수용자도 기본적 자유권의 보장 및 적극적으로 처우를 받을 권리가 보장되어야 한다. 따라서 사회적응을 위한 치료라든가 교육적 목적을 빙자한 수용자의 인권침해는 정당화될 수 없다.

(2) 국제조약 등 기준

UN 인권B규약 제10조	자유를 빼앗긴 모든 자는 인도적이며, 인간 고유의 존엄을 존중받도록 취급한다.
헌법 제10조	모든 국민은 인간으로서의 존엄과 가치를 가지며, 행복을 추구할 권리를 가진다. 국가는 개인이 가지는 불가침의 기본적 인권을 확인하고 이를 보장할 의무를 진다.
형의 집행 및 수용자의 처우에 관한 법률 제4조	제7차 개정에서 처음 규정하고, 제9차 개정에서는 독립된 조문으로, 수용자의 인권은 최대한 존중할 것을 규정하고 있다.

2. 공평한 처우

(1) 일반적 기준

평등이란 절대적 평등이 아니라 일반적 평등의 원칙에 입각한 상대적 평등을 의미하며, 중심사상은 실질적인 기회균등과 자의의 금지에 있다.

---

[1] 구금이 재판까지 범죄자를 붙잡아 두는 것이라면, 구금의 확보 외에는 별다른 관심의 필요성이 적다. 또한 구금의 이유가 가해자를 사회로부터 격리하고 그들의 범죄행위에 대해 처벌하기 위한 것이라면 프로그램, 처우전문가 그리고 교도소의 여건 등은 중요치 않다. 그러나 구금의 목적이 범죄자를 교화개선하기 위한 것이라면 구금의 전반적인 프로그램에 대하여 보다 많은 관심을 기울여야 한다. 형법상 구금은 자유형의 일종이고, 형사소송법상 구금은 강제처분의 일종이라는 점에서 구별된다.

(2) 국제조약 등 기준

UN 피구금자처우 최저기준규칙 제6조	규정이 공평하게 적용되지 않으면 아니 되고 수용자의 인종, 피부색, 성별, 언어, 종교, 정치적 견해, 국적, 사회적 신분, 재산, 문벌 여타의 지위에 의하여 차별하여서는 아니 된다.
헌법 제11조 제1항	모든 국민은 법 앞에 평등하다. 누구든지 성별·종교 또는 사회적 신분에 의하여 정치적·경제적·사회적·문화적 생활의 모든 영역에 있어서 차별을 받지 아니한다.
형의 집행 및 수용자의 처우에 관한 법률 제5조	수용자는 합리적인 이유 없이 성별, 종교, 장애, 나이, 사회적 신분, 출신지역, 출신국가, 출신민족, 용모 등 신체조건, 병력(病歷), 혼인 여부, 정치적 의견 및 성적(性的) 지향 등을 이유로 차별받지 아니한다.

3. 개선목적에 적합한 처우

개선목적의 적합이란 수형자의 교화개선을 통한 재사회화를 도모하고, 개선은 수형자 스스로의 갱생이며, 교도관의 지도는 조력에 불과하다는 취지이다.

4. 법적 지위에 상응한 처우

(1) 일반적 기준

법적 지위의 상응이란 범죄자 수용이나 각종 처우는 범죄자의 법적 지위가 상이함에 따라 그에 적합하게 이루어져야 함을 선언한 것이다. 따라서 유죄 확정된 기결수보다 무죄추정의 미결수에게 보다 유리한 처우가 제공되는 정당성을 갖는다.

(2) 국제조약 등 기준

UN 피구금자처우 최저기준규칙	피구금자는 그 성별, 연령, 범죄경력, 구금의 사유 및 처우상의 필요를 고려하여 수용하여야 하며, 남녀의 분리수용, 미결과 기결의 분리수용, 민사상 구금자와 형사상 구금자의 구분수용, 성년과 소년의 분리수용을 규정하고, 이에 따른 처우의 원칙과 내용을 규정하고 있다(동 규칙 제8조 및 제56～95조).
UN 인권B규약	소년범에 대하여 '연령 및 법적 지위에 상응한 처우'를 받도록 규정하고 있다.

Ⅲ. 처우개념의 발전

1. 교정의 처우이념

(1) 격리의 과학화

오늘날 자유형 집행의 목적은 적극적 특별예방(교화개선을 통한 재사회화)이다. 자유형은 시설 내 수용을 전제하고 시설 내 수용은 사회와의 격리를 의미하며, 이러한 격리는 교정의 목적을 달성하는 데 필요한 수단으로 관리(운영·교육·훈련)의 적정[2]을 기하고 과학적 격리를 통하여 교정교화의 목적을 달성하여야 한다.

(2) 처우의 개별화

① 의의

실증주의적 관점에서 주장된 것으로 수형자는 개성과 성장환경 등으로 인한 범죄적 결함이 상이하며, 따라서 이들에 대한 교화개선적 처우도 여러 과학적 방법을 이용하여 진단(분류심사제)하고 개별적으로 적용되도록 하여야 한다는 것으로, 이는 수형자의 재사회화에 전제요건이 된다고 할 수 있다.[3]

② 전제조건

처우의 개별화를 위해서는 각 수용자에 대한 정확한 진단과 이해를 위한 절차와 제도적 장치, 교정기관의 수용자 처우상 재량권의 확대, 과학적 분류처우기법의 개발, 시설의 다양화, 전문인력의 확보, 재정지원 등이 요구된다.

③ 문제점

처우의 개별화는 행형경비의 증가가 불가피하고, 형벌제도에 대한 불신을 낳을 수 있다.

---

2) 교정의 주된 내용은 수형자의 격리와 교육·훈련이다. 그런데 이 2가지 내용은 상호 상충되는 측면이 강하다. 따라서 사회보호 내지 보안을 위한 격리작용을 해치지 않으면서도 재사회화를 위한 교육·훈련을 최대화할 수 있도록 시설의 운영관리와 교육·훈련을 적절하게 조화시켜 나가야 한다.

3) 처우의 개별화는 원래 형벌의 개별화에서 파생된 개념이다. 1898년 R. Saleilles가 <형벌의 개별화>라는 저서를 통하여 3단계의 개별화를 소개하였다. 이는 입법(법률)의 개별화(입법단계에서 죄형법정주의를 전제하며, 본질적 의미의 형벌의 개별화이다), 사법(재판)의 개별화(양형단계에서 판결 전 조사제도 등의 도입을 통한 양형상 개별화를 의미한다), 행정(교정)의 개별화(주로 행형단계에서의 개별화 처우원칙 등을 의미한다)이다.

2. 처우의 사회화

(1) 법률적 규정

한국 형의 집행 및 수용자의 처우에 관한 법률 제1조	수형자의 처우는 사회에 복귀하게 함에 있다.
독일 행형법 제3조	수형생활은 가능한 한 일반인의 생활상태와 유사하게 하여야 한다(유사화 원칙).

(2) 행형의 사회화 방법

행형의 사회화는 사회적 처우로 이해될 수 있는데, 이러한 사회적 처우는 시설 내의 수형자를 사회 내로 끌어내는 방법(귀휴제, 외부통근 · 통학제, 사회견학, 사회봉사활동 등)과 사회 내의 유용한 자원을 시설 내로 끌어들이는 방법(귀휴심사위원회, 지방급식관리위원회, 징벌위원회, 가족만남의 집 · 가족만남의 날, 자매결연, 교정위원제도 등)으로 구분할 수 있다.

3. 처우의 민주화

적극적인 시민참여에 의한 교도소 개혁이 이루어져야 함은 물론 영국에서의 방문자위원회(독립감시위원회)에 상응하는 위원회와 교도소 옴부즈맨과 사찰관제도를 참고로 하여 제도를 개선해야 한다는 주장이 제기되고 있다. 또한 수형자의 인권구제에 대해서는 국제인권위원회의 권고를 존중하면서, 수형자의 기본적 인권의 구체적이고 명확한 법제화, 공정하고 개방된 교도소 내 규칙의 제정, 징벌제도나 서신검열의 방식의 개선, 불복신청시스템의 확립, 독립된 다른 기관의 전문가로부터 교도소 감찰제도의 실현 등이 검토되어야 할 것이다. 이는 교도소의 최종 존재목적이 수형자의 유효한 사회복귀에 있다는 점을 염두에 둔 최소한의 조치라 판단된다.

Ⅳ. 교정의 목적과 한계

1. 교정의 목적

(1) 보편적 교정

유죄가 확정된 범죄자에게 적용되는 행동으로 일컬어지며, 이는 어느 정도의 교정적 행동이 사회의 필요에 따라 이들 유죄 확정된 범죄자들을 처벌하기 위해서 취해지는 것을 함축한다. 물론 유죄가 확정되지 않은 범죄행위의 피의자까지도 포함된다.

(2) 체제적 교정

공정한 처벌과 지역사회의 보호라는 목표가 교정의 목적을 규정할 뿐만 아니라 교정업무의 이익을 평가하는 기초도 형성한다. 그러나 이 2가지 목표가 일치하지 않을 때 교정은 목표갈등을 겪게 된다.

2. 교정의 현실과 한계

(1) 교정의 현실

교정의 현실을 가장 잘 파악할 수 있는 증거는 출소자의 재범률을 보면 알 수 있을 것이다. 현재 교정시설에 수용 중인 수형자 중 재범자가 52.5% 내외라는 점이 아직 한국 교정현실이 가야 할 길이 멀다는 증거라 할 수 있다.

(2) 교정의 한계

현행 형법상 자유형의 형기는 교화개선에 필요한 기간(부정기형)이 아니라 책임[4]주의에 기초(정기형)한다는 점에서 근본적인 문제가 발생하며, 출소자에 대한 사회적 지원이 부족하고, 국가재정상 효과적인 교정활동을 위한 지원이 충분한 것도 아니고, 자유형 자체로부터 파생되는 사회성 단절과 사회기회비용(가정파탄, 직장상실 등)의 증대 등이 문제시될 수 있다.

---

[4] 독일의 W. Naucke(1979)에 의하면, 행형에서 고려되는 행위책임은 양형책임이다. 즉 행위책임은 법관이 형법 제51조(양형의 조건)에 의하여 집행형벌로써 결정한 집행단계의 시발점에 있는 선고형이라고 할 수 있다.

Ⅴ. 교정학의 이해

1. 교정학의 의미

교정학은 존재법칙(실증적 학문)을 대상으로 하는 존재과학의 하나로서 교정 전반에 관한 이념과 학리를 계통적으로 연구하는 학문이라 할 수 있다. 이러한 교정학은 사회방위와 국가안전을 목적으로 반사회성을 가진 범죄집단이나 범죄인에게 과학적 접근을 통하여 재범을 감소시키는 데 목적을 둔 학문이라 할 수 있다.

2. 교정학상의 협의의 범죄

교정학은 본질적으로 자유형 집행에 중심을 두고 있는 학문이므로 형사정책과는 달리 실질적 범죄개념보다는 축소된 의미에서 형식적 범죄개념에, 그리고 집단현상으로서의 범죄보다는 개별현상으로서의 범죄에 더 많은 초점을 둔다.

3. 교정학상의 범죄인

형사정책에서 범죄인을 분류하는 방식은 다양하나, 교정학은 수용관리·교화개선·재사회화의 대상이 되는 범죄인에 대하여 논하는 학문이므로 교정학상 범죄인은 수용관리기준상 분류, 교화개선기준상 분류, 재사회화기준상 분류로 새롭게 정립할 필요가 있다.

4. 교정학의 유래

오늘날 교정학은 감옥학이라는 명칭 아래 1870년대 영국과 프랑스에서 출발하여 독일에서 독립된 학문 영역으로 발전하였으며, 제1차 세계대전 후에 감옥질서를 중심으로 형성된 감옥학을 마사키 아끼라가 인간의 교육을 중심으로 하는 행형학으로 발전시켰고, 독일에서는 교화행형(rehabilitation)이념으로 제2차 세계대전 이전까지 큰 호응을 받았으며, 제2차 세계대전이 끝난

1955년 이후 UN 범죄예방 및 범죄인처우회의에서 행형학보다는 교정처우론을 중시하게 되면서 오늘날에는 교정학이라는 용어가 더 널리 사용되고 있다.

Ⅵ. 교정관계 법령 제1조(목적)

형의 집행 및 수용자의 처우에 관한 법률	이 법은 수형자의 교정교화와 건전한 사회복귀를 도모하고, 수용자의 처우와 권리 및 교정시설의 운영에 관하여 필요한 사항을 규정함을 목적으로 한다.
소년법	이 법은 반사회성 있는 소년에 대하여 그 환경의 조정과 성행의 교정에 관한 보호처분을 행하고 형사처분에 관한 특별조치를 행함으로써 궁극적으로 소년의 건전한 육성을 기함을 목적으로 한다.
보호소년 등의 처우에 관한 법률	이 법은 보호소년 등의 처우 및 교정교육과 소년원과 소년분류심사원의 조직, 기능 및 운영에 관하여 필요한 사항을 규정함을 목적으로 한다.
보호관찰 등에 관한 법률	이 법은 죄를 범한 자로서 재범방지를 위하여 보호관찰, 사회봉사 · 수강 및 갱생보호 등 체계적인 사회 내 처우가 필요하다고 인정되는 자에 대하여 지도 · 원호를 함으로써 건전한 사회복귀를 촉진하고, 효율적인 범죄예방활동을 전개함으로써 개인 및 공공의 복지를 증진함과 아울러 사회를 보호함을 목적으로 한다.
치료감호법	이 법은 심신장애 상태나 마약류 · 알코올 또는 그 밖의 약물중독 상태, 심리성적 장애가 있는 상태 등에서 범죄행위를 한 자로서 재범(再犯)의 위험성이 있고 특수한 교육 · 개선 및 치료가 필요하다고 인정되는 자에 대하여 적절한 보호와 치료를 함으로써 재범을 방지하고 사회복귀를 촉진하는 것을 목적으로 한다.
보안관찰법	이 법은 특정범죄를 범한 자에 대하여 재범의 위험성을 예방하고 건전한 사회복귀를 촉진하기 위하여 보안관찰처분을 함으로써 국가의 안전과 사회의 안녕을 유지함을 목적으로 한다.

제2절 교정의 역사

Ⅰ. 감옥개량운동

1. John Howard의 주장내용

감옥개량운동의 개척자는 영국인 John Howard(1720~
1790)[5]이다. 그는 1776년경 공식적으로 처음 독거제의 실
시를 주장하였으며(penitentiary system의 창시에 공헌), 또
한 수년간 영국과 유럽 각국의 감옥시설의 폐해를 살펴본
경험을 바탕으로 <The state of prison in England and
Wales>(1777)를 저술하였는데, 이는 경험적 범죄학연구의
효시를 이룬 것이며, 여기서 감옥개량의 필요성을 최초로

<John Howard>

제기한 바 있다. 그 내용을 보면 ① 수형자의 인권을 보장하고 건강을 유지
시켜야 하며, ② 연령층과 성별에 따라서 분리수용하고 자기반성기회를 주기
위한 야간의 독거,[6] ③ 종교시설의 설치와 통풍과 채광이 잘되는 구금시설을
확보하고, ④ 강제노역이 아닌 노동을 원하는 자에게 기회를 제공하고 교도

---

5) 감옥개량운동의 최대 공헌자인 John Howard가 유럽의 구금시설을 견학하면서 여러 나라의 비참
한 감옥상태를 알았지만, 당시에는 상당히 개선된 로마의 산미켈레감화원과 암스테르담노역장을
보고 난 후 인도적인 교정시설의 건립을 주장하게 되었다. 이러한 John Howard의 영향으로 미국
의 B. Franklin 등이 주도하여 처음 건립된 구금시설이 필라델피아의 Walnut Street감옥이다.

6) John Howard의 독거구금의 의도는 흉포한 범죄인을 길들이기 위한 수단으로, 규율위반자에 대한
징벌로서, 인격형성기의 청소년에 대한 단시일 내의 강력한 인상을 심어 주기 위한 경우에만 정당
화된다고 한 것에 있다. 따라서 그는 단기간의 야간독거를 주장했으나, 주간독거 또는 장기간 야
간독거에 대해서는 반대하였다. 이는 John Howard를 독거구금의 교조적 옹호자로 볼 수 없는 증
거이다(한인섭, 형벌과 사회통제, 2006, 박영사, p.123).

소 내의 노동조건을 개선할 것을 주장하였다.

2. John Howard의 영향

John Howard의 감옥개량운동은 그가 사망한 후 'Howard협회'가 계승하여 발전하였는데, 이 협회는 교도작업의 교육적 배합, 수형자의 분류 그리고 형기단축과 개과천선의 촉진 등을 사업강령으로 제시하였다. 이것은 유럽 각국에서 감옥개량운동(prison reform movement)으로 발전하는 배경이 되고, 그 후 그의 사상은 미국 감옥개량운동의 개척자인 B. Franklin 그리고 1821년 현대적 교도소의 전형이라 할 수 있는 동부감옥을 설계한 J. Haviland, 영국 점수제의 창시자인 A. Machonochie, 독일의 Wagnitz 등에게 영향을 주었다.

3. 감옥개혁론

18세기 후반부터 19세기 전반에 걸쳐 감옥 및 행형의 개혁과 관련된 사상적 조류는 크게 다음 세 가지로 나타났다.

첫째, 형벌의 잔혹성을 완화하면서 확실성, 효율성, 보편성을 담보할 수 있는 고전파 형법학으로 발전하게 되는데 형벌의 완화를 통해 형벌권을 정당화하고 궁극적으로는 시민사회 내부에 국가의 형벌권을 확장하고자 하는 지향을 볼 수 있다.

둘째, 당시의 감옥의 참상과 감옥행정의 부패, 무능력을 폭로하면서 박애적 내지 종교적 견지에서 감옥(시설, 규율, 운영)의 개혁을 꾀한 개인 내지 집단적 움직임인데 실제로 이후의 형벌과 감옥개혁에 대한 강력한 조류를 형성했다. 한편, 복음주의자와 퀘이커에 의해 조직된 종교적인 감옥개혁운동을 빈민에 대한 박애적 사업의 일환으로 위치 지으면서 훈련과 규율 그리고 종교적 교화를 통한 수형자들의 '개선'을 강조했다. 이들의 박애적 활동은 물론 종교적 소명의식으로 무장하고 있었지만 빈민의 의존성과 예속성을 온정적 수단으로 강화하려 했던 측면도 부인할 수 없다. 감옥을 일종의 '개선기관'으로 생각함으로써 감옥의 확대에 대한 이데올로기적 정당화가 이루어진 측면도 부인될 수 없을 것이다.

셋째, 세속적 공리주의의 견지에서 형벌의 목적과 원리를 도출해 내고 이를 토대로 합리적이고 비인격적인 감옥모델을 만들어 내는 시도인데 이는 벤담의 팬옵티콘형 감옥구상을 통해 집약적으로 표출되었다. 감시기능의 극대화를 통해 규율의 유지와 수용자의 개선이라는 문제를 일거에 해결하려고 했다는 점에서 그의 제안은 감옥사에 있어서 현실적인 실패 이상의 중대한 의의를 지닌다 할 것이다.

Ⅱ. 미국의 행형사

1. 식민지시대(17C 초～18C 말)

(1) 형벌목적

그 영향으로 형법상의 범죄(crime)와 도덕상의 죄(sin)가 명확하게 구분되지 않았고 형벌이 가혹하고 징벌적이었으며, 형벌의 주된 목적은 억제 또는 예방이었다.

(2) 형벌내용

식민지시대의 미대륙에 있어서, 범죄에 대한 사법적 집행과 대책은 유럽의 기독교 군주국의 형벌과 유사하였다. 당시에는 사법적 문제의 해결방식에 있어 비제도적 방법을 주로 사용하였고, 교도소는 정규적인 교정기구가 아니었다. 1776년 미국이 영국으로부터 독립한 이래 기독교의 영향이 범죄와 형벌에 대해서도 절대적으로 영향을 미쳤다.

(3) 형벌종류

채찍질, 모욕을 주어 명예를 실추시키는 신체형(stock), 유배형, 교수형[7] 등이 시행되었다.

---

7) 식민지사회에서는 죄와 일탈행위가 폭넓게 규정되었는데, 살인, 방화, 말 도둑, 심지어는 부모에 대한 불경죄까지를 포함한 다양한 범죄행위에 대하여 사형이 적용되도록 규정하였다.

2. 전환의 시대(18C 말~19C 초)

(1) 고전주의의 등장

미국의 독립선언, 산업혁명과 도시화 현상의 대두, 계몽사상의 확산으로 특징되는 전환의 시대에는 종전의 기독교적 범죄관에서 탈피하여 고전학파사상을 도입하였다.

(2) 형벌내용

자유의사론, 쾌락설, 범죄와 형벌의 비례성, 처벌의 확실성·신속성·엄중성 등이 주장되었다. 인도주의적 형벌관과 형벌의 확실성에 기반을 두고 각주는 형법을 개정하면서 징역형을 적극 도입하고 많은 교도소를 신축하였다.

(3) 한계

많은 범죄인의 증가로 19C 초에는 비과학적 분류에 따른 혼거수용의 폐해, 과밀수용과 혼거수용의 문제점을 해소하기 위한 형벌개혁(행위형벌→행위자형벌)의 움직임도 일어났다.

3. 개혁의 시대(19C 초~19C 중엽)

(1) 실증주의의 등장

1830년대 경제발전을 이룬 미국은 고전주의적 범죄관에서 벗어나 범죄인(≠정상인)을 도덕적 질병자로 취급하여 교정교화의 대상으로 보는 실증주의적 범죄관으로 변하게 되었다.

(2) 형벌내용

교정사상을 바탕으로 단순한 구금기능을 행한 감옥을 교화원이라는 명칭으로 개칭하였고, 교화원은 범죄자를 사회로부터 격리하여 사회를 보호하고 악풍감염방지와 수형자를 준법시민으로 개조하는 데 주력하였다.

(3) 한계

당시에는 교정교화의 미명하에 수용자의 인권침해가 빈번하였고 행형 당국의 재량권 남용 등이 문제가 되었다. 그래서 이 시대는 미국 행형사상 가장 암울한 시기였다고 평가되기도 한다.

4. 진보의 시대(19C 중엽～20C 초)

(1) 진보주의의 등장

20C를 전후하여 미국사회는 산업화와 도시화 그리고 대규모의 이민 등으로 불안감과 위기감이 팽배하였는데, 이러한 문제점을 해결하기 위하여 등장한 이념이 진보주의이다.

(2) 형벌내용

① 실증주의 범죄이론은 더 강화되어 범죄인의 생물학적 · 심리학적 특징 등에 초점을 두고 교정원의 설치, 부정기형의 실시, 수형자분류심사제도, 직업 및 교육훈련과 건설적 노동의 실시, 재사회화 교정방법, 자치제의 도입 그리고 가석방과 보호관찰의 실시 등이 제안되었다.

② 진보의 시대에는 교도소문화에 대한 연구도 시작되었는데, 예를 들면 교도소의 규율 속에 통합되어 가는 수형자들의 문화동질성, 교도소수형자의 하위문화 형성 그리고 교도소의 권력의 총합체제화 등에 대한 연구 등이다.

5. 저항의 시대(20C 초～20C 후반)

(1) 저항의 배경

19C 중엽부터 20C 초까지의 교도소개혁은 교도관의 무능력, 경제적 곤란, 과밀수용 등으로 큰 성과를 거두지 못하고, 열악한 교도소환경 등으로 인하여 수용자들의 시설파괴, 인질구금, 소요, 약탈, 탈옥 등이 비일비재하였다.

(2) 형벌내용

1950년대 중반에 교도소 명칭은 Prisons에서 Correctional Institutions로 바뀌었고, 1954년에는 미국교도소협회가 미국교정협회(ACA, American Correctional Association)로 바뀌었다. 20C 중엽까지도 여전히 범죄학자들이 재사회화 사상과 치료모델의 우수성을 강조하였으나, 1970년대 이후에는 저항의 시대, 즉 강력한 처벌 중심의 행형모델(사법정의모델)이 시행되었다. 특히 시설 내 처우를 지양하면서 사회 내 처우가 개발 · 시행되었고, 수형자 인권운동의 확산과 행형권한의 분산 등의 노력이 있었다.

6. 보수주의의 시대(20C 후반~현재)

(1) 보수주의의 등장

1980년 이후의 형사정책은 개인적 책임을 강조하는 보수주의 정책(3진아웃제, 강경대응정책등)이 전개되었다.

(2) 형벌내용

범죄소질자들은 일반인과 격리되어야 한다는 범죄학이론(합리적 선택이론, 일상활동이론, 사회붕괴이론 등)이 등장하여 강력한 법과 질서의 형사정책을 펴게 된다. 그 결과 교도소의 수용인원이 급증하면서 과밀수용의 부작용이 커다란 사회문제로 인식되었다.

Ⅲ. 한국의 행형사

1. 조선시대 이전

(1) 고조선시대
① 형벌사상

<한서지리지>에 기록된 8조법금 등에서 그 내용(다분히 복수주의적 응보형이 주류)을 알 수 있으며, 구체적으로 사람을 죽인 자는 사형에 처하고, 남에게 상해를 입힌 자는 곡물로써 배상케 하며, 남의 물건을 훔친 자는 노예로 삼거나 돈으로 배상한다고 규정함으로써 복수주의적 응보형이 주류였음을 알 수 있다.

② 형벌내용

부여에는 절도죄를 지은 자에게 1책 12법을 적용한 바 있고, 부녀의 간음과 투기에 대해서는 모두 극형에 처하여 산 위에 버렸다는 기록이 있다. 영고와 같은 공동 대제일(大祭日)에는 모든 형옥을 중단하고 죄수를 석방하는 풍습이 있었다고 하고, 한국 전통옥인 원형옥(圓形獄)8)이 존재하였다. 이는 옥저와 동예도 유사하

였다고 전해지는데, 각 읍락에서 산천을 경계로 하여 제사 또는 경보호장비역을 정하고 침범하면 노예와 우마로 배상케 하는 책화(責禍)라는 제도가 있었다. 또한 삼한에서는 죄수를 노비와 같이 노역에 종사시켰으며, 소도라는 치외법권적인 지역이 있어서 죄인이 이 지역으로 도망가면 그를 붙잡지 못하였다.

(2) 삼국시대

고구려	부여와 마찬가지로 절도자에게 1책 12법을 적용하고 그 자녀를 노비로 삼아 갔게 한 바 있으며 패전자, 강간자 등은 사형에 처한 것으로 전해진다. 고구려의 형벌로는 사형, 노비몰입, 재산몰수, 배상 등이 있었다.
백제	국가공권력에 의한 행형을 중시하였으나 고구려 등과 마찬가지로 응보적 수준의 행형이 주류였다. 백제의 형벌은 고구려에 비하여 상당히 완화된 면을 보여 주고 있으며, 형벌종류는 고구려와 유사하나 그 외에도 유형·금고 등이 있었고, 행형은 조정좌평이 관장하였다.
신라	형률은 반역자와 전쟁에서 퇴각한 자 등을 엄단하고, 살인자는 사형에 처하며, 절도자는 배상을 물게 하였다. 백제의 형률과 유사하며, 형벌의 종류로는 사형, 장형, 유형, 노비몰입, 재산몰수, 배상 등이 있었다.

(3) 고려시대

① 형벌제도

고려시대 형벌의 종류는 고려형법에 명례(名例)된 태(笞)·장(杖)·도(徒)·유(流)·사(死) 등 5종이 근간을 이루고 있다. 고대·삼국시대 때부터 이런 종류의 형벌제도가 없었던 것은 아니지만, 이를 정비·체계화하여 하나의 입법으로 정례된 것은 고려 때부터라고 할 수 있다. 일반적으로 고대·삼국시대의 형벌은 복수·응보주의에 입각한 준엄·혹독한 것이 통례였으나, 고려시대에 와서 어느 정도 형벌이 완화된 것을 볼 수 있다. 고려 역시 전제군주시대의 천단전횡(擅斷專橫)을 벗어날 수는 없었지만, 고대·삼국시대에서 횡행했던 화형(火刑)·사지해형(四肢解刑)·갱살(坑殺)·육시형(戮屍刑) 같은 잔혹한 형벌은 거의 찾아볼 수 없기 때문이다. 상기 5종의 형벌 외에도 부가형이라 할 수 있는 삽루(鈒鏤), 경면형(鯨面刑) 등이 존재하였고 모반·대역죄에 따른 노비몰입, 가재몰수 등이 있었다. 그리고 속전(贖錢)제도가 있어서 일정한 범위에서 속전을 내고 형을 대신할 수 있었다.

---

8) 원형옥(round shape prison)은 신라·고려로 이어져 왔고, 조선시대 한양의 대표적 교정시설인 전옥서를 포함하여 일제가 주권을 침탈한 직후인 1914년경까지 2천 년 이상 원형의 형태로 전래되었다. 이러한 전통옥의 형태가 원형이었던 이유로 '감시와 편리함'이 그 목적이었다는 주장이 있다. 그러나 원형옥을 짓고 사용해 온 더 큰 의미는 '범죄인을 어질고 의롭게 다스려 교육하고 개선시키기 위해' 원형의 옥을 지었다고 보는 것이 더 타당하다.

② 행형기구

고려의 통치기구의 중추기관은 3성 6부인데, 이 가운데 행형을 관장하는 중앙기관은 형부이며, 초기에는 의형대(義刑臺)라고 하였다. 형부에는 옥수(獄囚)를 관장하는 전옥서(典獄署)와 노비의 부적(簿籍)과 이에 관한 송사를 관장하는 상서도관(尙書都官)을 속사(屬司)로 두었다. 형부 이외에도 행형과 관련된 기관으로는 순검(巡檢)·포도(捕盜)·형옥의 직무를 수행하는 순군만호부(巡軍萬戶府)와 순군부(徇軍部), 군사조직의 하나로서 수도의 치안유지와 죄수의 복역을 감독하는 금오위(金吾衛)가 있었다. 그리고 지방에는 중앙에서 파견한 주·부·군·현의 수령이 일반행정과 함께 행형을 관장하였다.

③ 행형제도

고대·삼국시대부터 옥(獄)·뇌옥(牢獄)·영어(囹圄)·형옥(刑獄)·수옥(囚獄)이라고 불리는 구금시설이 존재하고 있었는데, 고려시대에는 어떤 형태와 양식으로 존재하고 어떤 방법으로 구금제도를 운영하였는지는 문헌상 기록이 없어 상세히 알 길이 없다. 고려시대에 와서 처음으로 '전옥서(典獄署)'라고 하여 확립된 구금시설인 감옥이 설치되었다. 이는 옥수(獄囚)만을 전담하는 유일한 중앙관서로 개경에만 설치하였고, 지방에는 지방관아에서 직접 관장하는 부설옥(附設獄)이 설치되어 있었으며, 고려 말에 와서 이를 모두 시옥(市獄)이라고 불렀다.

2. 조선시대

(1) 시대의 구분

조선시대는 유교적 관인지배체제로 유교가 법률·도덕 등 사회규범에 적극적으로 반영되었고, 유교적 봉건주의에 입각한 신분적 사회질서를 중시하여 모든 형사법령에서 차별규제를 실시하였다는 점이 특징이다. 이러한 조선시대의 행형제도는 조선조 성립(1392)부터 1894년 갑오개혁 이전까지를 전기 행형시대, 갑오개혁 이후부터 한일합방까지를 후기 행형시대로 구분할 수 있다.

(2) 조선 전기

① 행형법규

조선의 행형에 관련된 중요 법규로는 경국대전을 비롯하여 대명률직해(大
明律直解), 속대전, 대전통편, 수교집록(受敎輯錄), 전록통고(典錄通考), 대전
회통, 형전사목(刑典事目), 흠휼전칙 등이 있다.

② 형벌종류

형벌의 종류는 고려와 마찬가지로 태형·장형·도형·유형·사형의 5형을
기본으로 하였으나, 도·유형과 같은 자유형이 확대되고 형구의 규격과 사용
방법, 절차 등이 성문법규에 의해 자세히 규정되었다.

ㄱ 태형(笞刑): 태형은 가장 가벼운 형벌로서 10대(度)에서 50대(度)까지 5
   등급으로 나누었고, 집행은 죄수를 형틀에 묶은 다음 하의를 내리고 둔
   부를 노출시켜 대(度) 수를 세어 가며 집행하였다. 부녀자의 경우는 옷
   을 벗기지 않았으나 간음한 여자는 옷을 벗겨 집행하였고 나이가 70세
   이상인 자, 15세 미만인 자와 폐질환자, 임산부는 태형을 집행치 않고
   대신 속전(贖錢)을 받았다. 태형은 조선 말 장형이 폐지된 후에도 존속
   하다가 1920년에 완전 폐지되었다.

ㄴ 장형(杖刑): 장형은 태형보다 중한 벌로서 60대에서 100대까지 5등급으
   로 나누고, 대체로 도형과 유형에 이를 병과하는 것이 보통이었다. 장형
   은 행형에 있어서 형을 남용하는 폐해가 가장 많았다고 한다. 이러한
   장형은 갑오개혁 다음 해인 1895년에 행형제도의 개혁과 동시에 폐지
   되었다.

태형과 장형 집행 장면

ⓒ 도형(徒刑): 도형은 오늘날의 유기징역형에 해당하는 것으로, 도형기간 동안 관아에서 노역에 종사케 하는 자유형의 일종으로 고려시대 당률의 영향을 받아 고려형법에서 처음으로 도입하여 시행되었고, 조선에서는 경국대전의 형전과 대명률직해, 속대전 등에 이를 규정하였다. 도형의 기간은 최단기 1년에서 최장기 3년까지 5종으로 구분되고, 이에는 반드시 장형이 병과되었다. 도형을 대신하는 것으로는 충군[9]이 있었는데, 이는 도역에 복역하는 대신 군역에 복무시키는 것으로 일종의 대체형벌이라 할 수 있다.

ⓔ 유형(流刑): 유형은 중죄자를 지방으로 귀양 보내 죽을 때까지 고향으로 돌아오지 못하게 하는 형벌로 도형과 함께 자유형에 속하지만, 도형과는 달리 기간이 정하여지지 않았다는 점에서 오늘날의 무기금고형에 해당한다. 유형에 처해진 자는 임금의 사령 등 왕명에 의해서만 석방이 될 수 있었고 유형은 장형이 병과되는 것이 보통이었는데, 유배죄인에 대한 계호와 처우의 책임은 그 지방의 수령에게 있었다. 유형수(流刑囚) 중 정치범에게는 식량 등의 생활필수품을 관에서 공급하였고 유배지에 처와 첩은 따라가며, 직계존속은 본인의 희망에 따라 동행을 허가해 주었다고 한다. 유형의 등급은 대명률의 규정에는 流2,000里, 流2,500里, 流3,000里의 3종이었으나, 우리나라 국토의 실정에 적합하지 아니하여 도별(道別)로 그 기준을 달리 정하였다. 유형에 속하는 형벌로서 부처(付處)·안치(安置)·도변(徒邊)이 있는데, 부처와 안치는 유형지에서 주위 범위를 더욱 제한하는 유형 중에서 중형에 해당하며, 도변은 범죄인을 그 가족과 함께 국경지대로 이주시키는 형벌이다.

---

9) 충군에 대하여 경국대전과 대전통편 그리고 대전회통은 군복무기간이 도형기간을 경과하면 석방할 것을 규정하고 있다.

중도부처(中途付處)	관원에 대하여 과하는 형벌이다.
안치(安置)	왕족이나 현직고관인 사람에 한하여 일정한 장소에 격리시켜 유배케 하는 것으로, 유형 중에서도 행동의 제한을 가장 많이 받는 형벌이었다. • 본향안치(本鄕安置): 죄인을 그의 고향에 안치시키는 것(범죄인에 대한 은전적 성격) • 절도안치(絕島安置): 외딴섬에 범죄인을 안치시키는 것 • 위리안치(圍籬安置): 금오천극 죄인이라 하여 집 주위에 가시나무를 둘러치고 그 안에 유폐시키는 형벌
천도(遷徒) · 도변(徒邊)	조선 초 북변개척을 위한 이민정책의 일환으로 범죄자와 그의 가족을 천 리 밖으로 강제 이주시키거나 연변지역으로 이주시키는 것을 제도화한 것이다.

탱자나무로 둘러싸인 위리안치 장소

   ⓒ 사형(死刑): 사형은 주로 대역죄나 유교적 윤리에 근본적으로 반하는 범죄에 대하여 적용하였으며, 민중에 대한 위하의 목적으로 사용되었다.

❏ 사형의 방법

오살(五殺)	역적을 처형할 때에는 우선 죄인의 머리를 찍어 죽인 다음 각(脚) 등을 베어 버리는 순서로 집행하는 것을 말한다.
능지처사(凌遲處死)	모반대역죄나 친부모살인죄와 같은 최고의 반도덕범에 대해서만 적용되었던 것으로 죄인의 머리, 양팔, 양다리, 몸체를 찢어 각지로 보내 여러 사람에게 보이거나 신체의 특정된 수개 처에 칼질을 하여 상처를 내고 목을 베는 형벌이며, 능지처사된 죄인의 매장은 허용되지 않았다.
기시(棄市)	참형에 처하되, 그 집행장소를 사람이 많이 모이는 시장으로 한 다음 시체를 길거리에 버리는 방법이다.
사사(賜死)	왕명으로 독약을 마시게 하여 죽게 하는 것이다.
부관참사(剖棺斬死)	대역죄 등의 범죄에 대하여 죽은 자의 무덤을 파헤쳐 시체를 꺼내 능지처참을 행하는 것으로 명문의 규정은 없다.

ⓗ 부가형

자자형(刺字刑)	신체의 어느 부위에 먹물로 글씨를 새겨 넣는 형벌인데, 주로 절도범으로 장형·도형·유형에 처해진 자에게 가해졌다.
경면형(黥面刑)	얼굴에 글씨를 새기는 제도로, 이는 일반백성들에게 그가 전과자임을 알려 수치심을 갖게 하는 동시에 요시찰자로 관리하기 위한 것이었다. 이것은 주로 도둑의 횡포를 막기 위한 방편으로 사용되었으나, 평생 동안 전과자라는 낙인이 붙어 다니는 가혹한 처벌로 영조 16년 (1740)에 자자의 도구를 소각시키고 완전히 폐지되었다.
노비몰입	범죄인이나 그 가족을 노비에 편입시키는 것으로 절도재범자, 대역, 모반 등 10악(惡)에 해당하는 강상죄인의 가족에게 적용하였다. 재산몰수란 역모 등의 경우에 관련자의 가족을 노비 몰입하고 전 재산을 몰수하는 것이다.
기타 부가형	권리박탈적 명예형인 윤형(閏刑) 또는 금고(禁錮), 피해배상제도 등이 있었다.

   ⓢ 법 외의 형벌: 조선시대에 있어서는 공(公)형벌주의를 원칙으로 하고, 예외적으로 사(私)형벌주의를 인정하였는데, 사형벌이 인정되는 사유는 가해자에 대한 자손의 보복, 자손이나 처에 대한 조부모·부모·남편의 징계, 노예에 대한 주인의 징계 등이었다.

❑ 사(私)형벌의 종류

관습적으로 관(官)에서 행하던 형벌	주뢰(周牢)	주리를 트는 것
	압슬(壓膝)	양쪽 정강이뼈를 목봉으로 강하게 누르고 문지르는 것
	낙형(烙刑)	불에 달군 쇠로 낙인
	팽형(烹刑)10)	끓는 물에 범죄인을 입수시키는 것
	난장(亂杖)	태배형이라고도 하는 것으로, 다수에 의한 집단폭행
권문세도가에서 행하던 사(私)형벌	의비(劓鼻)	코를 베는 것
	월족형(刖刑)	단근형의 일종으로, 아킬레스건을 제거하는 것
	비공입회수(鼻孔入灰水)	코에 잿물을 주입하는 것
	고족(刳足)	발을 쪼개는 것
	와궁상살	화살을 쏘아 몸을 상하게 하는 것

③ 행형기구

행형을 관장하는 중앙기관으로는 형조(刑曹)·사헌부(司憲府)·의금부(義禁府)·한성부(漢城府)·포도청(捕盜廳) 등이 있으며, 지방에서는 도(道)·부(府)·목(牧)·군(郡)·현(縣)의 수령(守令)이 관장하였다.

---

10) 조선시대 팽형은 형태는 신체형이나 실제로는 일종의 명예형으로 주로 당하관(4~6급) 이하의 탐관오리들을 공개적으로 망신을 주고, 팽형 후 죽은 자로 취급해서 장례를 치르고 세상과 격리시켰던 제도이다.

형조(刑曹)	4사(司)		조선 초기에 설치된 육조의 하나로 국가의 사법업무와 노예에 관한 사무를 총괄
		상이사(詳履司)	중죄에 대한 복수업무의 주관부서
		고율사(考律司)	율령에 관한 사항을 관장
		장금사(掌禁司)	감옥과 범죄수사 업무처리
		장예사(掌隷司)	노예의 호적과 소송, 포로에 관한 업무
	전옥서(典獄署)11)		죄수의 구금을 담당
사헌부			감찰기관
의금부			왕명에 의한 특수범죄를 담당
한성부			수도ㆍ가옥의 소송, 묘지소송을 관장
관찰사			행형에 관하여 군ㆍ현을 감독(유형 이하의 사건만 처리)
수 령			행형에 대한 사무는 형방의 소관(장형 이하만 처리)

④ 감옥제도

조선의 감옥은 범죄의 혐의가 있는 자에 대하여 수사ㆍ재판의 형사절차를 거쳐 형을 집행할 때까지의 미결수용을 위주로 하는 구금시설이며, 오늘날과 같이 자유형을 집행하는 시설로서의 감옥은 존재하지 않았다. 그러나 인신을 직접 구속할 수 있는 기관은 직수아문(直囚衙門)이라고 하여 경국대전에 형조ㆍ병조ㆍ한성부ㆍ사헌부ㆍ승정원ㆍ장예원ㆍ종부사ㆍ비변사ㆍ포도청ㆍ관찰사ㆍ수령 등으로 한정하였다. 각 직수아문에는 감옥이 부설되어 있었으며, 그중 형조에 소속된 전옥서는 구금만을 전담하는 기관이었다. 전옥서는 고려의 제도를 계승하여 개국 초부터 형조에 소속되어 죄인의 수감을 맡아 하던 관서이다. 1894년 갑오개혁 이후 경무청 감옥서로 변경되었고, 1907년 감옥업무가 법부로 이관된 후 경성감옥으로 개칭되었다. 육전조례 전옥서에 의하면, 남옥(男獄)과 여옥(女獄)을 분리수용하고 대부분의 형사법전에 구금할 수 있는 기관, 구금의 요건 등을 상세히 규정하여 구금에 신중을 기하고 피구금자의 인권을 최대한 보호하고자 하였다.

---

11) 조선시대에는 대명률의 오형제도(五刑制度)에 따라서 감옥은 단순한 미결구금 또는 사형 등 형집행을 위한 일시 구금시설의 기능(오늘날 구치소 이름)을 담당하였을 뿐이고, 구금 자체가 형벌로 인정되지는 않았다(배종대, 1999).

전옥서 내부 모습

⑤ 형구의 종류

조선시대의 법정형구는 태(笞)·장(杖)·신장(訊杖)·가(枷)·유(杻)·철삭(鐵索)·요(鐐) 등의 7종이 있으며 흠휼전칙(欽恤典則)에 그 규격을 상세히 규정하고 있다. 태·장은 태형·장형을 집행할 때 사용하는 매이며, 신장은 죄인을 심문할 때 사용하는 매이다. 가(枷)는 목에 씌우는 나무칼로서 도·유·사죄(死罪)를 범한 자에게 사용하며 유(杻)는 나무로 만든 수갑으로서 죽을 죄를 범한 자와 죄수호송 시 채웠다. 철삭은 죄수의 도주를 방지하기 위해 채우는 쇠사슬로서 쇄항(鎖項)은 손에, 쇄족(鎖足)은 발에 채우는 것이다. 요(鐐)는 도형수(徒刑囚)가 노역할 때 쇠고리에 연결하여 발목에 채우는 쇠뭉치(무게 3근)이다. 그 외에도 매의 일종으로 곤(棍)이 있는데, 곤은 본래 군문(軍門)에서 사용하던 장으로서 장보다 더 길고 굵으며 버드나무로 만들었다.

조선시대 옥구

⑥ 휼형제도

　　㉠ 개념: 삼국시대부터 시행되었던 휼형(恤刑)이란 범죄인에 대한 수사·
　　　신문·재판·형집행과정을 엄중·공정하게 진행하되, 처리를 신중
　　　히 하고 죄인을 진실로 불쌍히 여겨 성심껏 보살피며 용서하는 방
　　　향으로 고려해 주는 일체의 행위라고 정의할 수 있다.

　　㉡ 사례: 조선시대의 휼형사례로는 죄를 용서하여 벌을 면제하는 사면
　　　(赦免), 감강종경(減降從輕)이라 하여 사형에 해당하는 죄는 유형으
　　　로, 유형은 도형으로, 도형은 장형으로 강등하여 처리하는 감형(減
　　　刑), 구금 중인 죄인의 건강이 좋지 않거나 구금 중 친상(親喪)을 당
　　　한 때에 죄인을 옥에서 석방하여 불구속상태로 재판을 받게 하거나
　　　상을 치르고 난 후 다시 구금하는 보방제도(保放制度) 등이 있었다.
　　　이는 오늘날의 구속집행정지나 형집행정지 그리고 귀휴제도와 유사
　　　하다고 볼 수 있다.

(3) 조선 후기

① 갑오개혁시대

　　㉠ 홍범 제14조: 근대적 행형제도가 도입된 시기인 갑오개혁 시 홍범
　　　제14조 제13항의 지침에 의거하여 형조의 폐지와 법무아문의 신설,
　　　의금부의 의금사로의 개편, 연좌제의 폐지, 고형(拷刑) 폐지, 관·민
　　　의 재판권을 법무아문에 귀속처리, 경무청 관제개편, 감옥사무를 내
　　　무아문으로 이관하였다.

　　㉡ 재판소구성법: 재판소구성법은 1895년 3월 5일 법률 제1호로써 행
　　　정권으로부터 사법권을 독립시키는 근대적 사법제도의 기본원리를
　　　실체적으로 처음 시도하였다. 경무청 감옥서는 감옥사무를 일원화하
　　　여 관장하고 각 직수아문에 부설되었던 감옥을 모두 폐지하였는데,
　　　오형(五刑) 중 장형을 폐지하고 도형을 징역으로 바꾸고 유형은 정
　　　치범에 한해서 적용했는데, 이때부터 징역형이 보편적인 형벌로 정
　　　착되기 시작하였다. 미결수와 기결수를 구분하여 분리수용하고 징역
　　　형을 받은 자는 감옥서에서 노역에 종사시켰다.

② 광무시대

 ⑦ 감옥규칙: 감옥규칙은 고종 31년(1894) 11월 25일에 제정되어 새로운 감옥사무의 지침이 마련되었는데, 처음으로 미결감과 기결감을 구분하여 판·검사의 감옥순시를 명시하였으며, 재감자 준수사항 등을 규정하였다. 감옥규칙의 제정에 따른 것으로 징역수형자의 누진처우를 규정한 징역표는 범죄인의 개과촉진을 목적으로 수용자를 4종류(특수기예자·보통자·부녀자·노유자)로 분류하고 1~5등급으로 나누어 일정 기간이 지나면 상위등급으로 진급시켜 점차 계호를 완화[12]하는 등의 단계적 처우를 실시하였다. 점차 사법권과 행정권이 분리되고 감옥사무에 관한 법령이 시행되면서 지방감옥도 중앙의 감옥에 준하여 운영하게 되었다. 감옥규칙은 조선의 전통적 행형에서 근대적 행형으로 전환하는 과도기적 특징을 지닌다.

 ⑥ 형률명례(刑律名例): 형률명례는 1896년 4월 4일 법률 제3호로 제정·공포되었는데, 조선 구제(舊制)의 형벌제도를 근간으로 하면서 근대적 법률체계를 갖춘 과도기적 형법의 형태를 보여 준다. 장형을 없애고, 형의 종류를 사형·유형·도형·태형의 4종으로 구분하고 사형은 교수(絞首), 유형은 종신·15년·10년의 3등분, 도형은 17등, 태형은 10등으로 구분하였다. 도형·태형은 국사범 외에는 범죄의 종류나 경중을 참작하여 속전으로 대신할 수 있었고, 가(枷)와 쇄체는 도주우려자에게 사용했으나 노약자와 부녀자에게는 이의 사용을 금하였다. 그 밖에 재판관이 형벌을 완화할 수 있는 재량이 인정되었다.

 ⑥ 형법대전: 형법대전은 광무 9년(1905) 4월 29일 법률 제2호로 제정·공포된 것으로 조선왕조에서 시행한 마지막 형법으로 근대 서구의 법체계를 모방한 법전이다. 이는 형사실체관계에 관한 규정, 형사절차 및 행형에 관한 규정 등이 포함되어 있고, 국한문을 혼용한 전문 680조로 되어 있다.

---

12) 예를 들면 5등급에 대해서는 그 기간 내에 중쇄를 채우고 4등급은 경쇄를 채우며, 3등급은 양체, 2등급은 편체 그리고 1등급은 무계구로 하는 것이다(권인호, 행형사, 국민서관, 1993, pp.412 - 413).

③ 융희시대

융희시대(1907)에 이르러 감옥사무는 내부관할에서 법부(法部)관할로 이관
되면서 감옥관제는 경무청관제에서 독립하게 되고, 이에 따라 감옥관계의 조
직과 법령이 대폭적으로 개편되었다. 또한 이 시기는 조선의 국권이 일제로부
터 잠식당하여 멸망으로 이르는 시점이기도 하다. 1907년 12월 27일 법무령
제1호 '경성감옥서(前 전옥서)를 설치하는 건'이 반포되고, 1908년(융희 2년)
에는 형법대전을 개정해서 종신형의 경우에도 10년이 경과하고 뉘우치는 빛
이 있으면 정상을 참작하여 가방(假放)을 허가할 수 있도록 하였다. 1908년 4
월 11일 법무령 제2호로 전국 8개 감옥의 명칭과 위치를 정하였다. 1908년 4
월 25일 법무령 제3호로 간수와 간수장 중간에 간수부장직급을 신설하고,
1908년 5월 12일에는 '간수 및 여감취체직무규정(女監取締職務規定)'을 제
정하였다. 1908년 7월 13일 법무령 제10호 '감옥사무개시에 관한 건'에 의하
여 7월 16일부터 감옥업무가 개시되었고, 1908년 11월 20일 법무령 제19호
로 8개 감옥분감(分監)이 증설되었다.

3. 일제침략기

(1) 행형기구

한일합방이 이루어지기 1년 전인 1909년 7월 12일 '한국의 사법 및 감옥사
무를 일본국정부에 위탁하는 건에 관한 각서', 이른바 기유각서에 의해 한국
의 사법권과 감옥사무가 일본의 수중에 넘어가게 된다. 이와 같이 한국의 사
법 및 감옥사무를 일본에서 행사하게 되자 한국의 법부는 폐지되고 대신 통
감부에 사법청을 설치하였다. 통감부 사법청에는 장관을 두고 장관은 통감의
지휘·감독을 받아 한국 내의 사법 및 감옥사무를 관리하였다. 1909년 10월
31일을 기하여 한국의 사법 및 감옥에 관한 제반 법령은 폐지되고 동년 11월
1일부터 일본통감부의 법령을 적용함으로써 종래의 감옥관제, 감옥규칙, 감옥
세칙 등도 폐지된다.

(2) 행형제도

일제시대에는 1917년 '간수교습규정' 등에 의거, 교도관학교를 설치·운영
할 근거를 마련하였다. 1924년 김천지소를 김천소년형무소로 개편하였고,

1936년에 인천소년형무소 설치를 통하여 소년행형을 실시하였다. 행형관계법 규에 있어서는 일본 행형법규를 의용하였으므로 외형상 근대적 모습을 띠고 는 있었지만, 실제에 있어서는 '조선감옥령'을 제정하여 총독의 명령으로 행 형에 관한 별도의 규정을 둘 수 있게 하고, 이에 근거하여 태형제도·예방구 금을 인정하는 등의 민족적 차별과 응보주의적인 행형을 시행하였다.

4. 미군정시대

미군정시대에는 행형의 기본이념을 민주행형에 두었지만, 실제로 일제시대 의 조선감옥령을 의용하고 조선총독부의 행형조직을 그대로 인수하여 운영하 면서도 미국교정의 이념에 근거를 두어 한국에서 본격적으로 교화이념에 입 각한 행형이 시작된 과도기의 시대라 할 것이다. 1945년 10월 28일 일제로부 터 교정업무와 조직을 인수 완료하고, 미군정법령 제172호 '우량수형자 석방 령과 수용자 석방보호장비제,[13] 형구사용의 제한과 징벌제도의 개선' 등의 조 치가 단행된 바 있다.

5. 분단의 시대

(1) 남한 중앙기구의 변천

1945년 해방 이후[14] 교정행정의 중앙기구는 1948년 7월 17일 대한민국 헌 법이 제정·공포됨에 따라 법률 제1호로 정부조직법이 제정되었고, 1948년 11월 4일에 대통령령 제21호(법무부직제)로 법무부가 1실 4국 21개과로 발족 하였으며, 비서실(검찰형정, 사법인사, 소년의 심리와 교정, 석방자의 보호 등 에 관한 사무), 법무국, 검찰국, 형정국(교정행정총괄), 조사국을 두었다. 1962 년 5월 21일에는 형정국을 교정국으로 그리고 2008년 1월 1일부터는 교정국

---

13) 석방보호장비제란 1945년 11월 19일 군정장관사령 제36호에 의거, 검사에 의하여 공소되지 아니 하고 조사 중에 있는 구속피의자 또는 피고인으로서 30일 이상 수용 중에 있는 자는 미군정청의 법무국장에게 석방보호장비를 할 수 있고, 이를 접수한 법무국장이 그로부터 그 피의 또는 공소 사실에 대한 증거 유무를 확인하여 확실한 증거가 없다고 인정되면 석방을 명할 수 있는 형사제 도를 말한다(허주욱, 교정학, 1999).

14) 해방 이후 일제로부터 행형에 관한 업무를 완전히 접수한 뜻 깊은 날을 기념하기 위하여 1945년 10월 28일을 '교도관의 날'로 지정해 오다가, 2003년부터 이날이 법정기념일로 지정되면서 '교정 의 날'로 변경해 운영하고 있다.

을 교정본부로 승격하였다.

(2) 남한 일선기구의 변천

일선기구는 1908년 4월 11일 법무령 제2호에 의하여 8개 감옥이 설치되어 1909년 9개의 분감이 설치(근대 행형이념에 대응하는 시설을 갖춤)되고, 1923년 5월 5일 총독부령 제75호로 감옥을 형무소로, 분감을 지소로 개칭하여 전국에 형무소 15개소, 소년형무소 1개소, 지소 13개소 등 29개소를 설치·운영하였다. 1945년 8월 15일 남북이 분리되어 남한지역의 11개 형무소와 7개 지소를 관장하였고, 1962년부터는 형무소를 교도소로 개칭하였다.

(3) 남한행형의 방향

한국 교정행정의 주축인 교정공무원들이 질적 향상을 위해 노력하고 우수한 교도관을 확보하여야 사회방위, 교정교화, 재사회화라는 교정의 목적을 달성할 수 있을 것이다. 또한 국가형벌권의 3대 축 중 하나인 교정조직을 교정청으로 독립시켜 보다 효율적인 운영이 필요하며, 현재 검사지휘로 되어 있는 형집행권을 독립적으로 확보하고 교정업무의 특수성을 고려한 교정공무원법 제정, 교정연수원 신설, 한국교도작업공사 설치 등의 방안을 적극 모색하여야 할 것이다.

제3절 처우의 이념

Ⅰ. 구금모델

구금모델(Restraint Model)은 일종의 관리모형이라 할 수 있으며, 교정시설의 보안, 훈육, 질서유지 등을 강조한다. 응보형 사상이 지배하던 근세 초기부터 19C까지(제2차 세계대전 이전까지) 교정이념으로 널리 인정되었다가 1847년 Samuel Gridley Howe[15]가 미국적이고 개혁주의적인 구금형에 대한 희망을 낙관주의적으로 피력하면서부터, 구금모델은 교화개선사상에 밀려 퇴보한다.

Ⅱ. 교화개선모델

1. 의료모델(Medical Model)

의료모델(Duffee − 갱생모델, Bartollas − 의료모델, Hall − 수용자중심행동변용모델)은 치료모델이라고도 한다. F. Allen은 결정론적 시각에서 범죄인 처우정책은 범죄인 자신의 만족, 건강 그리고 행복을 위하여 범죄인의 행위를 변화시킬 수 있도록 고안되어야 한다고 주장한 바 있으며, 이는 결국 범죄자를 인

---

15) 그는 "응보적 처벌주의는 급속히 소멸되어 가고 있으며, 향후 범죄자에 대한 교정을 고려하지 않는 모든 형벌이 사라지기를 희망한다. 새로운 제도에서는 먼저 수용자의 형기단축의 효과가 나타날 것이다. 다양한 방법을 적용함으로써 구금기간과 정도가 수용자의 행위와 성격에 의해 변화될 수 있게 된다. 지금 우리에게 필요한 것은 수용자의 도덕적 정서와 자기통제능력을 실천을 통해서 훈련하는 방법을 찾는 것이다. 구금기간 동안에 충분히 교육되어 가석방으로 출소할 수 있는 많은 수용자들이 있으리라 본인은 믿는다."라고 구금형에 대한 희망을 피력하였다.

격이나 사회화에 결함이 있는 일종의 환자로 취급하고 진단과 치료적 교정처우를 행하는 것을 말한다. 이러한 의료모델은 미국에 있어서 부정기형제도의 이론적 기초가 되었다.

2. 개선모델(Rehabilitation Model)

(1) 특징

개선모델(Bartollas – 적응모델, Hall – 복종에 의한 행동변용모델)은 결정론적 시각에서 19C 후반 진보주의자(실증주의자)들에 의하여 토대가 형성되었다. 교육형 사상에 기초한 미국의 개선사상은 1870년 신시내티선언이 계기가 되어 1940년대 중반부터 범죄자의 개선·교화를 통한 범죄방지에 주된 목적을 둔 교정처우모델로 발전하였다. 이들은 결함 있는 범죄자는 처벌보다는 치료되거나 교화개선이 될 때까지 수용되어야 한다는 것(부정기형제도)에 기초한다. 개선모형하의 교정조직에서는 일반적으로 직업적 처우전문가들이 보안담당자들보다 더 높은 대우와 지위가 보장된다.

(2) 비판

초기의 개선모델은 수형자의 개선에 대한 낙관적인 태도를 기초로 하기 때문에 시설 내 처우를 통한 개선의 한계라든가 수용자의 교화개선 여부에 대한 판단곤란이라는 문제 등에 봉착하게 되면서 오늘날 소수설에 속한다. Martinson(1974)은 처우프로그램을 과학적으로 검토한 결과 형사학적 노력의 후퇴와 재범지표의 신뢰도의 결여로 어떠한 처우효과도 거두지 못했다고 지적한 바 있다(nothing works). 또한 그는 비형사절차의 프로그램의 적용에 있어 인권보장은 양보될 수 있다고 하며, 국가의 개입이 인격의 발달과정에서 하등의 효과를 거두지 못하는 것은 특히 소년범죄에서 두드러진다고 강변했다. 한편 Palmer도 일부 교정처우형태는 장래가 촉망되지만, 모든 수형자에게 가장 효과적인 특정 처우는 없다고 한다. 실제로 1960년 이후 20여 년간 미국의 범죄율이 급상승했고, 급기야 1980년대 말 일반국민들의 보수화 경향에 따른 형사사법의 강경대응정책(get tough policy)은 교도소 수용인원의 급증, 수형기간의 장기화 등의 현상을 초래하게 되었다.

(3) 수정

Francis Cullen과 Karen Gilbert는 교정처우가 단순한 구금과 처벌에 비하여 보다 인간적이며 제대로 된 처우프로그램이 고안된다면 효과적일 수 있다는 점을 지적하였으며, 캐나다 교정연구팀에서는 효과적인 교정처우의 6가지 요건을 다음과 같이 제시한 바 있다. 문제유발가능성이 높은 수형자들을 주요 대상으로 선택할 것, 수형자의 범죄원인에 주목하여 처우할 것, 수형자의 심리적 성장을 고려할 것, 처우담당직원에게 처우상 필요한 재량권을 충분히 인정할 것, 처우프로그램의 핵심적 목표를 완전하게 실행할 것, 처우프로그램의 종료 후 추수지도를 수행할 것 등이다.

3. 적응모델

(1) 배경

1960년대 이후 미국에서는 의료모델에 대한 불만이 새로운 교화개선모형의 출현의 배경이 된다. 그러나 적응모델도 의료모델과 같이 범죄자는 비범죄자와 다른 병자이며(결정론적 관점), 그들은 처우를 필요로 하고 치료될 수 있다고는 믿고 있지만, 범죄자도 자신에 대해서 책임질 수 있고 법을 준수하는 의사결정을 할 수 있다고 주장한다.

(2) 가정

적응모델은 사회환경과 개인적 환경과의 상호 작용이 반사회적 행위를 이해하는 데 중요한 요소이기 때문에 처벌, 즉 범죄자에 대한 사회로부터의 격리는 문제행위를 더욱 악화시킬 뿐이라고 보고 있다. 범죄자는 사회적 기대감에 동조하기 위해서 처우나 도움이 필요한 사람이고, 범죄자도 범죄 없는 자유로운 생활을 할 능력이 있으며, 따라서 교정처우에 있어서 범죄자도 그들의 현재 행동에 책임이 있으며, 그들의 범죄행위에 대한 변명으로서 과거의 문제를 들추지 않아야 한다는 신념이 강조되어야 한다.

(3) 내용

적응모델은 범죄자들이 사회에 보다 잘 적응하도록 도와주는 데 주요 관점을 두기 때문에 시설수용의 지나친 이용에는 반대하고 있다. 이들이 주로 사용하는 처우기법으로는 심리치료기법(개인치료, 집단치료) 등이 있다.

4. 재통합모델(Reintegration Model)

(1) 개요

형사사법제도의 개혁을 통한 범죄감축전략을 제시했던 미국 대통령위원회
가 규정한 교정의 중요한 목표인 재통합모델(Hall - 신뢰에 의한 행동변용모
델)은 1970년 이후 갱생모델을 보완하는 모형으로 발전하였다. 이 모델의 기
본 가정은 범죄자의 문제는 범죄문제가 시작된 바로 그 사회에서 해결되어야
한다는 것이다.

(2) 내용

범죄방지를 위한 처우에 있어서는 수형자의 행동변화와 더불어 범죄를 유
발한 사회의 변화도 수반되어야 한다고 주장하면서, 교화개선된 출소자를 사
회에 재통합시킴으로써 범죄문제를 해결할 수 있다고 하였다. 수형자를 처우
의 객체로 보던 기존의 관점들을 부정하고 처우의 주체적 지위로 끌어올려
수형자의 자발적 참여와 동의를 전제한 주체성과 책임이 전제된 자율성을 존
중했다는 점에서 높이 평가된다. 수형자처우에 있어서도 사회적 처우를 강조
하고, 나아가 지역사회에 기초한 처우제도(지역사회와 효과적인 유대를 가진
교화개선적 특성의 활동과 프로그램)를 강조한다.

5. 교화개선모델의 평가

(1) 원인과 대책

구분	원인	대책
의료모델 (생물학적 결정론)	인간의 행위는 선례적 원인의 산물	범죄자에 대한 지식과 진단능력을 기초하여 형사사법 제도에서 폭넓은 의사결정권을 가질 것을 주장하며, 범죄자의 치료를 위해 다양한 정신건강시설의 폭넓은 활용을 권장
적응모델 (경제모형, 사회학적 결정론)	의료모형과 같이 범죄자는 병자이며 처우를 필요로 하고 치료될 수 있다고 믿지만, 범 죄자도 자신에 대해서 책임질 수 있는 법을 준수하는 의사결정을 할 수 있는 존재	범죄자들이 사회에 보다 잘 적응하도록 도와주는 데 주요 관심을 두기 때문에 시설수용의 지나친 이용에 반대하고 처우기법으로 현실요법, 교류분석, 집단지도 상호 작용, 환경요법, 요법처우공동체, 행동수정 등을 활용
재통합모델	범죄문제는 범죄문제가 시작된 바로 그 사 회에서 해결되어야 한다는 관점	지역사회와의 의미 있는 접촉과 유대(지역사회교정의 강조)

(2) 비판과 반론

구분	비판	재비판
부정기형에 대한 평가	부정기형은 수용의 장기화를 초래하고 강제된 처우는 개인의 자유를 위협하며 적법절차를 위반하여 형벌의 비인간화와 심각화를 초래, 이는 교화개선이 도움이 아니라 처벌이며 인간의 자유와 의지라는 가치와 충돌한다.	바람직한 환경하에서 제대로만 시행된다면 효과적일 수 있다. 처우의 개별화와 전문화가 필요하다.
	부정기형은 정의감, 공정성, 형법적 보호장치 그리고 합리성 등을 결하고 있으며, 부정기형과 개별화된 처우 등 재량권은 부정적인 면을 더욱 악화시켰고, 개인의 행위를 변화시키는 방법과 그 변화하는 과정이 완성되는 시기를 알아내는 것은 불가능하다.	교정처우는 평가받을 충분한 기회도 갖지 못하였다. 적은 예산과 부족한 인력으로 이상적이지 못한 여건에서 제대로 수행될 수 없었으며, 교화개선이 포기된다면 아마도 교정은 더욱 억압적이며 비인간적이 될 것이고, 예측기술의 발달로 변화의 정도에 대한 측정이 가능해지고 있다는 점을 알아야 한다.
사회복귀 사상에 대한 평가	도시빈민촌의 흑인소년에게 증산층 백인의 도덕적 가치관을 강요하는 것은 실현성이 없듯이, rehabilitation이라는 이름 자체가 부적절하다. 즉 무엇보다도 결코 교육(habilitated)을 받은 적이 없는 사람이 재교육(rehabilitated)될 수는 없다.	하류계층에 속하는 자가 증류계층의 도덕적 가치를 부정한다는 전제를 하고 있는 것은 오류이다. 우리는 사회적 약자들도 사회적 강자들의 가치관을 매스컴이나 학교교육을 통해 수용하고 습득하고 있음을 많이 볼 수 있다.
	교정에서 사회복귀는 제도화된 집합적인 과정에서 이루어지는 것이라는 점에서, 집단적 변화를 기대하는 오류를 범하고 있다. 변화는 타인에 의한 도덕적 변화가 아니라 자력갱생에 기초한 변화이어야 한다.	사회복귀란 개인의 변화가 합쳐져 집단적 변화를 기대할 수 있고 또한 집단상담 등의 방법도 효과적임을 경시하고 있으며, 자력갱생뿐만 아니라 타인의 교육을 통해 변화되는 경우도 있음을 간과하고 있다.
	• Martinson: 교정·교화는 비효과적(nothing works)이다. • Bailey: 교정처우가 효과적이라는 증거는 거의 없다. • Ward: 교정처우가 오히려 처우참여자에게 부정적인 영향을 미쳤다(보다 많은 위반 초래).	• Palmer: 효과측정(재범률)을 하는 데 범죄자의 특성, 환경과 여건, 연구자의 자질을 경시하였다. • Gendreau와 Ross: 연구대상 86%가 성공적이었다. • Holoway와 Moke(1987): 교육이 재범률과 시설 내 교정사고를 감소시키는 수단이 될 수 있다.

6. 신치료사법의 등장

1974년 Martinson의 실증주의 교정정책에 대한 실증적 비판(nothing works)은 미국 교정정책을 치료 중심에서 강경대응(Get Tough)으로 전환시키는 시발점이 되었으며, 이는 지난 30년간 미국 교정정책의 중심적 경향성이었다. 그러나 80~90년대 마약과의 전쟁, 2000년 초의 테러와의 전쟁으로 교도소 수용인구의 급증과 재정압박을 받게 되자 최근에는 강경대응정책에 대한 회의론이 강하게 일기 시작하였다. 이에 따라 형사사법제도 전체가 치료 및 재활로 다시 돌아가야 한다는 주장들이 강력하게 제기되고 있다.[16]

---

16) 예를 들면 캘리포니아 주 지사가 발표한 Assembly Bill 900, 일리노이 주의 특별치료 교도소 설치, 강경대응정책으로 유명한 텍사스 주도 교화정책에 깊은 관심을 표명하였고, 오리건 주 또한

Ⅲ. 사법정의모델

1. 출현배경

사법정의모델은 현대 고전주의라고도 하는 것으로 단적인 개선모델과 치료모델의 인권침해적 요소에 대한 반성과 더불어 행형의 특별예방효과와 개방적 교정처우제도의 효과에 대한 의심에서 비롯된다. 1970년대 이후 미국에서 교정이념에 대한 회의론이 제기되면서 중벌화를 주장하는 처벌모델과 형사사법의 정의회복이라는 공정모델의 등장으로 다시 주목받고 있는 모델로, 주요 학자로는 Allen, Morris, Wilson, Fogel 등이 있다. 사법정의모델은 수용자는 사회의 보호(이를 교정보호론이라고도 한다)를 위하여 그리고 응보 · 제지 · 무능력화를 위하여 구금된다는 가정에 기초하고 훈육이 엄격하게 적용되며, 대부분 수용자들의 행동에 규제가 따른다.

2. 주요 관점

(1) 사법모델

법치모델이라고도 하는 것으로, 이는 자유의사론에 입각하여 수용자의 법적 권리의 보장이라는 관점에서 교정처우가 이루어져야 함을 강조한다.

(2) 정의모델

사법정의의 확보라는 관점에서 1975년 Fogel[17]은 당위적 공과론(Justice Model)을 제시하였으며, 1976년 Andrew von Hirsch는 'Justice Deserts' 개념을 제안했는데, 이는 범죄심각도에 비례한 형벌부과를 주장하는 것이다.

비슷한 사례를 보여 준다. 따라서 최근 미국에서는 연방뿐만 아니라 주정부에서도 치료사법이 주요한 교정정책으로 재등장하고 있다(법무부 인권국, 교정시설 내 인권친화적 심리치료제도 구축을 위한 연구, 2007).

17) Fogel은 "사법정의가 교화개선보다 바람직하고 성취 가능한 형사사법의 목표이며, 이는 공정하고 합리적이며, 인본적이고 합헌적인 관행에 의해서 이루어질 수 있다."고 주장하였다.

3. 주장내용

(1) 행정권 남용의 여지가 있는 부정기형이나 보호관찰부가석방(parole)위원
   회 폐지
(2) 정기형의 복귀와 과학적 범죄예측을 통한 선별적 무능력화[18] 방안 제시
(3) 강제양형제도[19]와 삼진법(three strike out system)[20]의 도입
(4) 미결구금일수 형기산입 및 법관의 재량폭을 줄이는 양형지침(sentencing
   guidelines)의 제시
(5) 선시제 등으로 수용자의 형기단축 및 범죄자에 의한 피해자배상제 확대
(6) 수형자에 대한 법적 원조규정 마련과 민원조사관제의 채택
(7) 원하는 프로그램의 자발적 선택, 법이 규정하는 모든 권리 제공, 불공정
   한 결정에 보호장비권 인정
(8) 교도소 처우의 공개와 대규모 교정시설의 소규모화
(9) 수형자 자치의 확대와 자발적·임의적 처우참여 등

4. 비판

(1) McAnany는 범죄경중의 결정은 일종의 정치적 속성을 가지고 있으므로
   정의모형에 적지 않은 장애물이 된다고 비판하였다.
(2) 정기형은 형벌의 엄중함을 부추기고 교정시설의 과밀수용을 부채질하기
   때문에 정의모형이 의도하는 목적, 즉 사법정의의 실현이 어렵다.
(3) Gullen과 Gilbert는 응보적 원칙에 뿌리를 둔 정의모형은 범죄자의 개선

---

18) 선별적 무능력화는 상당수 범죄가 소수 중누범자에 의해 이루어진다는 점과 장기수용으로 범죄
   자의 절정기를 시설에서 보내면 사회안전을 유지할 수 있고, 장기수용 후 출소하게 되면 범행이
   강화되지 않는다는 주장에 근거한다. 그러나 초범자들이 훨씬 많고 새로운 직업적 범죄인이 그
   자리를 대체하며, 범죄학습이나 낙인의 심화로 범인성이 더욱 악화될 수 있다는 비판이 있다.
19) 강제양형제도: 특정한 강력범죄행위에 대하여 강력한 처벌을 강제하기 위해 법관의 재량권을 제
   거하고 특정 처분기준에 의거하여 선고하도록 하는 제도로서, 미국사회에서 범죄인에 대한 엄격
   주의가 반영된 형사사법제도라 할 수 있다.
20) 삼진법: 삼진아웃제는 1993년 미국 워싱턴 주와 플로리다 주에서 최초 입법화되고, 1994년 미국
   연방 형법에 채택되었다. 이는 3범 이상 죄를 범한 누범자에 대하여 종신형 등과 같은 형벌을 채
   택함으로써 특정 범죄인의 재범방지(소극적 특별제지)를 통하여 사회방위를 실현하려는 제도이다.
   현재는 캘리포니아 주를 제외하고 나머지 주는 거의 시행하고 있지 않아서 실제로 수용인구증가
   에 미치는 영향은 적다.

을 목표로 하는 형사사법체제에 비해 더 정의롭고, 공정하며, 인본주의적이고 효과적이라 할 수 없다고 비판한다.

(4) 응보라는 사실이 희망적이 아니라 교화보다는 절망적일 수밖에 없다.

(5) H. Covey와 M. Mandy(1985)는 정의모델은 판사와 가석방위원회의 재량을 축소하는 데 신경을 썼지만, 반면에 검사의 재량권(기소권 등)을 강화하는 데 기여했다고 비판했다. 즉 재량권의 주체만 바꾼 것이다.

5. 요약

(1) 교정모델의 구분

구분		이윤호 교수	Hall	Bartollas	Duffee
처벌을 위한 교정		제지(일반, 특별)	구금행동변용모델		구금모델
		무능력화			
교화개선을 위한 교정		의료모델	수용자중심행동변용모델	의료모델	갱생모델
		적응모델	복종에 의한 행동변용모델	적응모델	개선모델
		재통합모델	신뢰에 의한 행동변용모델	재통합모델	재통합모델
사법정의를 위한 교정		정의모델, 사법모델			

(2) 모델의 차이점

구분	구금모델	개선모델	치료모델	사법모델	재통합모델
이론적 기초	응보형	개선형	정신의학	인권존중	사회화
행형 목적	계호관리, 사회방위	악성개선, 사회보호	심리치료, 사회적응	인권보장, 사회방위	성공적인 사회복귀
행형 전략	응보적 강압	처우지도	의료지원	권리와 책임	사회성 회복
교정시설	소규모 수용시설	가시적 학교시설	대규모 병원시설	소규모 수용시설	사회적 거주형 시설
교도관의 역할	수용관리자	교사	의사	법집행자	조력자
교정프로그램	육체노동	생활지도	심리치료	동의에 의한 처우	직업훈련
가석방	부정	일부 인정	전면적 인정	부정	인정

제4절 교정문화론

Ⅰ. 교정의 세계

1. 교도관의 세계

(1) 교도관의 위치

계호 중심의 업무로 인해 아직까지는 교도관에 대한 일반적 인식은 부정적이다. 실제로 한국 교도관들은 국민들이 교정행정을 불신한다고 느끼며, 직업만족도가 대단히 낮은 것으로 나타났다. 그리고 교도관들은 교정행정에 대해 언론이 실상을 제대로 파악하지 못하고 편향적인 보도를 하고 있다고 느끼는 경향성이 강하다는 점도 이를 뒷받침한다. 또한 교화사상의 성장은 교도관에게 구금 이외에 새로운 교화개선활동이라는 직무를 부과함으로써 보안직원과 처우직원 간에 직무상 역할갈등이 점차 심화되고 있는 실정이다. 한국의 경우 교정의 전문화라는 미명 아래 보안과 처우기능을 서로 다른 직원들로 하여금 담당하게 하여 양자의 기능이 상호 유기적이지 못하고 이러한 조직 내 갈등이 점차 심화되고 있기 때문에, 결국 미국의 경우처럼 교정교화의 실패와 새로운 응보주의적 관념의 도입으로 귀착될 것으로 예상된다. 따라서 그 해결책으로 한국의 경찰조직이나 일본의 교정조직처럼 교도관조직을 일원화하고 그들에게 보안과 처우기능을 함께 주어야 할 필요성이 있다(이용배, 1997).

(2) 교도관의 의식

한국 교도관들은 형법의 도덕옹호기능을 중시하는 태도가 다소 강해 보수적인 면이 있다. 그래서 일반적으로 범죄대책으로서는 교정주의를 택하되 행형이 엄격하게 실시되어야 한다는 견해가 많다. 이는 교도관들이 일반국민들은 교정행정이 범법자의 교화개선으로 재범을 방지하는 방향보다 범법자에 대해 엄격한 형집행을 해 주기를 원한다고 생각하고 있다고 인지하는 것과도 관련된다. 또한 범죄의 원인으로서 범죄통제기관의 기능부진보다는 가정교육이나 퇴폐사치풍조의 만연 등 교육·사회심리적 원인을 더 중시하고 있으며, 행형의 목적에 대해서는 특별예방주의를 선호하고, 수형자의 처우방법에 관해서도 개선모델과 의학모델 그리고 재통합모델의 관점을 선호한다. 교정의 방해요인으로 수형자의 과밀수용, 교정직원의 전문성 부족, 형식적 교정교육을 문제시하고 있으며, 교정발전책으로는 교정직원의 증원과 자질 및 처우의 향상, 교정시설의 개선 등에 강한 개혁의지를 나타내고 있다. 그러나 교도관들은 수형자의 권리보호와 권리구제제도의 확대실시에 대해서는 소극적 태도를 보인다.

(3) 교도관의 고충

수용자에 의해 교정공무원이 폭행을 당하는 경우도 비일비재하다. 우리사회는 교정공무원의 수용자 폭행에 대해서는 공권력의 남용 그리고 반(反)인권의 관점에서 비판적으로 접근하는 반면에, 수용자의 교정공무원 폭행은 사건 자체를 사소하게 치부해 버리거나, 교정공무원의 수용자 관리 또는 통제능력 부재라고 해석하는 경향을 보임으로써 교정공무원들이 실제 교도소 내에서 어떤 상황에 놓여 있는지, 그들의 직무 관련 위험성이 얼마나 되는지 등에 대해서는 진지한 분석이 행해지지 못하고 있다.

그 실태를 조사해 본 결과, 언어적인 폭력은 80% 이상이 경험하고 있고, 신체적 폭력은 20%, 정서적 혹은 심리적 폭력은 10명 중 8~9명이 경험하고 있는 것으로 교정공무원의 94.3%가 신체적 위험으로 인한 불안감을 경험하고 있다.

2. 수용자의 세계

(1) 교도소 부문화

① 발전사

1922년	Frank Tannenbaum이 전면적으로 교도소제도의 메커니즘을 비판하면서 시작되었다.
1931년	John L. Gilin 교수가 저서 중에서 교도소에 대한 불신을 피력한 바 있다.
1934년	Joshep Fishman의 〈Sex in Prison〉이 중구금교도소의 수용자 부문화에 대한 과학적 연구의 시작이라 할 수 있다.
1940년	Donald Clemmer가 〈The Prison Community〉라는 저서를 남겼다.

② G. M. Sykes(1958)의 견해

Sykes는 Clemmer의 연구에 기초하여 박탈이론적 관점에서 <The Society of Captives>라는 저서를 쓴 바 있다. 그는 수용자 사회체계의 주요 목표는 융합인데, 그것은 수형자의 단결이 수용의 제 고통을 완화시키는 가능성을 증대시키기 때문이라고 주장한다. 여기서 수형자계율(비공식적인 수형자들의 행동규율 - inmate code)[21]은 대부분의 수형자들에 의해서 추종되는데, 궁극적으로 수형의 박탈로 인한 구금의 고통[22]을 최소화하고 구금생활에서의 편안한 생활을 추구하는 심리에서 비롯된 것이라 할 수 있다. 수용의 고통에 관련된 연구는 1973년 Zimbardo, Haney, Banks 등에 의하여 보고되고 있다. 그들은 스탠퍼드대학교의 심리학과 건물의 지하에 모의교도소를 만들어 놓고 교정시설

---

21) 수형자계율(비공식적인 수형자들의 행동규율)은 대부분의 수형자들에 의해서 추종되는데, 궁극적으로 수형의 박탈로 인한 구금의 고통을 최소화하고 구금생활에서의 편안한 생활을 추구하는 심리에서 비롯된 것이라 할 수 있다. Sykes와 Messinger는 수용자들의 이익을 침해하지 말 것(동료방해 금지), 동료수용자들과 시비하지 말 것(동료와의 싸움 금지), 다른 수용자를 착취하지 말 것(사익추구 금지), 스스로를 지킬 것(자기보전), 교도관을 믿지 말 것(직원이나 그들 세계에 대한 존경심이나 권위인정 금지) 등을 수형자강령으로 제시하였다.

22) 교도소 수용의 제 고통

Sykes의 연구	정약용의 옥중오고(獄中五苦)(목민심서 형전육조 제4조)
• 자유(사회적 수용)의 박탈 • 물질과 서비스의 박탈 • 이성관계의 박탈 • 개인적 안전성의 박탈 • 자율성의 박탈	• 가계지고(加械之苦): 먼저 목에 칼, 손·발에 고랑을 차고 있어야 하는 것 • 토색지고(討索之苦): 옥리나 고참죄수로부터 금품을 강요받는 것 • 질통지고(疾痛之苦): 질병과 물것에 시달리는 것 • 동아지고(凍餓之苦): 춥고 더운데다 굶주림에 시달리는 것 • 체류지고(滯留之苦): 언제 출옥할지 기약 없이 갇혀 있어야 하는 것

의 수형환경과 수용자들의 적응심리, 교도관들의 양태에 관하여 연구하였다.

(2) 교도소화의 해명

① 개요

범죄인들이 교도소에 입소하여 습득하게 되는 수형자 사회의 부문화를 소위 교도소화(prisonzation)라고 지칭한다. 1940년경에 Clemmer는 교정시설의 일반적 문화, 관습, 규범 그리고 민속 등을 다소간 취하는 것을 교도소화라고 규정하였다. 교도소화는 수형자들의 개선이나 교화개선에 방해가 된다. Wheeler는 수용자의 교도소화의 정도(U형 곡선)는 수용된 기간에 따라 달라진다고 주장했다.

② 형성과정

㉠ 박탈모형(시설문화고유론): 수용에 따른 고통·박탈과 제도적으로 자기 지위의 강등과정(이는 곧 신분의 파괴이며, 낮은 지위로 새롭게 신분이 할당됨을 의미)을 거친다는 것에 초점을 둔다. 수형자 조직은 제도적 환경과 조건에 대한 일종의 집합적 반응이며, 이는 공식제도 안의 수용자가 고통을 받는 일련의 박탈에 대한 적응이라고 주장한다.

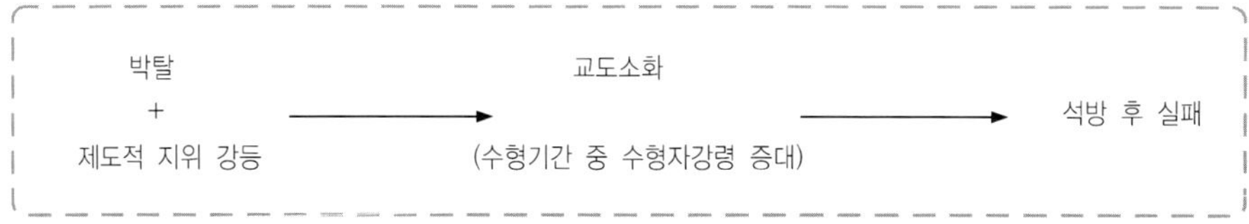

㉡ 유입모형(시설문화이입론): Irwin과 Cressey 등이 주장한 것으로 교도소 내에서 수형자들의 특정한 행위양식은 수용자들이 교정시설에 입소하기 이전부터 갖고 있던 것들로 그들이 교정시설에 수감되면서 나타나게 된다는 것이다.

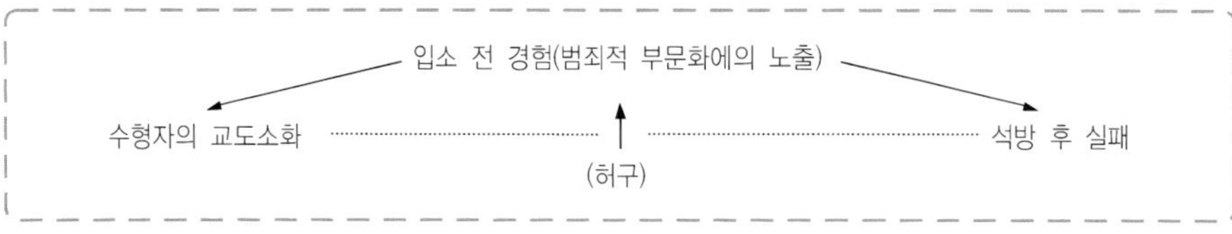

㉢ 통합모형: 대체로 자유주의자들은 박탈모형을 지지하는 반면, 보수주의

자들은 유입모형을 지지한다. 다수설인 통합모형은 교도소화의 설명에 있어서 박탈모형적 요소와 유입모형적 요소를 통합하여 교도소 사회를 이해하려는 관점을 갖는다.

③ 결론

수용자의 교도소화 정도가 약할수록 교정기관의 교화개선 노력도 수월하다는 것을 알 수 있듯이 효율적인 교정처우방안을 모색하기 위해서는 수용자의 교도소화에 영향을 미치는 요인들을 조절하는 노력이 필요하다. 그러한 방안으로 과학적인 분류기법의 개발과 시설의 특성화가 요청되며, 수용자의 긍정적·적극적 태도 형성을 위한 프로그램의 운영, 시설 내 박탈요인적 요소를 줄이기 위하여 지역사회와의 유대 강화 내지는 전환제도의 활성화 등이 제안될 수 있다(김선희, 2001).

(3) 교정의 특수유형

상황적 수용자	• 일시적·일회적 범행으로 보이는 범죄를 범하여 교정제도에 들어오게 된 수용자 그룹이다. • 살인 등처럼 죄질은 중한 경우가 많으나, 대체로 초범자로 교정당국에서 특별한 처우가 필요 없다. • 범죄사실만 아니라면 교정당국 등에서는 이들을 적절한 가석방의 대상자로 선정하려고 한다.
직업적 수용자	• Reckless가 처음 제시한 개념으로, 이들의 증가는 교도소 과밀수용을 악화시킨다. • 어려서부터 직업생활로서 범행기술을 개발하고 범죄에 대한 긍정적 태도를 발전시킨다. • 심리적으로 정상적 속성을 보이며, 스스로 일에 따른 비용으로서 얼마간의 수용생활을 기대한다.
누범수용자	• 경력범죄자들로 교정시설 수용경험이 많고 범죄 자체를 즐기는 성향이 있다. • 누범이라도 범죄의 상습성 여부는 피고인의 인권보장적 입장에서 신중하게 판단되어야 한다. • 누범수용자 분류를 세분화하고, 범수를 처우의 개별화를 위한 전제수단으로 활용할 필요가 있다. • 누범이라도 처우의 사회화를 위한 시설 내 처우와 개방처우를 강화할 필요가 있다. • 누범 중 개선 곤란한 중누범자 등은 사회격리 위주의 시설 내 처우방안이 필요하다.
성범죄 수용자	• 주요 대상은 강간범(성폭행범), 아동성학대범 그리고 약간의 매춘범 등 3가지 유형이다. • 성폭력범들은 오히려 수용자 폭력의 표적이 되기가 더 쉽다. • 아동성학대범은 법정뿐만 아니라 교도소 내에서도 가장 멸시받는 범죄자라 할 수 있다. • 매춘을 경제범죄의 유형으로 볼 때 교정당국에서는 이들에게 대안적 직업의 알선에 주력한다.
약물범죄 수용자	• 약물남용자들은 교정의 관리상 문제와 처우상 문제를 모두 야기한다. • 정신질환(정신장애) 수용자는 다른 수형자들에게 희롱 내지는 착취당할 가능성이 높다. • 약물남용 및 정신질환 수용자 등은 처벌적 형벌보다는 의료적 처우가 중요시된다.
노령수용자	• 수용자의 대부분이 젊고 가난한 사람들이지만 최근에는 노령화 경향에 있다. • 현재 고령자 거실을 별도로 운영하고 있으나, 별도의 고령자 처우프로그램은 미흡한 수준이다.
장기수용자	• 명확한 기준은 없으나 일반적으로는 10년 이상의 형을 선고받은 수형자를 의미한다. • 이들을 대상으로 유럽에서는 주말휴가나 통제된 휴가 등을 적극 실시하고 있다. • 한국의 경우 과거 수원교도소를 모범수형자교도소로 지정하여 제한된 개방처우를 한 바 있다.

(4) 수용자의 생활유형

doing time	수형기간을 인생에 있어서 일시적 휴식으로 보는 수용자들로 이들은 수형기간 동안 최소한의 고통과 최대한의 편안함을 추구하면서 보내려 든다.
gleaning	일부 수용자들은 새로운 기술을 습득하고 교도소 내 각종 교화프로그램을 활용하여 자신의 정신을 가다듬고 자아를 발견함으로써 자신의 생활을 변화시키는 기회로 활용하려 하는데, 이들은 대부분 범죄생활에 전념하지 않는다.
disorganized criminal	교도소 생활에 대한 역할을 지향하지 못하는 부적응수형자도 있는데, 이들은 대체로 지능이 낮고 심리적 또는 신체적 결함이 있어서 교도소 내에서도 다른 수용자들에 의하여 이용되고 착취된다.

(5) 수용자의 역할유형

① 역할형성의 요소

대체로 집단의 구성원, 형기, 범행의 종류, 전통적 수용자강령에 대한 전념의 정도, 특수한 기능 그리고 경제활동 등에 따라 사회적 역할이 형성된다고 한다.

② 역할유형에 대한 학자들의 견해

Schrag	수용자의 사회적 역할을 친사회적(prosocial), 반사회적(antisocial), 가사회적(pseudosocial) 그리고 비사회적(asocial)인 것으로 구분하고, 구체적으로 고지식자(square johns), 정의한(right guys), 정치인(politicians), 무법자(outlaws) 등 크게 4가지 일반적 유형으로 나누고 있다.
Sykes	정보통신자인 생쥐(rats), 교도관과 내통하는 중심인(centerman), 공격적 약탈자인 고릴라(gorillas), 밀거래자인 상인(merchants), 성적 폭압자인 늑대(wolves), 폭력적 대치자인 어리석은 파괴자(ball busters), 고전적 수용자인 진짜 남자(real men), 폭력범죄와 관련된 악당(tough) 그리고 마약 관련 범죄자인 떠버리(hipsters)로 구분하고 있다.
Schmalleger	수용자의 역할을 깔끔이 신사, 쾌락주의자, 기회주의자, 은둔자, 변호인, 과격주의자, 식민자, 종교인, 현실주의자로 구분하고 있다.

Ⅱ. 교정환경의 실제

1. 개요

(1) 인권신장과 교정통제

교정시설의 위험성과 교정행정에 대한 국민의 불신 그리고 외부의 간섭(사법부의 개입 등)에 따른 재량권의 축소와 내부적으로 한정된 지침에 따라 수용자들의 인권신장과 다양한 요구에 대응해야 하는 어려움으로 인하여 오늘날 교도관들의 사기가 저하되는 등의 문제점이 발생하고 있다. 수용자 권리와 적법절차를 강조하는 자유주의적 철학은 교도관의 수형자 사회에 대한 통제를 더욱 어렵게 만들었고 수형자들의 소송위협이라는 이중의 곤경에 처해 있다. 그래서 미국 등에서는 교도관노조를 인정하여 교도관들의 복지후생에 기여하고 있다.

(2) 교도소 내 수용관리(Sykes)

공식적으로는 수용자보다 유리한 입지에 있는 교도관의 능력이 실제로는 매우 제한적이어서, 상당 부분 수용자들의 협조에 의존하게 된다. 수용자들의 복종을 확보하기 위하여 교도관에게 동조하는 수용자에 대하여 특전으로 보상하고, 위반행위에 대해서는 특전을 박탈하는 방법이 사용된다. 작은 규칙위반을 눈감아 줌으로써 보상정신으로 다른 측면에서 동조와 복종을 유도하거나, 수용자 사회의 리더를 통하여 통제하는 등의 방법이 이용된다. Lombardo는 수용자들의 행동변화에 가장 큰 영향을 미치는 사동근무자의 자세가 가장 중요한 의미를 갖게 된다고 하였듯이, 고위층 교도관들보다는 하위층 교도관들이 더 수용자들에게 영향을 준다. 그래서 수형자들이 감독권자인 교도관들을 신뢰하도록 전문성을 확보하는 것이 매우 중요하다.

(3) 교도소 내 시장경제

구금은 자유 이상의 많은 것을 박탈하여 수용자들의 필요에 충족하지 못하기 때문에 비공식적인 지하경제가 수용자 사회의 주요 요소가 된다. 따라서 교도소 측의 철저한 검열과 강력한 통제로 원활한 공급조달이 이루어지지 못하면 밀거래 가격이 상승하기 마련이다. Irwin이 불법한 경제체제라고 규정한 교도소 지하경제는 일부 교도관의 암묵적 허용이나 묵인하에서 형성되는 감도 없지 않은데, 문제는 이처럼 교도소 내 지하경제로 인하여 일부 수용자는 지하경제를 통해 획득한 권력을 통하여 다른 수용자보다 윤택한 생활을 영위하는 경우도 있다.

(4) 교도소 내 과밀수용

현재 우리의 교도소에는 너무 많은 인원이 수용되어 있다. 이러한 수용인원의 과밀현상은 교도관에게는 과중한 업무부담을 안겨 주고, 교정시설의 환

경을 더욱 열악하게 만들어 수용자의 기본적 인권마저 침해할 가능성을 높여
줄 뿐만 아니라, 행형목표인 '수형자의 사회복귀'를 위한 각종 프로그램의 실
행에 필요한 시설과 공간의 부족을 야기한다.

2. 교정의식의 문제

(1) 전과자에 대한 사회적 인식

전과자에 대한 편견은 직접적인 접촉에 의해서가 아니라 주로 대중매체를
통해 형성된다. 전과자에 대한 사회적 거리감은 전과자가 저지른 범죄유형에
따라 다르게 나타난다. 정신질환자나 신체장애자보다도 전과자에 대한 사회
적 거리감이 더 크다.

(2) 수용자의 의식

수형생활에 대해 긍정적인 태도와 자아존중감이 높은 수형자일수록 사회
복귀를 위한 준비태도가 확실히 갖추어져 있을 뿐만 아니라 재사회화에의
가능성도 상당히 높은 것을 알 수 있다. 수용자의 사회재적응을 위한 교정프
로그램은 복역기간 초기와 복역단계 말기에 집중적으로 적용하는 것이 효과
적이다.

제2장 교정관리론

제1절 시설 내 수용관리

I. 교정시설

1. 존재이유

(1) 개요

근대 이후 구금시설이 가장 중요한 범죄통제장치로 자리 잡으면서 그것의 존재이유를 설명하려는 이론적인 접근들도 다양하게 전개되어 왔다. 그러한 흐름들은 크게 강조점에 따라 몇 가지 유형으로 분류할 수 있다. 즉 교도소 내의 여러 제도가 지닌 목적에 초점을 맞추는 연구(제도론적 접근), 거시적이고 사회구조적인 요인을 통해 교도소에 접근한 연구(사회구조론적 접근), 교도소가 갖는 비공식적 역할을 강조하는 연구(수정주의적 접근) 등이다(최정기, 2006).

(2) 제도론적 접근

대체로 기존 범죄학에서는 구금형의 공식적이고 제도적인 목표에 초점을 두면서 교도소가 존재하는 이유를 설명한다. 즉 교도소는 한편으로는 근대 이전의 형벌과 마찬가지고 응보라는 목적을 갖고 있지만 그와 동시에 공리주의적 목적, 다시 말해 범죄자의 무력화와 범죄행위의 억제, 그리고 범죄자의 사회복귀를 위해 존재한다고 주장한다. 물론 개인에 따라서 이들 중 특정한 목적을 좀 더 강조하는 차별성이 존재할 수 있으며, 특히 현대의 행형학이나 현행법에서는 이념적으로 복귀하는 목적을 강조하여 교정이라는 용어를 사용하기도 한다. 그러나 그럼에도 불구하고 교도소는 현재까지 인류가 발명한 장치

들 가운데 사회적으로 범죄에 대응하면서도, 동시에 전제적인 권력의 행사로
부터 인권을 보호하는 가장 좋은 제도라고 주장한다.

(3) 사회구조적 접근

사회의 경제적 토대의 변화에 근거하여 교도소의 등장과 그 변화를 설명하
는 마르크시스트들의 접근을 들 수 있다. 그 대표적인 이론가로 볼 수 있는
루쉐와 키르크하이머 등은 교도소가 지닌 표면적인 목적보다는 그에 대한 경
제적·역사적 분석이 훨씬 중요하다고 생각한다. 즉 교도소가 수행하는 공식
적인 기능보다는 오히려 교도소 자체가 어떠한 역사적 배경하에서 형성되었
으며, 그러한 기능의 수행을 통해 사회적으로 어떠한 효과를 거두고 있는가에
주목하는 것이다. 이들의 주장은 열등처우의 원칙에서 보다 분명하게 드러난
다. 즉 교도소 내 수형자에 대한 처우는 최하층 노동자의 처우보다 한 단계
낮을 수밖에 없다는 것이다. 결국 교도소는 무거운 사회적 중압 속에서 이들
하층계급을 범죄화하려는 경향을 억제하는 한편, 이들 하층계급의 구성원들
이 노동시장에 남아 있게 만드는 장치로 작용한다. 따라서 노동시장의 상황은
교도소의 통제방식이나 수형생활에 직접적인 영향을 미친다고 주장한다. 이
러한 주장을 실증하기 위해 이들은 유럽의 형벌사를 조감하면서 잉여노동력
이 증가한 불경기의 경우에는 보다 가혹한 수형생활과 독거구금제가, 노동력
이 부족한 상황에는 인도적인 행형과 혼거작업제가 채택되는 경향이 있음을
보여 주고 있다.

(4) 수정주의적 접근

이는 제도적인 접근이나 사회경제적 접근과는 달리 교도소를 특별한 역사
적 상황에서 나온 사회적·정치적 요구의 결과로 파악하는 입장이다. 이들은
매우 다양한 이론적 흐름을 보이고 있지만, 기본적으로는 범죄예방과 교정이
라는 공식적 목표에서는 처음부터 실패했음에도 불구하고, 교도소가 사회에
서 여전히 처벌의 가장 중요한 장치인 이유는 무엇인가라는 질문에서 출발한
다. 즉 교도소라는 근대적 처벌의 방법은 분명하거나 자명하게 합리적이지도
않으며, 오히려 진지하게 설명을 요구하는 부분이라는 것이다. 그 결과 교도
소를 단순히 개혁의 산물 혹은 합리적인 제도로만 보거나, 일방적으로 사회경
제적 변화에 상응하는 형벌장치로만 바라보지 않는다. 그보다는 오히려 교도

소의 은폐된 목적에 주의를 기울이며, 권력의 전략 및 사회통제의 일환으로 교도소를 인식한다. 근대사회에서 새로운 권력의 기법인 규율의 배치와 확산이 이루어지는 하나의 장으로서 교도소를 설명하는 Michel Foucault[23]의 경우가 그 대표적이다. 그 외에도 교도소를 정신병원, 학교, 공장 등과 함께 대중의 일상을 규율하는 총체적 통제제도들 중의 하나로 설명하는 Rothman[24]이나 총체적 통제제도 안에 갇혀 있는 수형자들의 세계를 통해 그러한 통제의 실상을 드러내고자 한 Goffman 등이 여기에 속한다.

(5) 소결

구금형이 1세기도 안 되는 기간 동안에 정착할 수 있었던 이유는 크게 5가지로 요약할 수 있다(Werner, 1990: 19 – 23). 첫째, 국가의 사법권 행사의 비공개화가 요구되는 시대적 상황에서 교도소제도가 발전하였으며, 둘째, 기존의 형벌보다 효과적인 형태로서 구금형이 발전하였고, 셋째, 민주주의 이념의 확산과 함께 요구된 새로운 사회통제수단으로서 교도소제도가 발전하였으며, 넷째, 합리주의와 낙관주의적 세계관의 영향에서 교도소제도가 탄생하였고, 다섯째, 가장 일반적인 견해로 구금형의 탄생은 보다 인도주의적인 처벌형태로의 전환이라는 주장 등이 있다. 그 밖에도 미국의 경우 사회경제적 변동상황과 교도소 노동력 수요 간에도 밀접한 관계가 있는데, 이것이 교도소제도 정착에 기여하는 요인이 되었다.

2. 교정시설의 요건

(1) 개요

교정시설은 물적 시설을 구비함과 동시에 인적 구성요건을 갖추고 범죄인을 처우하는 국가시설로서 국가 또는 공공단체 등의 행정주체에 의하여 공적목적에 병용되는 인적 및 물적 설비의 총합체를 말한다.

---

23) Michel Foucault(1975)는 저서인 <감시와 처벌(Discipline and Punish): 감옥의 탄생>에서 중세시대의 공개처형을 신학적인 의식(theological ritual)이라고 기술하였다. 그는 범죄란 군주에 대항하는 반역적 요소로, 군주는 공개처형을 통해 군주의 손상된 체면을 회복하고, 이는 권력을 복원시키는 사회적 의식을 의미한다고 보았다.

24) David J. Rothman은 저서인 <수용소의 발견(The Discovery of the Asylum)>에서 식민지시대의 교도소는 미결수용시설이었으며, "교도소란 원래 범죄자의 처벌을 위한 것이 아니라 그들의 행위를 증진시킬 수 있도록 돕기 위해 탄생하였다."라고 주장하였다.

(2) 법적 근거

교정시설은 행형에 관한 일체의 사무 및 미결수용자의 수용에 관한 사무를 관장하는 국가시설이므로 행정관청으로서의 지위를 가지며, 교정시설을 신축하기 위해서는 현행법상 '법무부와 그 소속기관 직제'에 근거하여 설치·변경할 수 있다. 이러한 교정시설은 공법상 특수영조물에 해당하며, 수용자는 공법상 영조물인 교정시설을 이용하는 데서 비롯된 최소한의 법적 제한을 받게 된다.

(3) 교정시설의 조건

교정시설은 우선 수용자의 구금확보에 지장이 없는 구조이고 사회와의 격리수용이 가능하며, 감시 및 시찰에 편리하고 공동생활에 불편이 없고 위생적이어야 하며, 지진·화재 등에 대비할 수 있도록 견고해야 한다. 그리고 계호 및 업무수행상 편리하고 수용실 외에 작업장, 창고, 취사장, 보일러실 등 부속건물을 완비해야 한다. 특히 교정시설은 2차적 목적인 교정이념에 합치되는 물적 설비와 처우방법의 조화를 이루는 방향으로 건축되어야 한다.

❑ 미연방교도소의 경비등급기준

경비등급 경비요소	1	2	3	4	5	6
주변경계	없음	울타리 또는 건물 자체	2층 울타리	2층 울타리 또는 보조시설을 갖춘 한 개의 울타리	2층 울타리 또는 이중 주벽	2층 울타리 또는 이중 주벽
감시대	없거나 무인감시대	없거나 있을 경우 시간제 유인감시	없거나 있을 경우 시간제 유인감시	없거나 있을 경우 시간제 유인감시	완전유인감시	완전유인감시
구외순찰	없음	없음	있음	있음	있음	있음
검신기	없음	없음	있음	있음	있음	있음
수용환경	개방	개방~반개방	폐쇄	폐쇄	폐쇄	폐쇄
거실형태	독거 또는 혼거	독거 또는 혼거	독거 또는 혼거	독거 또는 혼거	독거 또는 혼거	전체가 독거실
수용자수 대비 직원비율	낮음	낮음	낮음~중간	낮음~중간	낮음~중간	높음

3. 교정시설의 구조

(1) 분방식

1704년 로마의 San Michele감화원이 세계 최초의 분방식(독거식) 구조라 할 수 있고, 1869년 뉴욕의 엘마이라감화원이 이를 개선한 것이라 할 수 있다. 그리고 1821년 Habiland가 250개의 독거실을 구비토록 설계한 동부 펜실베이니아감옥(Eastern Penitentiary)[25]과 1870년에 개축된 벨기에의 Ghent교도소가 분방식 건축양식과 방사익형(放射翼型, radial design)의 내방식(inside cell) 시설구조로 개편하였다.

(2) 파놉티콘식

Panopticon이란 1787년 영국의 철학자 J. Bentham이 고안한 것으로 '모든 것을 본다(All - Seeing - Eye).'라는 뜻을 가진 말이다. 이는 원형 독거방으로 한 사람의 감시자가 중앙의 감시대에서 전체 사방과 거실 내부를 볼 수 있는 일망(一望) 감시시설구조로 보안기능에 유리한 점이 있다.

파놉티콘형 내부 모습

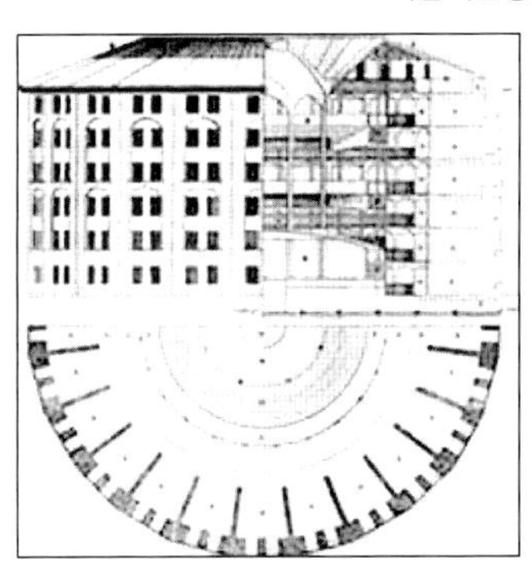

(3) 파빌리온식

Pavillion은 Pussin에 의하여 고안된 평렬 또는 병렬식 구조로 수용자의 유별처우와 보건위생을 중시한 건축양식인데, 1898년 파리 근교 Fresnes감옥에서 채택하였다.

---

25) 19C 초 동부 펜실베이니아감옥이 방사형으로 설계된 것에서 발전되었다고 하는데, 이는 사방이 중앙지점에서 방사형으로 설계되어 마치 자동차 바퀴의 화살처럼 디자인된 것이다. 또한 각 사방별로 운동공간이 있으나, 타 수형자를 볼 수 없도록 설계되었다.

(4) 전주식

보안기능 중심의 대구금시설에서 많이 이용되고 자연위생 면에서 유리하며, 한국의 대부분의 교도소가 일자형 사동을 병렬로 하는 전주형에 해당한다. 이러한 전주형은 주로 중구금교도소에서 가장 많이 이용되는 설계양식으로 긴 중앙복도가 있어 여기로 수용자들이 이동할 수 있으며, 구금을 목적으로 건설되기 때문에 수용자를 분류수준에 따라 수용 가능하다는 장점이 있다.

형태에 따른 수용동 분류

구분	형태	경비등급	장점	단점
방사형	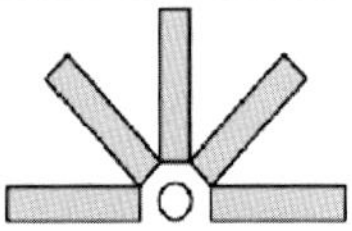	중간 완화	·감시용이 ·통제용이	·일부일조불리
전주형	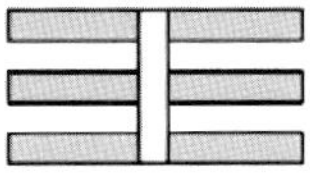	개방등급 제외 보통등급	·감시용이 ·통제용이 ·일조유리	·복도길이 김. ·단조로운 형태
일자형		엄중	·감시 용이 ·대지제약적음	·일부일조불리. ·긴실비 큼 ·단조로운 형태
원형	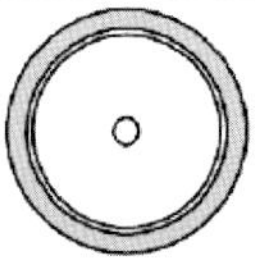	엄중 중간	·감시중심	·일부일조불리
중정형		중간 완화	·동단위처우가능 ·계호용이	·복도길이 김 ·일부일조불리
절충형	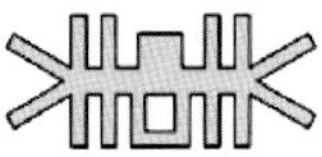	중간 완화	·계호 융통성 ·변화에적응용이	·일부일조불리
부정형	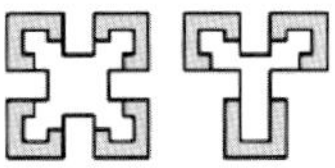	등급에 따라 형태선정	·수용단위별 처우가능 ·교정 중심 ·새로운외형가능	·계호에 불리 ·일부일조불리 ·공용공간에의한 면적 증가

구분	형태	경비등급	장점	단점
편복도형		개방등급 제외 모든등급	·감시용이 ·통제용이 ·일조용이	·복도길이 김. ·단조로운 형태
중복도형		개방등급 제외 모든등급	·감시용이 ·통제용이	·일부일조불리 ·단조로운 형태
외복도형		엄중	·감시용이 ·통제용이	·일조통풍불리 ·수용자 정서상 불리
반외복도형		엄중	·감시용이 ·통제용이 ·외복도형보다 일조환기 유리	·일조환기불리 ·수용자 정서상 불리
아트리움형		중간 완화	·중복도형의 단조로움 탈피 ·감시수월 ·통풍유리	·일부일조불리 ·통제불리
혼형		중간 완화 개방	·수용환경개선 ·자치공간부여 ·일조통풍유리	·일부일조불리 ·통제불리

(5) 오번식

오번감옥에 초대소장이던 W. Brittin에 의하여 설계된 뉴욕감옥이 오번식으로 불리게 되면서 알려진 설계구조로 외창이 없는 2열의 사방이 잔등을 맞댄 내방식(inside cell)으로서 통풍·채광의 불량이 그 결함이다. 이 양식의 대표적인 예는 싱싱감옥으로 약 100여 년 동안 미국 감옥의 견본이 되었다.

4. 현대적 교정시설

(1) 기본요건

현대적 교정시설은 수용자의 격리구금과 계호에 적합한 자연적 입지조건뿐만 아니라 수형자의 교화개선과 개별처우가 가능한 시설구조이어야 한다.

(2) 교정시설구조

캠퍼스형	청소년이나 여성수용자를 위한 교정시설로서 오랫동안 이용된 형태이나, 최근 미국에서는 일부 남성교도소로도 이용된다. 이는 비교적 적은 수의 사동이 가게, 학교, 식당 기타 시설과 섞여서 여기저기 흩어져 위치한 시설구조로서, 보다 인간적인 설계양식이고 개별 건물이 보다 융통성 있게 이용된다는 점 때문에 각광받는다. 현재 대부분의 캠퍼스형 시설은 중구금 또는 경구금시설로서 활용된다.
정원형	일부 중구금교도소를 포함한 최근의 교도소 건축양식으로, 전주형과는 달리 긴 중앙복도를 통하여 수용자들이 이동하는 것이 아니라 앞뜰 또는 정원을 가로질러서 수용자들이 이동할 수 있도록 바꾼 형태이다. 즉 사방시설과 기타 기능시설이 정원을 둘러싸고 있는 듯한 형태를 취한다.
클로버형	클로버 잎 1개에 해당하는 부분에 60명 정도를 수용하는 사동 또는 독거방으로 되어 있으며, 4개의 클로버 잎이 하나의 중앙부를 둘러싸고 그곳에 상담실, 화장실 등을 설치·운영한다.

미국의 교정시설 배치유형 분류

구분	다이어그램	사례	특성
분산형 campus type		Carl Robinson Correctional Institution, Connecticut, USA,1990	①분산배치 ②옥외 공간을 중심으로 분산배치 ③외부 동선(자율적) ④수용시설의 등급에 따라 선택 ⑤교외
수정 분산형 campus modified type		Federal Correctional Institution, Kentucky, USA, 1992	①집중또는연결배치 ②옥외 공간을 중심으로 분산배치 ③외부 동선(자율적) ④수용시설의 등급에 따라 선택 ⑤교외
연결형 interconn ected type		Lincoln Correctional Center, Nebraska, USA, 1979	①집중또는연결배치 ②옥외 공간을 중심으로 연결배치 ③내부 동선(폐쇄적) ④수용시설의 등급에 따라 선택 ⑤교외

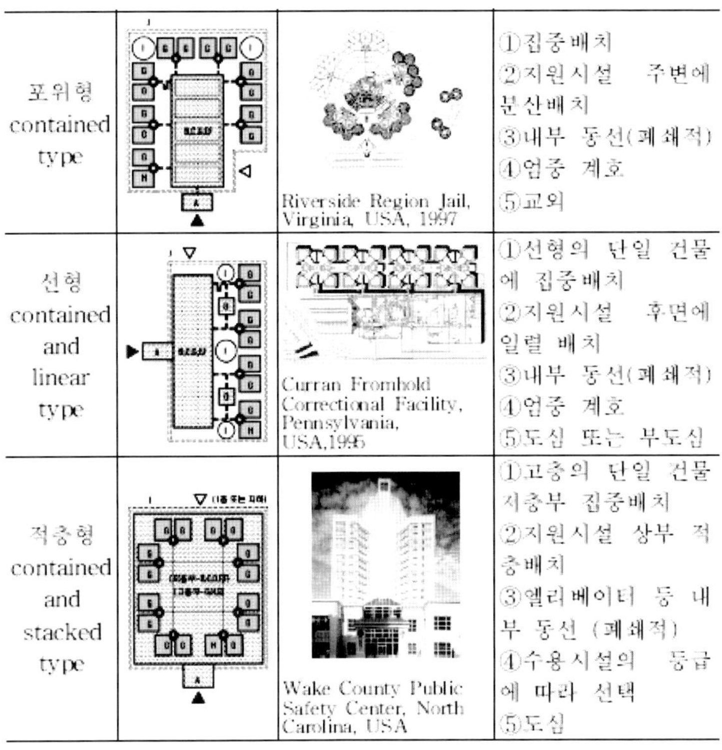

유형	개념도	사례	특징
포위형 contained type		Riverside Region Jail, Virginia, USA, 1997	①집중 배치 ②지원시설 주변에 분산배치 ③내부 동선(폐쇄적) ④엄중 계호 ⑤교외
선형 contained and linear type		Curran Fromhold Correctional Facility, Pennsylvania, USA,1995	①선형의 단일 건물에 집중 배치 ②지원시설 후면에 일렬 배치 ③내부 동선(폐쇄적) ④엄중 계호 ⑤도심 또는 부도심
적층형 contained and stacked type		Wake County Public Safety Center, North Carolina, USA	①고층의 단일 건물 저층부 집중배치 ②지원시설 상부 적층배치 ③엘리베이터 등 내부 동선 (폐쇄적) ④수용시설의 등급에 따라 선택 ⑤도심

호주와 독일의 현대적 교도소 내부

1. 골프장 등을 갖춘 고급 리조트 수준의 호주 교도소

호주 언론들에 따르면 최근 아동 성폭행범, 강간범 그리고 살인범 등 중범죄자들이 수용된 교도소 내에 최첨단 장비까지 갖춘 헬스클럽, 축구장, 실내 수영장, 실내외 테니스장 시설은 물론 호주 빅토리아 주 발라라트 근처에 위치한 랑기 칼칼 교도소의 경우 '9홀 골프 코스'까지 갖추어져 있는 것으로 밝혀져 호주 시민들이 자신들의 귀중한 세금이 엉뚱한 곳으로 낭비되고 있다며 분노하고 있다. 현재 랑기 칼칼 교도소 내에 설치된 골프 코스에서 재소자들은 자신의 모자란 골프 실력을 보완하기까지 하고 있는데, 문제는 죄를 반성해야 될 범죄자들이 이렇게 한가하게 골프까지 즐긴다는 것은 세계 어느 교도소에서도 찾아보기 힘들다는 점이다. 이름을 밝히기를 원하지 않은 한 재소자는 호주 언론과의 인터뷰에서 "현재 많은 재소자들이 골프를 교도소에 갖추어진 골프장에서 마음껏 즐기고 있으며 골프 장비와 공은 교도소 측이 제공해 준다."고 말해 범죄자들에게 오히려 지나치게 많은 혜택을 주고 있는 호주 교도소 당국이 요즘 더욱더 호주인들의 비난의 대상이 되고 있다.

교도소 내 골프장 시설이 이곳 언론들을 통해 공개되자, 빅토리아 주 정부는 일단 교도소 내 골프장 시설의 의미를 축소하기 위해 애쓰고 있는 형편이다. 빅토리아 주 교정부 대변인은 "현재 랑기 칼칼 교도소 내 골프장이 단지 교도소 내 잔디밭 일부의 잔디를 잘 다듬어 만든 조그만 골프장일 뿐이라며 사용하는 재소자들 역시 나이가 많은 재소자들뿐"이라고 그 의미를 애써 축소했다. 최근 호주 언론 '썬 헤럴드'가 조사한 결과에 따르면, "랑기 칼칼 교도소에 갖추어진 골프장에는 각 홀마다 장애물 시설로 나무들이 심어져 있는 것은 물론 대부분의 홀에는 벙커시설까지 갖추어져 있는 것"으로 전해졌다. 이처럼 호주 교도소 내 시설들이 호주 언론들에 의해 이미 그 정도를 넘어서고 있는 것으로 파악되자, 빅토리아 주 야당 대변인 리처드 달라 ─리바 씨는 "비록 완전한 시설이 아닌 골프장 시설이라도 교도소 내에 골프장 시설까지 갖추어져 있다는 사실 하나만이라도 이것은 말이 안 된다."며 "팀 홀딩 호주 교정부 장관에게 교도소 내에 골프장이 설립될 수 있었던 이유를 추궁할 것"이라고 이곳 언론들과의 인터뷰에서 밝혔다. 특히 달라─리바 씨는 "재소자들은 분명히 범죄자들이며 교도소는 골프를 즐기며 휴가를 보내는 장소가 아니다."라고 말하며 재소자들에게 지나친 혜택을 제공하는 교도소 측을 강하게 비난했다. 한편 범죄 피해자 지원 협회의 회장인 노엘 맥나마라 씨는 "현재 호주 교도소 내에 갖추어지는 각종 편의 시설들을 살펴보면 빅토리아 주 교도소가 마치 세계적인 유명 리조트 '클럽 메드'와 별 차이가 없다는 사실을 알게 된다."며 호화로운 호주 교도소 편의 시설들을 비난했다. 골프장 시설까지 갖춘 랑기 칼칼 교도소에는 현재 호주에서도 화제가 된 각종 흉악범들이 수용되어 있는 것으로 알려져 그 충격을 더하고 있다. 현재 이 교도소에 수감된 흉악범들 중에는 호주에서 유명했던 연쇄살인범 줄리안 나이트, 경관 살해범 밴달리 뎁스 및 제이슨 로버츠, 유명 명사 부부 살인범 매튜 웨일스 등 빅토리아 주의 유명 흉악범들이 다수 포함되어 있는 것으로 알려졌다. 한편 현재 이처럼 호주 교도소들의 호화로운 편의 시설들을 갖추기 위해 호주 정부는 매년 상당한 금액의 세금을 이곳에 투자하고 있는데, 지난 1993년에 소년원에서 성인교도소로 처음 바뀐 랑기 칼칼 교도소의 경우 지난 2004년 교도소 시설 향상을 위해 자그마치 350만 달러(25억)를 투자한 것으로 알려지고 있다.

– 워드뉴스, 2007. 7. 31.

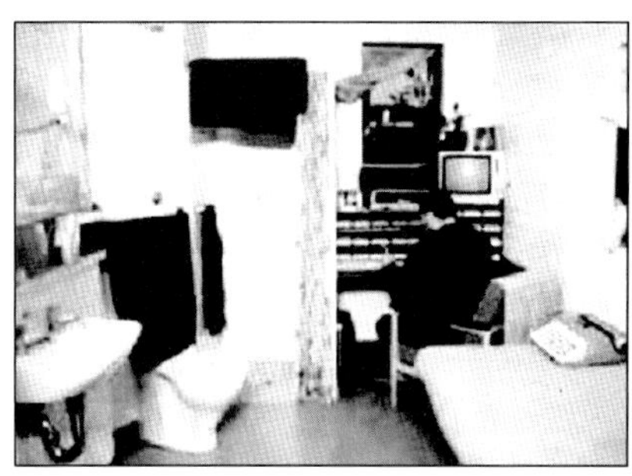 

2. 현대적 시설을 갖춘 독일 지크부르크 주 교도소 내부

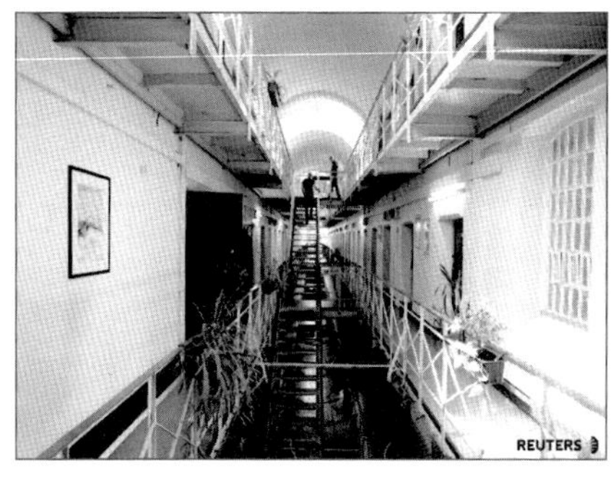

5. 한국 교정시설구조

(1) 기존 형태

한국 대부분의 교정시설은 파빌리온식과 유사한 전주형(telephone pole plan)으로 사방을 일자로 배열한 병렬식 형태이다. 다소 위생적인 면에 유리하고 보안을 중시하여 건축한 형태를 취하고 있다.

(2) 시설의 구분

교정시설의 개념을 넓게 보면 교정기관뿐만 아니라 보호기관 그리고 민간시설을 포함할 수 있다.

먼저 국가운영의 교정기관에는 교정본부, 지방교정청, 교도소, 구치소가 있으며, 그리고 국가운영의 보호기관에는 소년원, 소년분류심사원, 보호관찰소, 치료감호소 등이 있다. 한편 민간기관에는 갱생보호기관(한국법무보호공단 등), 소년법상 소년을 수용하는 아동복지시설 또는 소년보호시설, 교정서비스를 제공하는 종교·사회기관 및 시설, 지역사회복지관 등이 있다.

<천안개방교도소 전경>

(3) 교정시설기준

국내 교정시설의 시설기준은 법무부에서 공포한 '법무시설기준규칙'에 의한다. 교정시설의 운영에 대한 기준은 행형법에 의해 규정되어 있으며, '법무시설기준규칙'은 교정시설에 대해 단순히 면적기준만을 제시하고 있다. 주요시설기준을 살펴보면 다음과 같다.

(4) 문제점

대규모의 시설구조로 수용자의 질서 확립과 보안 중심의 시설형태로 개별처우가 곤란하다. 교도소 내 미결수용실의 병치로 교정행정업무가 복잡해지고 수형자 중심 처우에 일관성을 유지하기가 곤란하다. 형의 집행 및 수용자의 처우에 관한 법률과 달리 실제는 혼거수용이 원칙이며 예외적으로 독거수용을 인정할 만큼 사방 수의 부족과 사방규모가 너무 협소하다.

□ 국내 교정시설기준

구분	주요 내용
임소와 출소공간	− 보안과동에 입출소 대기실 설치 − 신입 교육실에는 탈의실, 환의실, 사복보관 등의 부속실 설치
수용실	1. 원칙 　− 독거수용 원칙, 혼거 가능 　− 혼거수용동, 독거수용동, 징벌수용동, 보호사동으로 구분 　− 혼거수용실은 3인 이상 수용 2. 일반수용실 　− 수용실은 독거실을 원칙으로 혼거 가능 　− 최소 4.62㎡ 이상 좌우 장방형 3. 엄정독거수용실 　− 최소 3.63㎡ 이상 4. 혼거실 　− 최소 2.48㎡ 이상 5. 병실 　− 최소 4.3㎡ 이상
기타 수용실	장애인수용실, 격리수용실
보안시설	− 감시대 미설치 원칙(CCTV 등 증설) − 중앙감시실 설치(CCTV 모니터실)
안전설비	− 피난계단 설치(건축법 적용)
남성과 여성	− 남자와 여자 분리수용(행형법 제4조)
기타 시설	− 창고, 치료실, 수용자주방 − 직원, 검사/변호사/교화위원을 위한 회의실, 휴게실, 기록실, 창고, 화장실 구비 − 교육실, 작업실, 도서실, 종교실 등 설치

(5) 최근 추세

한국 교정시설이 현대화되면서 구치소의 경우 도심에 위치한 고층형태로 신축되고 있으며, 교도소의 경우에는 경비등급에 따라 전자장비 등을 계호업무에 적극 반영한 보안시스템을 강화해 가고 있다.

(6) 향후 방향

교정시설의 현대화는 보다 질 높은 서비스를 수용자에게 제공하기 위한 것이 목적인바, 교정시설을 소규모화(UN안은 500명이 적정)하고, 보안수준에 따라 경비등급별로 교정시설을 구분하며, 처우기능별로 시설을 전문화하는 방안 등이 적극 시행되어야 한다.

최근 우리나라 교도소 건축의 유형 분석

구분	1	2	3	4	5	6
배치도 및 배치유형 (배치도)	계호용이 직업훈련시설접근분리	각시설접근용이 전면부집중배치로일조분리	계호용이 직업훈련시설접근분리	각시설접근용이 전면부집중배치로일조분리	관리운영시설 측면집중배이로 관리용이 운영/교육/훈련시설로의 접근 분리	지원시설로의 접근용이 동선길이 다소 김
배치유형	포위형·연결형	포위형·연결형	포위형·연결형	포위형·연결형	연결형	포위형·연결형
기결수용동	방사형 중정형	집중형(2개의 방사형) 편복도형	방사형 중정형	집중형(2개의 방사형) 중정형·편복도형	선주형 편복도형	집중형(선주·방사형) 편복도형·중정형
미결수용동	방사형 편복도형	방사형 편복도형	방사형 편복도형	방사형 편복도형	선주형 편복도형	집중형(방사형의 변형) 중복도형
여자수용동	일자형 중복도형	일자형 중복도형	일자형 중복도형	방사형 중복도형	일자형 중복도형	일자형 중복도형
의무수용동	일자형 중정형	일자형 중정형	일자형 중정형	일자형 중복도형	일자형 중정형	일자형 편복도형

6. 교정의 민영화

(1) 개요

교도소 등 교정시설을 민간기업이나 민간단체가 국가를 대신하여 건설, 재정, 행정 등을 담당해서 운영하거나 교정시설의 일부 프로그램을 지원하는 것이다. 즉 외부의료단체와 계약을 통해서 의료서비스를 제공한다든지 교도작업의 분야에 있어서 특정 서비스를 민간기업에 계약구매하는 형태로 이루어지는 것 등이 이에 해당된다.

(2) 배경

범죄의 증가에 따라 날로 교정수요가 증대되어 가자 인권 차원에서 과밀수용을 해소하기 위한 전략으로서 교정의 민영화가 수용능력을 증대시킬 수 있는 방안이 되고 있다. 비용편익적인 경영기법을 도입함으로써 교정경비를 줄이고, 국가독점 교정행정(교정제도의 관료화)의 실패에 따른 새로운 돌파구로서 등장하게 되었다.

(3) 민영교도소

① 구분

교정시설을 민간기업이나 단체가 직접 소유하여 운영하며, 그에 소요되는 자본도 민간자본으로 투자된 형태의 교도소(COCOS, COntractor owned and COntractor operated)와 교정시설은 기존의 교정당국에 의해 운영되지만 재정적인 영역, 즉 투자와 소유권은 민간에 귀속되어 있는 형태의 교도소 또는 정부가 소유하고 있는 시설을 민간이 참여하여 교정서비스를 제공하는 업무를 전담하는 경우의 교도소(GOCOS, GOvernment owned and COntractor operated)를 말한다.

② 발전사

16C	오늘날 교도소의 전신이라 할 수 있는 16C의 노역장, 감화원 등은 대부분 민간에 의해 운영되었다.
19C	산업화가 어느 정도 이루어지고 국가형벌권이 강화되면서 교정시설에 대한 민간참여는 약화 내지 제한되었지만, 교도소 운영에 대한 민간의 개입은 19C까지도 계속되었다.
20C 전반	교도소의 운영은 20C에 들어와서 중앙집중화된 공공분야로 이전되어 마치 교도소의 운영은 국가의 영역에 속하는 것으로 점차 인식되었다. 따라서 20C에는 공공교도소의 시기였고, 민간개입은 기껏해야 교도소 내 사용물품의 공급이나 자원봉사활동 정도로 제한되었다.
20C 후반	미국에서 시작된 교정의 민영화 정책은 영국, 호주, 남아프리카공화국, 뉴질랜드 등 영미법계 국가에서 전면적으로 수용되었다. 그러나 영국을 제외한 유럽국가들은 신중한 태도를 취하고 있으며, 프랑스는 건축, 교육, 작업 등을 민간위탁하였고, 네덜란드는 반대입장을 명확히 하고 있다.

③ 특징

통상 사설교도소라고도 하는데, 이는 민간 분야로부터 각종 재화와 용역을 구매하는 정부지원기업을 말한다. 대체로 기업에서는 식품, 의료, 교육, 훈련, 보안, 관리, 작업프로그램 등을 제공하는데, 특히 건강의료와 식품 분야에서 급속하게 성장하는 효과를 보여 준다. 일반적으로 사설교도소를 운영하는 민간기업가들은 보다 적은 비용으로 정부에서 운영하던 것보다 효과적으로, 안전하게, 인간적으로 교정시설을 운영하고 이익을 남길 수 있다고 주장한다.

④ 각국의 운영실태

최초의 민영시설은 1957년 미국 펜실베이니아의 위버스빌에서 RCA Corporation이 비행청소년을 위한 보안수준이 높은 기숙사형 집중처우형태의 소년원이 설치된 것이라고 할 수 있으며, 현재 미국에서는 다국적 기업형태인 14개 교정회사가 180여 개의 교정시설을 운영하고 있다. 그러나 이들 중 대다수의 회사들은 영리를 목적으로 교정시설을 운영하고 있다. 이들은 민영교도소 운영뿐만 아니라 보안장비개발 및 판매사업 등에도 참여하고 있어서 입소자의 '인권보장' 측면보다는 이익 창출에 초점을 맞추어 운영될 가능성도 있다는 비판이 있다. 영국의 경우에는 1990년 맨체스터교도소의 폭동을 계기로 1991년 최초의 시범 민영교도소 '올스'가 운영되었고, 1994년 잉글랜드 험버사이드에 '돈카스터' 민영교도소가 건설되었다. 호주는 보랄린 민영교도소(Borallin Correction Centre)와 아더고리 민영구치소(Arthur Gorrie Correctional Centre)가 대표적인데, 민영교도소의 건물과 부지는 정부소유이고 관리와 운영만 민간업체가 담당한다. 브라질의 경우 휴마이타(Humaita)교도소가 대표적인데, 이는 기독교 민영교도소의 세계적 표본이다. 일본은 2007년 5월에 민간이 운영·관리하고 첨단기술을 이용한 '미네 사회복지촉진센터'가 설치되었다.[26]

⑤ 우리나라의 민영교도소

한국기독교연합회 산하의 '아가페' 주관으로 여주에 국내 최초의 민영교도소를 개소할 예정이다. 한국에서 설립을 추진하고 있는 아가페민영교도소는 이익 창출을 주목적으로 하지 않으며, 운영자금은 전액 정부보조금과 교회의 헌금으로 충당된다. 따라서 모든 역량을 입소자의 교정교화프로그램의 원활한 수행에 집중할 수 있으므로 '이익 창출'로 인해 야기될 수 있는 입소자의

---

26) 최근 일본이 교도행정까지 민영화를 서두르는 데는 수형자가 너무 빠른 속도로 늘어나 정부의 능력만으로는 감당하기 힘들기 때문이다. 일본의 교도소나 구치소에 수용된 인원은 1993년 3만여 명에 불과했으나 1996년 4만 명, 2001년 5만 명, 2003년 6만 명 선을 넘어 올 7월 말에는 7만 737명에 이르렀다. 패전 후 혼란기(1948∼1951) 이후 사상 최고치이다. 더구나 정원을 16%나 웃돌다 보니 대부분의 교도소는 독방에 2명씩, 6인실에는 8명씩을 수감하는 실정이다. 형이 확정돼도 교도소에 들어갈 곳이 없어 구치소에 1개월 이상씩 머무는 일도 잦다. 법무성은 민영교도소를 짓는 것만으로 수형자 증가속도를 따라잡기 어렵다고 보고 죄질이 가벼운 범죄자에게는 실형 대신 쓰레기 줍기 등 사회봉사명령을 내리며 보석요건을 완화하는 등의 대책도 추진하고 있다. 수형자가 급증하는 원인으로는 흉악범 증가와 이에 따른 법원의 엄벌주의가 흔히 꼽히지만 전혀 다른 분석도 나온다. 범죄 및 교정 전문가인 하마이 고이치(浜井浩一) 씨 등은 아사히신문이 발행하는 월간지 논좌(論座)에서 "흉악범죄와는 거리가 먼 고령자나 정신지체장애인 수형자들이 늘어나는 것이 원인"이라고 주장했다. 사회적 약자들이 문전박대를 당하지 않고 원하는 대로 들어갈 수 있는 '복지시설'은 교도소뿐이기 때문에 만원이 됐다는 설명이다(ALC Korea 2006. 12. 5).

IC태그에 정맥 화상검사……쇠창살 없는 창문, 일본 최초 첨단 민간교도소 개소

기업이 관리·운영하는 첨단 하이테크 민간교도소가 일본에서 첫선을 보였다. 일본 법무성은 13일 야마구치(山口) 현 미네(美祢) 시에서 '미네 사회복귀촉진센터' 개소식을 가졌다. 14일부터 초범으로 형량이 가벼운 남녀 기결수 각각 500명씩을 받게 될 이 센터는 민간의 자금과 경영 노하우를 활용한 일본 최초의 민간교도소이다. 센터 건설에는 경비회사인 세콤과 시미즈건설 등으로 구성된 기업 컨소시엄이 참여했다. 이들은 앞으로 18년 동안 센터의 관리·운영을 맡게 된다. 그러나 모든 일을 전담하는 것은 아니다. 100명의 민간인 직원들은 경비와 수형자 감시, 교육·직업 훈련, 식사 등의 업무를 담당한다. 수형자를 제압하는 등 공권력 행사 업무는 120명의 법무성 소속 교도관이 맡는다. 센터 건설은 경비절감 차원에서 시도됐다. 법무성은 기업에 총 517억 엔의 운영·관리 경비를 위탁했는데, 이는 일반 교도소의 경우보다 약 58억 엔을 절감한 것이다. 28만m^2 부지에 세워진 센터는 외관과 내실에서 보통 교도소와는 판이하게 다르다. 거대한 교도소의 콘크리트 외벽 대신 속이 들여다보이는 이중의 철조망과 적외선 센서가 설치됐다. 감방 창문도 창살 대신 강화유리로 만들어졌고, 10㎝ 정도 열 수 있게 만들어 폐쇄감을 크게 완화했다. 수형자는 센터 안에서 혼자 이동할 수 있다. 상의에 붙인 IC 태그를 통해 이동 장소와 궤적이 드러난다. 수형자 간의 상의 교환 등을 막기 위해 이동 장소마다 손가락 정맥 화상검사를 실시하는 등 첨단 경비기술이 채용됐다.

– 한국아이닷컴, 2007. 5. 14.

인권침해는 사전에 예방할 수 있다. 정부에서도 입소자의 인권보장을 감시하기 위해 감독관을 파견하는 등 다양한 대책을 마련하고 있으며, 또한 아가페민영교도소는 상당 부분이 전문적인 자원봉사자들에 의해 수행되는 시스템이므로 모든 운영이 최대한 공개적이고 투명하게 진행될 것으로 예상된다.

<소망교도소 모형도>

⑥ 쟁점

민영교도소의 도입에 있어서 쟁점이 되는 것은 첫째, 법률적으로 징벌, 배상책임, 수용자권리, 무력사용 등의 소재가 어디에 있는가의 문제, 둘째, 경제적으로 우수한 시설의 설계와 건축, 운영과 행정의 융통성, 권력의 분산과 분권화, 직원의 사기·열정, 소유의식의 고조, 경험과 지도력, 엄격한 수용자 관리로 비용을 절감할 수 있는가의 문제, 셋째, 윤리적으로 국가가 아닌 민간인이 타인의 자유를 박탈할 수 있는가, 형의 집행이라는 국가권력작용을 민간에 위임할 수 있는가, 형벌을 이용한 이윤의 추구가 가능한가 등의 문제이다. 그 밖에 수형자 간의 형평성이나 공정성을 침해한다는 견해, 민영교도소제 도입

보다는 국가교정시설에 대한 투자 확대와 교정공무원에 대한 처우 개선 및 교정조직의 강화가 시급하다는 견해, 국민법감정상 시기상조라는 시각 등의 문제가 있다.

⑦ 형태

비분화형	교도소 사업 전체를 분화하지 않고 전부 운영하는 것으로, 영리추구를 목적으로 하는 민영교도소와 비영리형태의 종교교도소가 있다.
분화형	교정당국이 민간기업과 교도작업이나 시설운영 등을 분야별로 임대계약을 체결하는 것이 있다. 예를 들면 미국이나 영국 등 선진국에서는 호송과 계호업무 등을 교정관계 전문회사에 위탁경영하고 있다.

⑧ 평가

장점	• 비용절감 및 정부의 재정부담의 감축 • 다양한 처우프로그램의 신속한 시행가능성 • 탄력적인 교정운영의 가능성
단점	• 형벌권의 민간위임의 곤란 • 수준미달의 수용자 처우 가능성에 대한 우려 및 보안상의 문제 • 비용절감의 효과에 대한 불투명성 • 공공교정의 침체 및 형사사법망의 확대 • 노동력의 착취 및 인권침해의 위험성
개선점	• 국가는 민간기업이 교도소 운영 등의 계약조건을 성실히 준수하는지 끊임없이 관찰해야 할 의무가 있다. • 일반대중과 형사사법 분야 종사자들에게 사설교도소에 대한 지원유도가 요청되며, 합리적인 운영을 위해서는 수용인원을 소규모로 하는 것이 바람직하다. • 민간소유 및 민간운영의 사설교도소에 대한 정치적 · 재정적 · 윤리적 · 행정적 논점에 대한 검토가 필요하다. • 민영교도소의 성공을 이끌기 위하여 최소한의 영리추구를 보장해야 하며, 지나친 간섭은 민영교도소 경영을 위축시키고 자율성을 침해하게 되어 매력을 상실할 수 있다는 점을 고려하여야 한다.

(4) 교정에 민간인 참여문제

① 필요성

범죄인처우의 질적 향상과 국가독점주의에 따른 형사정책의 한계를 극복하려는 노력으로 민간참여의 가치가 높다.

② 현 실태

현재 한국의 경우에는 한국범죄방지재단 또는 YMCA 등의 각종 사회단체들의 이웃살펴주기운동, 주민자율방범활동, 시민순찰활동 이외에도 '보호관찰 등에 관한 법률'상의 범죄예방위원, 소년법상의 자원보호자, '보호소년 등의 처우에 관한 법률'상의 소년원생지도위원, '형의 집행 및 수용자의 처우에 관한 법률'에 근거한 교정위원(종교 · 교화 · 교육 · 의료)제도 등을 통하여 범죄예방 및 재범방지활동을 점차 확대하고 있는 추세이다.

③ 평가

장점	단점
• 범죄유발환경의 개선활동 및 범죄자의 원활한 사회복귀를 위한 사회적 기풍의 조성효과 • 국가기관에 의한 독단적인 범죄대처활동(교정행정의 밀행주의 등)의 통제효과 • 유용한 사회자원(전문적인 지도와 상담, 경제적 원조 등)을 시설 내 처우에 적극 활용효과 • 보다 친화력 있는 인간관계를 통한 범죄인 교화활동 효과	• 형사사법에 대한 이해부족과 법적 감각 등 전문성 결여 • 법적 강제 등의 전문 분야에선 참여가 곤란한 문제점 등

Ⅱ. 시설수용의 방법

1. 시설수용의 대상

교정시설(교도소, 구치소)에 입소하는 경우는 검찰의 구속영장 신청에 의해 법원이 이를 발부함으로써 구치소(교도소)에 구속되는 경우가 대부분이며, 기타 벌금 미납으로 인한 노역환형처분자나 형집행, 구속집행정지 취소처분에 의해 입소하는 경우도 있다.

(1) 미결수용자

먼저 교정시설(교도소 · 구치소)에 들어오는 신입수용자에게는 수용생활에 필요한 사항과 각자의 권리와 의무를 설명해 주고 건강한 몸으로 새 생활을 시작할 수 있도록 목욕, 건강진단 등을 실시한다.

아직 판결이 확정되지 않은 미결수용자의 경우에는 죄명, 범수 등을 고려하여 거실을 배정받게 되는데 증거인멸 방지를 위해 공범 간에는 엄격히 분리수용된다.

(2) 수형자

형이 확정된 수형자에 대해서는 인성검사와 적성검사를 통해 개인별 특성을 파악하고, 죄명, 형기, 범수 등을 고려하여 그에 맞는 교도소에 수용하게 되는데 이러한 과학적인 분류심사는 제반 처우의 기초자료로 활용하게 된다.

2. 시설수용의 이해

(1) 개요

사상적 기초	천부인권적 인간관과 자연법적 국가계약설 등이다.
수용의 개념	자유권을 박탈하고 교정시설에 구금하여 수용자로서의 신분을 설정하는 처분이다.
수용의 근거	헌법과 법률에 의거하여야 한다.
수용의 요건	적법문서의 구비(형식적 요건)＋실제 사실과의 일치(실질적 요건)

(2) 수용자별 필요문서

수형자	(잔)형집행지휘서, 재판서(판결등본 등)
사형확정자	사형확정통지서, 수용지휘서, 판결등본
노역장 유치자	노역장유치집행지휘서, 판결등본
형사피의자 · 형사피고인	구속영장, 수용지휘서, 이송 시 이송지휘서

3. 수용밀도의 증대

(1) 실태

교정시설 내의 수용인원의 과소 여부는 교정행정의 목적을 달성하는 데 있어서 중요한 의미가 있다. 수용자의 인권을 보장해 줄 수 없을 정도의 과밀수용은 수용관리상 문제를 야기할 뿐만 아니라 이들의 교정교화 효과도 기대할 수 없다. 최근 미결수용에 대한 심사강화 등으로 한국의 경우 교정시설 내 수용인원이 감소하고 있는 추세이나, 선진국가에 비교해 보면 여전히 과밀수용이 심각한 수준이라 볼 수 있다. 1개 시설당 각국의 평균 수용인원을 보면, 미국의 경우 500명, 영국 358명, 일본 230명, 호주는 170명에 불과하나 한국의 경우에는 1,500명에 이르고 있다. 또한 교도관 1인당 수용자비율을 보더라도 미국(연방)은 4.4명, 영국 2.3명, 호주 2.0명, 스웨덴 1.5명, 캐나다 1.1명이나, 한국은 약 3명 수준이다.

(2) 원인

한국 교정시설의 과밀수용의 원인은 여러 측면에서 고찰할 수 있다. 첫째, 인구학적 측면에서 보면, 1960년 전후에 태어난 베이비붐세대가 1970년대 후반부터 범죄연령기에 도달하여 1980년대 초반부터 구금연령기로 진입하면서 수용인원 증가의 주요 원인이 되고 있다. 둘째, IMF 또는 세계경제 공황 등 경제위기도 교정시설 과밀수용의 원인이 되며, 셋째, 교화개선 정책에도 불구하고 지속적으로 재범률이 상승하자 매스컴의 집중적 보도와 교정정책 비판, 범죄공포를 해결할 수 있는 전략을 요청하는 국민들의 열망, 선거전략 으로 '범죄와의 전쟁'을 선언하는 정치가들의 역할 등이 결국 형사사법의 보 수화를 강화시켜 법원의 보수화와 강력한 형벌이 등장하게 된 것이 원인이 라 할 수 있다.

(3) 현행법 위반

현행 '형의 집행 및 수용자 처우에 관한 법률'에는 원칙적으로 500명 이내 를 수용하도록 규정하고 있으나, 수용자 1인당 최저시설면적은 명시적으로 규정해 놓고 있지 않다.[27] 또한 현재의 실무관행상 각 수용시설의 장에게는 수용정원을 아무리 초과하더라도 신규입소자의 입소를 거부할 권한이 없으며, 따라서 '정원초과수용'을 이유로 어떠한 행정적인 징계처분도 받지 않는다. 그러나 수용정원초과의 정도가 심하여 그야말로 '과밀수용'의 단계에 도달한 경우 수용자의 '기본적 인권(동법 제4조)'은 물론 '구분수용(동법 제11조)'과 '처우(동법 제57조)'의 원칙이 침해될 소지가 크다.

(4) 영향

교정시설의 과밀수용은 수용환경의 악화와 교도관의 사기를 저하시키는 이 유가 되며, 열악한 수용환경으로 인하여 수용자들이 인권침해라는 이유로 소 송 등 권리주장을 하는 경우가 증가하게 되면서 교정에 대한 법원의 개입을 초래하게 되었다. 법원의 개입은 강력범은 선별적 무능력화하고 경미범은 사 회 내 중간처벌로 전환하는 등의 양형제도의 변화를 가져오게 되었고, 결국 교도소 과밀상황을 개선하기 위한 노력에 가장 큰 영향을 미치게 된다.

---

27) 독일의 경우에도 1인당 수용면적이 명시되어 있지 않으나, 독일 행형법 제144조 제1항에 "수용 자가 주거하는 거실은 적당한 공간을 갖추어야 하며, 수용자의 건강을 위해 난방과 통풍이 잘 이 루어져야 하고 바닥면적과 창문넓이가 충분하여야 한다."라고 규정하고, 동조 제2항에 공간면적, 환기장치, 바닥면적, 창문크기에 관한 구체적인 사안은 연방법무장관이 연방상원의 동의를 얻어 부령으로 정하도록 되어 있다. 판례에 의하면 수용자 1인당 바닥면적이 $6 \sim 7m^2$, 공간면적이 $15 \sim 20m^2$ 정도는 용인할 수 있는 수준이라고 보고 있다(Kaiser/Kerner/Schoch, Strafvollzug, 4.Aufl. 1992, S.193f.).

(5) 대책(Blumstein의 제안)

null strategy	별다른 대책 없이 그저 교정시설이 증가되는 수용자만큼 더 소화시킬 수밖에 없다고 보는 것으로 단기적 전략이며, 장기적으로는 교도관의 비도덕화, 교도소 폭동을 유발할 가능성이 높다(추가비용 없이 정치적으로 가장 수용하기 쉬운 전략).
입소인력의 감축으로서 정문(front – door)전략	법정형의 하향조정, 불구속수사와 재판의 확대, 자유형의 대안형벌의 적극적 활용,[28] 후문입소의 억제,[29] 선별적 무능력화[30] 등이다.
수용기간의 단축으로서 후문(back – door)전략	미결구금기간의 최소화, 장기형의 회피, 조기석방제[31]의 적극 활용으로 형기의 실질적 단축 등이다.
형사사법기관 간의 공조를 통한 수용인구 조절전략	형사사법기관들 간의 사전협의와 협조체제의 구축을 통하여 수용인원을 조절하자는 것으로, 교정의 주체성 확보를 통한 과밀수용 해소전략에 해당한다.
수용공간의 확대전략	수용자의 수에 비례하여 교정시설을 증설하자는 단순한 방법이나, 신축에 따른 고비용 등으로 인하여 예산을 배정받기 어렵다는 문제점이 있다. 따라서 최근에는 민영교도소 등을 통해 수용공간을 확대하는 방안들이 시행되고 있다.

4. 수용의 방법

(1) 독거수용

① 형태

독거수용의 형태로는 엄정독거제(주야간 모두 독거), 완화독거제(작업 · 교육 등의 시간에 제한적 잡거, 야간에는 독거), 야간독거제(주간혼거작업, 야간독거) 등이 있다. 엄정독거제의 대표적인 형태로는 펜실베이니아제(도덕적인 인간상 추구)를, 완화독거제로는 오번제(복종적인 시민상 추구)를 들 수 있다.

---

28) 교정 이전 단계에서 보호관찰, 가택구금, 벌금형, 배상처분, 사회봉사명령, 선도조건부 기소유예 등의 전환제도를 활용하여 교정시설에 입소하는 수용인원을 감축하는 것이다.

29) 후문입소인원의 억제정책은 후문정책(back door polices)과는 전혀 다른 것으로, 즉 구속영장이 발부되거나 실형이 선고되어 구치소나 교도소에 들어오는 것을 정문입소라고 한다면, 벌금을 미납하여 노역장에 유치되거나 집행유예 또는 가석방이 취소되어 교도소에 수용되는 것을 '후문(Hintertur)입소'라고 한다.

30) 최근 상당한 관심을 끌고 있는 선별적 무능력화(selective incapacitation)에 대한 연구결과를 보면, 비교적 적은 수의 활동적인 범죄자가 대다수의 폭력범죄와 재산범죄를 범하고 있는 것으로 밝혀짐에 따라 Greenwood는 이들 습관적인 범죄자에 대한 8년 강제형이 강도를 20%까지 줄이는 데 기여한다고 주장한 바도 있다. 그러나 후에 자신의 결론에서 다소 수정을 가한 바 있듯이 모든 연구자가 다 선별적 무능력화가 범죄를 줄인다고는 생각하지 않는다. 실제로 Elliott Currie가 지적했듯이 일부 범죄자는 무능력화시킬 수 있을지는 모르나 그동안 다른 사람들이 그 자리를 차지할 수 있다. 또한 지역사회에 대한 비용과 관련하여 수용인원과 수형기간의 증대는 오히려 더 많은 교정시설을 요하고 더 많은 비용을 초래할 수 있고 윤리적인 문제를 야기할 수 있다.

31) 교정시설의 별다른 증설 없이 보호관찰부 가석방, 선시제도, 사면, 감형 등과 같은 교정단계의 전환제도를 통하여 신속하고 용이하게 수용밀도를 낮추자는 것이다. 그러나 조기석방제는 임시방편적 대안으로 '회전식 교도소문 증후군(Revolving Prison Door Syndrome)'이라는 비판이 있다.

그리고 오늘날 가장 선호되는 독거수용형태는 야간독거제가 있다.

㉠ 엄정독거제(펜실베이니아제)

ⓐ 펜실베이니아제는 윌리암 펜(William Peen)이 처음 개발한 것으로, 18C 펜실베이니아 주의 퀘이커(Quaker)교도들의 참회사상과 John Howard의 독거제에 영향을 받았고, 감옥개량을 목적으로 한 사설협회로서 벤자민 프랭클린(Benjamin Franklin)에 의하여 '필라델피아협회'가 창립되면서 구체화되었다.

ⓑ 1776년 소규모 독거시설인 월넛감옥(Walnut Street Jail)이 생겨 수형자를 엄정하게 독거구금 하기 시작하였으며, 1790년에는 독거주의를 행형원칙으로 인정하게 되었다. 1818~1821년에 필라델피아 동서에 2개의 대(大)독거교도소가 생김으로써 독거제의 효시로 불리는 펜실베이니아제가 완성되었다.

ⓒ 펜실베이니아제는 독거구금과 노동을 위해서 사방과 개별작업장을 결합한 수용제도로서 엄정독거제, 분방제, 필라델피아제로 불리며, 그 기본사상은 절대의 침묵과 정숙, 고독 속에서 회오반성·속죄하게 함으로써 정신적 개선을 하려는 것이다.

ⓓ 초창기 펜실베이니아제의 원형은 수형자를 주야 구별 없이 독거하여 회오반성 하게 하는 것이었으나, 이러한 초기 독거제도는 침묵제도의 생성으로 사라지고 후기에는 점차 완화독거제, 야간독거제 형태로 변형되어 갔다.

㉡ 완화독거제(오번제)

ⓐ 오번제란 1816년 설립된 보스톤교도소협회(the Boston Prison Discipline Society)를 중심으로, 1823년 미국의 엘람 린즈(Elam Lynds)가 1816~1819년에 건설된 뉴욕 주 오번감옥에서 처음 실시한 제도이다. 당시 산업사회의 노동력 확보라는 시대적 요구에 부응하는 새로운 주간잡거작업·야간독거제(congregate system)로 출발한 이 제도는 범죄인에게 수용경비를 지불케 하는 방법으로 수형자의 노동력을 작업장에 투입한 형태였는데, 19C 미국에서 지배적인 형태로 자리 잡았다.

ⓑ 엄정독거제의 결점을 보완하고 혼거제의 폐해인 수형자 상호간의 악풍감염을 제거하기 위한 구금형태로 그 매력은 경제적 이점에 기인한다.

이는 주간의 잡거작업 시에 교담(交談)을 엄격히 금지하고 침묵을 지키도록 하며, 야간에는 독거구금 시키는 방식을 취했다. 이러한 오번제는 간드(Gand)감옥을 기원으로 하며, 오번제를 채택한 대표적 시설은 싱싱(Sing Sing)감옥이다.

ⓒ 오번제는 수용자의 도덕적 교화보다는 건전한 근로습관의 함양과 그로 인한 재범의 방지에 더 큰 관심을 둔 제도이다. 한편 오번제는 절충제, 침묵제, 완화독거제(반독거제), 교담금지제라고도 한다.

ⓒ 야간독거제

최근 세계 각국에서 선호되고 있는 현대적 야간독거제란 엄격한 분류심사를 통하여 개별특성과 유별특성을 모두 고려한 적절한 수용방식을 의미한다. 이러한 야간독거제가 완화독거방식인 오번제와 다른 점은 당시에는 분류기술이 발전하지 못하여 주간잡거의 형태였다면, 현대사회의 야간독거제는 과학적인 분류진단을 통한 주간공동작업, 야간독거방식이라 할 수 있다.

② 독거수용의 평가

장점	단점
• 수용자 간의 악풍감염을 예방하며, 위생상 전염병예방 등에 기여하고 수형자 개별처우에 용이하다. • 수용자 스스로 반성 내지는 속죄할 수 있는 기회를 제공하는 효과가 있다. • 수용자의 명예감정을 보호할 수 있고, 미결수의 경우 증거인멸 및 공모위증을 방지할 수 있다.	• 인간의 사회성을 무시한 것으로 행형실무상 교육, 교회, 운동, 작업 등 집단적 교육훈련과 수형자의 자치활동 등 사회적 훈련에 부적합하다. • 수용자 신체의 허약·정신장애의 우려 및 수형자 상호간의 감시가 없으므로 자살사고의 위험성을 방지하기 곤란하다. • 혼거제보다는 많은 감독인원이 필요하고, 행형시설 건축에 있어서 경제적 비용이 많이 든다.

(2) 공동수용

① 개념의 구분

공동수용에 관련하여 잡거제, 혼거제라는 용어가 혼용되어 사용되고 있다. 잡거제와 혼거제를 구분하는 기준으로 잡거제는 과학적 분류가 전제되지 않았던 19C 이전 시기의 공동수용방식이며, 혼거제는 과학적 분류를 적용하여 수용하던 19C 중엽 이후의 방식이라 할 수 있다.

② 공동수용의 평가

장점	단점
• 수용자의 심신단련을 도모할 수 있고 행형건축비와 인건비를 절감할 수 있으며 시설관리 면에서도 용이하다. • 교정행정에 있어서 형벌집행의 통일성을 유지할 수 있고 직업훈련에 간편을 기할 수 있다. • 공동작업을 통한 수형자의 재사회화와 사회적 훈련에 용이하고, 수용자 상호간의 감시를 통한 자살 등의 교정사고방지에도 기여할 수 있다.	• 수용자 상호간에 갈등증폭과 악풍감염의 우려가 있고, 집단생활이므로 독거제보다는 개별처우가 곤란하다. • 출소 후 공범범죄의 가능성이 있고 교도관의 계호상 감시감독 및 기율유지가 곤란하다. • 위생과 방역상 어려운 점이 있다.

Ⅲ. 수용관리상 계호

1. 교정사고

(1) 원인

일반적으로 교정사고는 폭행과 자해사고가 가장 많이 발생하지만, 사회적으로는 발생빈도가 낮은 도주와 난동사고가 크게 여론화된다. 이러한 교정사고에 대하여 사회학자들은 남성성을 강조하는 성역할과 폭력적 인성을 가진 수용자들로 구성된 교정시설 내 수용자 부문화에서 그 원인을 찾는 경향성이 있으며, 구조적·제도적 측면에서는 교도관들은 수용자의 폭력성이라는 동기적 측면보다는 교정사고가 가능하게 하는 기회의 제공, 수용의 박탈과 분류기능의 미비, 과밀수용 등에서 그 원인을 찾는 경향성이 있다.

(2) 유형별 특성

폭행	폭행치상사고의 동기는 자제력 부족으로 인한 우발적·충동적 감정에 의한 사고가 가장 많고, 발생장소는 과밀수용이 심각한 대규모시설의 혼거실에서 가장 많이 발생되고 있다.
도주	도주사고의 주요 동기는 재판에 대한 불만 또는 계호 소홀로 인한 우발적 충동에 의한 것이며, 미결수용자 중 중형 선고예상자 및 무기수 등 장기형 복역대상자가 많으며, 죄명별로는 절도(특정범죄 가중처벌 등에 관한 법률 적용자), 강도, 살인범죄자가 많고, 도주장소는 외부통근, 외부병원, 출정 등 교정시설 이외의 장소가 많다.
소란·난동	소란·난동사고의 주요 동기는 처우불만으로 비롯된 경우가 가장 많고, 우발적 충동, 자기과시욕 등이 주원인이며, 죄명별로는 강도, 살인 등 강력범죄자에 의하여 가장 많이 발생되고 있고, 장소별로는 사동복도에서의 난동이 가장 많이 발생한다.
자해·자살	수용자들이 자해·자살하는 주요 동기는 대체로 중형선고압박, 가족으로부터의 소외감, 신병비관(초범의 사회지도층의 경우 수용에 따른 수치심 등), 당국에 대한 항변 등의 사유가 많고 미결수용자 중 중형 선고예상자, 무기수 등이 자포자기에 빠져 사고유발가능성이 크다. 죄명별로는 살인, 강도 등 장기형 선고예상자가 많고 자살장소별로는 독거실 수용자가 가장 많다.

교도소 폭동장면

(3) 대책

기본적으로는 시설의 소규모화와 교도관들의 자질향상으로 감시·감독과 보호기능을 향상시켜서 수용자의 관리와 통제 및 처우의 효율화를 높이는 것이 필요하며, 수용관리 측면에서는 과밀수용을 해소하고 분류기능을 강화하며 문제수용자의 심리치료를 위한 처우프로그램의 개발 등이 요청된다.

2. 계호

(1) 의미

고전적 의미(소극적 목적)	응보형주의적 시각에서 교정시설의 안전과 수용자의 구금확보, 질서유지를 위한 일체의 강제력(소극적 경계작용, 교정의 권력작용)만을 말한다.
현대적 의미(적극적 목적)	목적형주의와 교육형주의적 시각에서 수용자에 대한 격리작용과 교화개선작용을 위하여 행하는 경계와 보호작용을 모두 포함하는 개념으로 수형자에 대한 보호 내지 복지증진작용을 더 강조하는 입장이다. 즉 경계는 구금확보에 장애되는 요인들을 예방하고 배제하는 작용이며, 보호는 수용자나 제삼자의 생명·신체·재산에 대한 장애나 위험을 예방·배제하고 구제하는 작용이다.

(2) 원칙

통상 보안이라 호칭되는 계호는 먼저 행형시설에서의 질서 있는 공동생활을 위하여 수형자의 책임의식을 고양·증진시켜야 한다는 자기책임의 원칙, 그리고 비례성 원칙(적합성·필요성·균형성)과 보충성 원칙에 따라 다른 수단으로 수용자의 교정이 곤란할 때 최후수단으로 운영되어야 한다. 즉 위반행위에 비례한 적정한 최소한의 계호행사와 징벌을 부과해야 하고, 계호와 징벌의 내용을 사전에 수용자에게 명확하게 고지하여 계호와 징벌의 남용을 방지한다. 또한 수용자의 인권에 부당한 침해가 없도록 배려하여야 한다.

(3) 범위

계호권은 수용자와 계호자 사이에 발생하는 것이 원칙이나, 현행범인 제삼자에게도 성립할 수 있으며, '형의 집행 및 수용자의 처우에 관한 법률'상으로는 필요한 한도 내에서 수용자 외의 자에 대해서도 무기를 사용할 수 있도록 규정하고 있다. 형사소송법상 형사피의자·피고인 또는 수용자의 증인소환이라든가 현장검증 시의 계호, 법원관할에 따른 호송계호 등처럼 소송진행을 위하여 검사실 또는 법원의 소환에 응하는 출정계호가 이에 해당한다. 특히 공판정에서의 계호는 교도관의 계호권보다 법정경찰권이 우선하므로 가장 많이 제한받는다.[32]

(4) 계호행위

① 의의

교도관이 수용자의 구금확보를 위하여 수용자에게 적법하게 지시·명령하고, 구금질서를 위하여 교도관이 경계와 보호활동을 하는 일체의 행위를 말한다. 구체적으로 현행법상 수용자에게 주어진 의무를 다하지 않을 때, 즉 구금 등에 대한 수인의무, 수형자는 교정처우를 받을 의무, 적법하고 정당한 명령에 복종할 의무, 긴급석방 시 출석의무, 청소·정돈 등 청결의무 등을 준수하지 않을 때도 계호행위는 발동될 수 있다. 또한 예외적으로 비상사태가 발생한 경우에는 타 교정시설에 수용된 수용자에 대해서도 당해 기관장의 지휘·감독하에 계호권을 행사할 수 있다고 보는 것이 일반적이다.

② 종류

시찰	수용자에게 객관적으로 나타나는 동정을 파악하는 계호행위로 그들의 심리적 변화 정도를 살피고, 수용자의 기대가능성에 따른 불만점, 처우상의 문제점 등을 조사함으로써 수용자의 처우 개선과 교정시설운영에 조력하는 기능을 하는 것이다.
정찰	수용자의 숨겨진 감정상태를 탐지하는 것이다.
명령	교도관이 적법하게 그 직무의 목적을 달성하기 위하여 수용자에게 작위 또는 부작위를 강제적으로 요구하는 계호행위를 말한다. 명령방식은 구두, 서면, 게시, 신호, 묵시적 명령 등이 있다. 자발적으로 지시에 복종할 수 있도록 유도하는 것이 중요하다.
강제	수용자가 법규 또는 교도관의 직무상 지시에 복종하여야 할 의무가 있음에도 불구하고 상당한 이유 없이 그 의무를 불이행할 경우 그 이행이 있는 것과 동일한 상태를 실현시키기 위한 계호작용을 말한다. 이러한 강제력은 긴급상황이 아니면 사전에 수용자에게 경고하여야 하며, 당해 소장의 명령 없이는 행사하지 못한다. 다만 긴급을 요하는 때에는 행사한 후 즉시 소장에게 보고하여야 한다.

---

32) 출정계호를 호송계호와 구분하여 설명하는 책들도 있는데, 마치 이러한 구분을 주의 깊게 보지 않으면 출정계호는 호송계호와 상관성 없이 구분되는 개념인 것으로 착각할 수 있다. 그러나 넓은 의미에서 보면 출정계호도 호송계호의 일종임에 분명하다.

검사	교정사고를 사전에 방지하기 위하여 인적 또는 물적으로 나타난 보안위해상태를 조사하고 보안업무의 실제 면에 있어서 장애점의 유무를 사전에 발견·조치하기 위한 판단작용이다. 따라서 철저한 검사를 통하여 능률적인 교정행정을 수행할 수 있고, 교정사고가 발생하더라도 피해를 최소화하려는 데 그 목적이 있다.
정돈	시설물 점검 등을 통하여 불시에 발생할 수 있는 보안장애물을 제거하고 물품의 질서 정연한 정돈을 통하여 물품의 도난·유실·변질 등을 사전 예방하는 것이다. 그리고 수용자들의 무질서한 생활태도 개선과 수용자들에게 규율적인 생활을 습득하도록 유도하는 데 기여하므로, 이는 수용자에 대한 개선작용의 한 수단이 된다.
배제	위험의 개연성이 있는 경우 사전에 예방조치로서 행하는 계호행위를 말하는데, 인위적·자연적 원인으로 말미암아 계호상의 장애를 초래하거나 위험이 발생할 경우 이를 사전에 제거함으로써 교정시설의 안전을 유지하는 계호행위이다.
구제	위험성이 발생하였을 때 사후적 조치로서 행하는 계호행위인데, 교도관은 인위적·자연적 위험으로부터 항상 수용자의 신체와 교정시설을 보호할 의무가 있다. 따라서 위험한 상황이 발생하였을 때에는 자신의 위험을 무릅쓰고라도 어려운 환경에 빠진 수용자를 구해 주어야 하는 사명감이 필요하다.

③ 상황조건

동작시간	계호행위는 개·폐방 시, 식사 전후, 운동 및 목욕시간 등 다수의 수용자가 동작할 때에는 계호활동을 강화하는 것처럼 수용자의 동작시간에 따라 신축성 있게 수행되어야 한다.
계절	계절의 변화가 계호에 미치는 영향은 크다. 봄과 여름의 경우에는 빈번한 구외작업으로 인한 도주우려, 수용심리의 변화, 근무소홀 등에 따른 교정사고의 위험이 있으며, 혹서기에는 불쾌지수에 의한 사고, 가을철에는 향수심에 의한 도주 및 자살사고, 겨울철에는 실내 폭행사고, 환자발생 증가, 화재의 위험성 등이 있다.
날씨	짙은 안개, 폭우나 폭설 시에는 계호감시에 허점이 생길 우려가 있으므로 계절과 마찬가지로 날씨도 계호에 미치는 영향이 크다.
특정일	가족의 생일, 기일, 결혼일, 범죄일, 체포일 등과 같이 수용자의 심리를 자극하는 날은 마음이 동요되기 쉽고 교정사고의 우려가 있으므로 세심한 시찰과 주의를 요한다.

(5) 계호의 구분

① 계호대상에 따른 구분

대인계호	대물계호
신체검사·보호장비 및 무기사용·송치 등과 같이 수용자 및 제삼자의 신체의 자유를 구속하는 것과 같은 계호를 말한다.	차입물품의 검사, 휴대품 검사, 거실 및 작업장 검사 등과 같은 수용자 및 제삼자에 속하는 물품 등에 대한 계호를 말한다.

② 계호대상의 특정성에 따른 구분

일반계호	특별계호
다수의 일반수용자에 대한 보통의 계호방법을 말한다. 그러한 점에서 평상시에 교정사고 위험성이 적은 수용자들을 대상으로 하는 계호이다.	특수한 수용자에 대하여 보통의 계호방법과는 다른 특별한 방법으로 계호하여 교정사고를 미연에 예방해서 보다 효과적인 구금을 확보하고자 하는 것이다. 사형수, 흉악범, 도주우려자, 정신병수용자, 사상범, 문제수용자 등이 주 대상이 된다.

③ 계호수단에 따른 구분

인적 계호	물적 계호
㉠ 계호권 있는 교도관에 의한 정신적·육체적 기능의 계호를 말하며, 일반적으로 보안업무를 담당하는 정복교도관들의 주된 직무내용이다. ㉡ 인적 계호의 대상 • 직접계호: 사방·작업장·목욕·운동 시에 수용자를 계호하기 위하여 교도관이 계호근무 하는 것을 말한다. • 간접계호: 교정시설 출입구의 경계, 취약요소의 입초(立哨), 순찰경비근무 등이 있다. ㉢ 인적 계호의 수단 • 거실 내 계호: 거실검사, 신체·의류검사, 정원관리 및 인원점검 등을 통하여 적법하게 거실 내에 수용되었는지 확인하고 각종 사고를 방지함을 말한다. • 거실 외 계호: 취사장 등 작업장계호, 목욕탕입회계호, 거실 밖 교육·교회·접견 시 계호, 동정계호, 호송계호 등이 있다.	㉠ 구금시설물에 의한 계호를 말한다. 즉 시설로서의 건조물 및 부속설비와 계호기구로서의 보호장비, 무기 그리고 전자장비, 보안장비에 의한 계호를 물적 계호라 한다. ㉡ 물적 계호는 기계문명의 발달에 따라 점차 인적 계호보다 확대되고 있다.

④ 강제력 및 사태의 긴박성에 따른 구분

통상계호	비상계호
신체검사, 작업장과 사방검사, 정리정돈, 감시감독 등과 같이 실력적 강제로서 법익의 침해가 별로 없는 경우에 법률상 특별한 규정이 필요치 않은 통상적인 평상시의 계호를 말한다. 특히 소장은 교도관으로 하여금 수시로 수용자의 거실 및 작업장을 검사하게 하여야 한다.	평상시보다 강력한 신체상 구속을 요구하는 법익의 침해가 강한 경우의 계호로서 통상의 계호방법으로는 발생된 사태를 수습할 수 없는 경우에, 특별한 계호수단과 계호방법으로 발생된 사태를 진압하고 수습하는 일체의 계호방법과 행위를 말한다. 여기서 비상사태라 함은 천재지변, 도주, 폭동, 화재, 외침, 테러, 전쟁, 외부의 습격 등을 말한다.

(6) 계호권의 법률상 효과

정당한 계호권 행사	위법·부당한 계호권 행사
• 계호권을 가진 교도관에게 법률상 정당하게 인정된 직무상의 권리로서 정당한 계호권 행사는 공무집행으로서 법률상의 보호를 받게 된다. • 교도관의 계호권 행사를 폭행·협박 등으로 반항하거나 거부하였을 경우에는 행정상 징벌의 사유가 되며, 교도소의 지배권을 이탈하였을 때에는 형사상 도주죄가 성립된다. • 교도관의 계호권 행사에 대하여 수용자가 불복이 있을 경우에는 법정절차에 의거하여 소송 등을 제기할 수 있다.	• 고의 또는 과실에 의한 위법·부당한 계호권 행사로 인하여 수용자 또는 제삼자에게 손해를 가하였을 때에는 국가가 그 손해를 배상할 책임이 있다. • 계호권자는 계호업무 소홀로 수용자의 도주, 자살, 폭행 등의 교정사고가 야기되었을 경우에는 행정상의 징계책임을 지게 되며, 고의 또는 중대한 과실로 인하여 교정사고가 발생한 때에는 경우에 따라서 형사상의 직무유기죄가 적용될 수 있다.

3. 강제력 등 사용기준

강제력	• 강제력이란 신체적인 힘에 의한 실력행사와 보안장비의 사용을 말한다. • 강제력 사용 시에도 당해 소장의 사전명령이 있어야 사용할 수 있다. 긴급을 요하는 때에는 사용 후 즉시 소장에게 보고하여야 한다.
보호장비	• 보호장비란 수용자의 도주, 폭행, 소요, 자살의 방지 기타 교도소 등의 안전과 질서유지를 위하여 필요한 경우에 사용하는 강제기구이지만 징벌의 수단으로 사용해서는 안 된다. • 보호장비는 교정상 계호권 행사의 최저 필요범위 내에서 보호장비를 사용해야 하고, 보호장비의 사용과 해제는 권한 있는 자의 명령에 따라야 한다. • 공판정에서는 피고인의 신체를 구속하지 못한다. 다만 재판장은 피고인이 폭행을 행하거나 도망할 염려가 있다고 인정하는 때에는 피고인의 신체의 구속을 명하거나 기타 필요한 조치를 할 수 있다(형사소송법 제280조).
무기	• 무기란 수용자의 폭행, 협박, 도주, 소요 등을 제압·방지하기 위하여 계호의 최후 비상수단으로 사용되는 계호용구로서 총이 대표적이다. • 무기는 소장 또는 그 대리자의 지휘·명령에 의해서만 사용하여야 하며, 필요한 최소한에 한하여 사용하고 사전에 수용자에게 이를 경고하여야 하지만, 긴급한 상황으로 경고를 할 만한 시간적 여유가 없을 때에는 예외로 한다. • 무기를 사용한 때에는 당해 소장은 지체 없이 그 사유를 법무부장관에게 보고하여야 한다.

4. 상벌제도

(1) 상우제도

상우제도는 소 내 질서유지, 교정사고방지 및 예방, 작업성적우수, 교화개선적 노력 등 수형자 자신의 발전적 변화와 교정행정의 목적에 기여한 바가 있다고 판단되는 행위를 하여 다른 수형자에게 모범이 될 때 그 수형자에게 행형상의 이익적 처분을 보장해 주는 것이다.

(2) 징벌제도

① 징벌의 운영원칙

행정법상 징계의 일종인 징벌의 내용은 비례(과잉금지)하여야 하고, 수용자들이 알 수 있도록 법제화 및 고시하여 사전에 어떠한 내용들이 징벌에 해당되는가를 명확히 알 수 있도록 밝혀 둘 필요가 있으며, 이에는 계호의 원칙을 준용한다. 이는 징벌의 남용을 예방하고 수용자의 인권을 옹호하기 위함이며(명확성의 원칙), 징벌은 최후의 마지막 수단으로 이용되어야 하고(최후수단성의 원칙), 위반 정도에 따른 적정한 징벌내용과 양이 주어져야 하며, 수용자들의 공정관념을 해치지 않도록 적정을 기해야 한다(적정공정화의 원칙).

② 징벌과 형벌의 차이

구분	징벌	형벌
과벌근거	관규위반 등의 내부질서문란	일반사회의 공공질서 침해
처벌대상	소 내 관규위반에 대한 처벌	범죄에 대한 처벌
시기	수용되어 있을 때만 가능	수용 여부에 무관하게 적용
대상	수용자	위법한 국민(수용자 포함)

③ 징벌제도의 평가

문제점	• 징벌위원회의 결정에 대하여 불복할 수 있는 절차, 즉 수용자가 항고 또는 재심청구 할 수 있는 기회와 변호인 등에 의한 변론기회를 보장하고 있지 않다. • 경미한 사안까지도 모든 징벌요구를 소장이 하도록 되어 있는 것과 징벌의 사유로서 '그 밖에 시설의 안전과 질서유지를 위하여 법무부령으로 정하는 규율을 위반하는 행위'는 일반적 위임규정으로서 고도의 정형성을 갖추어야 할 현행법의 취지에 어긋난다.
개선안	• 처우박탈적 내지는 처우제한적 성격을 갖고 있는 현행 징벌제도는 징벌의 목적이 수용자를 건전한 사회인으로 육성하기 위한 하나의 특수교육과정이라 볼 때, 교육적인 이론을 가미한 징벌교육 프로그램 모형개발이 절실히 요청된다. • 징벌조사 중인 수용자의 변호인을 통한 변론권을 인정하고 징벌위원회의 결정에 대한 재심청구권을 보장하여야 하며, 경미한 징벌사안에 대해서는 단위사동별로 구성된 징벌위원회에서 결정토록 하는 방안, 형기가중제도[33)의 채택 등이 제시될 수 있다.

Ⅳ. 접견 · 서신 · 전화통화

1. 접견

(1) 의의

접견이라 함은 수용자와 친족 등 사회 일반인과의 면접교담을 말한다. 이는 가족이나 그 밖의 사람과 만나 가사상 · 형사상 여러 가지 문제를 대화하여 적절한 처리를 하려는 데서 인정된다.

(2) 제한

접견은 사람에 대한 제한, 접견횟수에 대한 제한, 접견의 일시 · 장소 · 언어 · 인원에 대한 제한 등 3가지 측면에서 제한된다.

---

33) 형기가중제도는 스웨덴 행형법에서 채택하고 있는 징벌방법인바, 이 법에 의하면 중대한 규율위반에 대한 특별징벌로서 14일 이내의 형기를 가중할 수 있도록 규정되어 있다. 특히 이는 처우곤란자 등 아무리 악질적인 중대한 징벌범이라도 형기가 종료되면 이를 집행할 수 없는 점에 비추어 스웨덴처럼 형기종료가 임박한 징벌범에 대해서는 그 집행을 종료할 때까지 형기를 연장할 수 있는 방안으로 한국에서도 도입을 검토할 필요가 있다.

(3) 준수사항

접견 시에는 교도관의 지시에 따라야 하며, 출원한 사항 이외의 교담을 금하고, 법적 영치절차 이외의 금전과 물품을 주고받을 수 없으며, 허가된 자를 제외하고는 외국어의 사용을 금하며, 접견 시 교담은 간단·명료하게 하여야 하며, 입회교도관의 명령에 반하는 행위를 하지 않아야 한다.

(4) 문제점

접견 시 특히 문제가 되는 것은 변호인접견의 경우 형사소송법 제34조에 "변호인 또는 변호인이 되려는 자는 피고인 또는 피의자와 물건을 수수할 수 있다."고 규정하고 있으나 '형의 집행 및 수용자의 처우에 관한 법률'상으로는 이를 절차적으로 보장하는 규정이 없으며, 현재 주5일 근무에 따라 토요일에는 가족에 한해 접견을 허용하고 있으며 직원부족 등으로 일요일에는 접견을 전면 금지하고 있고, 접견시간이 30분 내로 되어 있으나 구치소의 경우에는 접견객이 많아 실제로 10여 분 내외에서 접견이 실시되고 있는 실정이다.

(5) 개선안

전술한 사안 중 변호인접견의 경우에는 '형의 집행 및 수용자의 처우에 관한 법률' 개정을 통하여 보완할 필요가 있으며, 일요일접견금지 및 접견시간의 문제는 근본적으로 인원보충이 필요하지만 현재의 접견방식을 전자화하여 효율적으로 운영한다면 상당히 개선된 접견서비스를 제공할 수 있으리라 본다. 또한 가족이나 애인 등과의 접견 시에는 사적인 부분이 상당 부분 있음을 고려하여 인권침해가 없도록 배려할 필요가 있으며, 수형자의 분류급에 따라 접견실도 일반접견실과 차폐시설이 없는 개방접견실로 구분·운영하는 방안을 적극 시행할 필요가 있다.

변호사 사칭 수형자 면회해 성관계

변호사를 사칭해 교도소에 들어가 수형자와 성관계를 갖다가 발각된 '황당한' 사건이 미국에서 발생했다. 티파니 위버(29)라는 여성은 지난달 13일 위조한 서류와 교도소 출입증을 제시, 살인죄를 저지르고 징역 30년 형을 복역 중인 제이슨 무디를 면회했다. 면회를 하던 이들은 주위에 사람이 없는 것을 확인하고 성관계를 맺었는데, 감시카메라로 이들의 행동을 지켜보던 교도관이 달려와 '특별한 면회'는 중지됐다. 교도소 측은 '이들의 행동이 치밀하게 계획된 것'이라고 결론을 내리고 대응책을 모색 중인 것으로 알려졌다. 위버는 메릴랜드 주(州) 변호사협회의 보안출입증을 가지고 있었고 출입증에는 자신의 사진을 붙여 위조했다. 출입증에 기재된 이름은 현역 변호사의 실명이었으며, 위버는 교도소 출입구에서 변호사 명함을 제시하는 치밀함을 보였다. 위버는 현재 서류위조, 사기, 정부 발행 신분증 불법 사용 등 7개 항목을 위반한 혐의를 받고 있으며 최고 징역 10년형이 가능하다는 게 전문가들의 설명이다.

－연합뉴스, 2006. 12. 22.

2. 서신

(1) 의의

서신이라 함은 용지상에 표현된 의사표시의 연락수단으로, 전화통화처럼 원거리 간에 의사연락의 수단으로 활용되고 있다.

(2) 제한

서신은 사람에 대한 제한, 횟수에 대한 제한, 시간 및 용어의 제한 등 3가지 측면에서 제한된다. 그러나 현행법은 서신 횟수 제한을 두고있지 않다.

(3) 토론점

현재 서신의 경우에는 원칙적으로 서신의 수·발신의 횟수를 제한하지 않고 있으며, 한국도 2008년 12월부터는 원칙적으로 서신검열을 금지하고 있다. 서신검열에 대한 미국의 입장을 보면, 수형자의 권리를 인정하는 판결의 효시가 된 것은 1941년 수형자 Hull이 법원에 심문을 해 달라고 하는 인신보호처우(Writ of Habeas Corpus)를 한 사건이었다(Ex parte Hull 312 u.s 546, 549, 1941). 당시 미국교도소에서는 서신검열이 당연한 절차였기에 수형자가 시설에 수용된 것에 이의를 제기하는 서신 등은 그냥 폐기되기 십상이었다. Hull의 청구를 받은 미국 연방대법원은 누구도 수형자의 인신보호청구서신을 삭제하거나 고치지 못한다고 하면서 서신검열을 폐지하였다.

국가인권위, '교도소 수용자 개인정보 열람 지시는 인격권 침해' 시정 권고

교도소 안에서 청소·세탁·이발 등 업무를 하는 관용작업 취업자 유 아무개 씨(30)는 교도소 교육교화과 직원 지시로 자신의 업무와는 상관없는 일인 교도소 수용자의 편지를 검열하고 이 과정에서 개인정보도 열람할 수 있었다. 유 씨는 직접 교도소 직원 PC를 통해 교정국 전산망(보라미시스템)에 접속해 수용자의 이송경력, 입·출소 사항 등을 검색해 교도소 직원에게 편지를 전달했다. 이 과정에서 유 씨는 다른 교도소 수용자의 가족사항, 범죄개요, 재판기록 등 개인정보에 접근할 수 있었다. 이미 출소했거나 다른 교도소로 이송된 수용자의 편지로 교정국 전산망을 통해 수용자의 소재를 파악할 수 있었다. 교도소 직원은 전자서신을 유 씨에게 먼저 읽어 보게 한 뒤 "교도소를 비방하는 내용 등이 있으면 따로 분류해서 전달하라."고 지시했다. 공안사범에게 오는 전자서신은 따로 분류해서 전달하도록 지시를 받았다. 유 씨는 "관용작업 취업자 신분으로 서신업무보조와 사책업무를 보조하는 일이 타인의 사생활을 침해하는 내용이어서 정당하지 않다고 생각했지만 교도소 직원에게 지시받은 일이라 불이익이 두려워 문제를 제기할 수 없었다."고 말했다. 결국 그는 올 3월, "서신업무를 보조하라는 교육교화과 직원의 지시로 타 수용자의 서신을 검열했고, 서신검열 및 색인 업무 과정에서 타 수용자의 개인정보를 열람하게 되어 양심의 자유 등 인격권을 침해받았다."며 국가인권위원회에 진정을 제기했다. 24일 국가인권위는 "관용작업 취업자에게 서신검열을 지시하고 다른 수용자의 개인정보 등 사생활의 비밀을 알게 한 것은 수용자서신업무처리지침 제15조를 위반하고 헌법이 보장하는 사생활의 비밀과 자유와 양심의 자유에 보장된 기본권을 침해한 것"이라고 판단했다. 국가인권위는 이날 법무부장관에게 관용작업 취업자에게 서신검열 등을 지시하여 다른 수용자의 개인정보를 알게 하는 일이 없도록 관리·감독을 강화할 것과 제도적 장치를 마련할 것을 권고했다.

- CNB뉴스, 2007. 7. 24.

3. 전화통화

(1) 개요

현재 수용목적의 달성에 지장을 주지 아니하는 범위 안에서 필요하다고 인정되는 경우에는 수용자에게 외부와의 전화통화를 허가해 주고 있다.

(2) 제한

현재 수형자의 전화통화는 급수에 따라 제한하고 있으며, 미결수의 경우에는 형의 집행 및 수용자의 처우에 관한 법률상으로는 제한하는 규정이 없으며, 수용자 전화사용지침에 의거, 월 5회 이내의 전화통화를 허가해 줄 수 있다. 다만 통화내용이 증거인멸 및 교정질서유지상 문제가 된다면 통화차단 등으로 제한할 수 있다.

(3) 토론점

현재 수형자의 전화통화는 송신자의 동의와는 관계없이 감청을 원칙으로 하고 있으므로 수용목적달성에 위해가 되는 통화내용에 대해서는 강제적인 차단이 가능하다. 이러한 점에서 볼 때 현재 미결수용자에 대한 전화통화를 제한하는 것이 열악한 교정실무여건 때문이라면 이는 즉시 시정되어야 할 사안이다. 다만 미결수의 경우에도 변호인이나 가족의 경우에는 원칙적으로 전화통화를 허용하고 나머지에 대해서는 제한을 둘 필요가 있다.

V. 급여 · 위생 · 의료

1. 급여

(1) 의의

우리 헌법 제34조에서 규정하고 있듯이 수용자도 역시 국민의 일원으로서 최저한도의 인간다운 생활을 할 권리와 보호로 건전한 문화적 생활을 영위하도록 하여야 한다. 따라서 국가는 생존권적 차원에서 수용자에게 최저한도의 의류 · 침구 · 양식 · 음료 · 잡구 · 기구 기타 생활필수품 등을 지급하여 인간다운 생활을 영위하도록 배려하여야 한다.

(2) 기준

독일 프러시아 행형법 및 사면법	수형자는 교도소에서 식량 · 피복 · 세탁물 · 침구를 받는바, 그 생활기준은 자기의 책임에 의하여 직업을 상실한 실업자 이하로 한다.
한국 '형의 집행 및 수용자의 처우에 관한 법률'	동법 제2장(물품지급)에서 의류 및 침구 등의 지급(제22조), 음식물의 지급(제23조), 물품의 자비구매(제24조) 규정을 두고 있다.

(3) 토론점

전통적으로 구금 중인 수용자에 대해서는 일반인의 사회생활수준보다는 낮은 수준의 생활패턴이 요구되어 왔다. 그러나 구금되어 있다는 사실만으로도 이미 사회생활수준보다 현격히 낮은 생활패턴을 유지하고 있다고 볼 수 있는데도 심지어 생활상 편리를 주는 자비부담 급여품목마저도 제한적으로 허용할 필요가 있는지 의문스럽다. 만약 국가예산의 한계 등으로 국가에서 관급하는 급여품목을 제한할 수밖에 없다면 자비부담의 급여품목에 대해서는 원칙적으로 전면 허용하고, 수용목적을 상당히 저해할 수 있는 자비부담 급여품목에 대해서만 금지하는 규정을 두는 방안을 검토해 보아야 한다.

2. 위생

(1) 일반위생

국가는 수용자들의 위생관리상 문제점을 사전에 발견하여 예방하고 사후적으로는 즉시 치유될 수 있도록 조치하여야 한다. 모든 수용자는 수용생활상 스스로 청결유지에 신경을 써야 하며, 두발이나 수염을 단정히 하고, 적절한 목욕과 운동 그리고 주기적인 건강진단을 통하여 건강유지에 만전을 기하여야 한다.

(2) 방역위생

교정시설 내에서 방역은 주로 발병 전 전염병예방과 발병 후 조기차단을 통하여 질병으로 인한 집단위생에 허점이 생기지 않도록 하여야 한다. 이를 위해 발병 전에는 건강진단, 전염병예방, 전염병에 걸린 자의 수용상 조치 등에 철저를 기하고, 발병 후에는 격리와 간호, 자비부담품의 제한 등의 조치를 적극 고려할 수 있다.

3. 의료

(1) 수용자 건강관리 및 질병치료

교정시설에서는 의사, 간호사 등 의료인력이 환자진료 및 수용자 건강관리를 담당하고 있으며, 질병에 걸린 수용자는 의료거실에 수용하여 집중적인 치료를 제공하고 있고, 특히 치료를 위해 필요하다고 인정하는 때에는 외부병원으로 이송, 신속하게 진료를 받도록 하고 있다.

(2) 외부 전문기관에 의한 건강검진 실시

교정시설 자체적으로 신입 시 건강진단, 정기 건강검진 등을 실시하고 있으며, 나아가 효율적인 질병관리를 위하여 전 수용자를 대상으로 연 1회 외부 전문기관에 의한 일반 직장인 1차 검진수준의 건강검진(간염검사 등 22개 항목)을 실시하고 있다.

또한 모든 신입수용자에 대하여 외부기관에 혈액검사 및 에이즈 검사를 의뢰하여 전염성 질환의 조기 발견 및 적절한 치료를 통해 교정시설 내 전염성 질환의 확산을 예방하고 있다.

(3) 원격화상진료시스템 운영

외부병원 진료를 희망하는 수용자는 증가하고 있으나 직원의 부족 등으로 외부병원 진료가 지체되어 05년부터 현재까지 6개 교정시설과 외부병원 간 전자의료장비를 설치, 교정시설 내에서 외부병원 전문의와 화상을 통해 진료하는 시스템을 구축·운영하여 질환별로 다양한 전문의 진료기회를 제공하고 있으며 향후 연차적으로 확대해 나갈 계획이다.

(4) 만성질환자 및 위생관리

당뇨, 고혈압 등 만성질환자는 보건의료과에서 집중 관리하고 있으며, 특히 만성신부전증 환자를 위해 08년 안양교도소에 교정시설 최초로 혈액투석실을 설치하여 전문적인 의료서비스를 제공하고 있다. 또한 정신질환자 및 결핵환자는 별도로 설치된 치료중점시설에 수용하여 적절한 치료 및 재활프로그램을 운영하고 있다.

집단생활을 하는 교정시설의 특성상 전염병 예방 및 보건 위생관리의 실효성 제고를 위하여 연 5회 이상 외부 전문 소독업체에 의한 교정시설 소독을 실시하고 있으며, 수용자 및 직원을 대상으로 보건위생교육을 실시함으로써 개인 보건위생의식을 강화하여 건강 실천 풍토를 조성하고 있다.

(5) 실태

현재 교정시설 내에서 수용자들의 불만사항 중 대표적인 것이 턱없이 부족한 의료인력으로 열악한 교정시설 내에서 제공되는 의료서비스에 관한 것이다. 입소 전부터 질병을 앓고 있던 경우가 허다한 수용자들의 경우 입소 후에 제공되는 의료서비스에 대하여 상당한 불신을 가지고 있으며, 하루에도 수많은 수용자들이 다양한 질병명목으로 교정시설 내 의무과를 들락거리고 있다.

(6) 토론점

교정시설의 의료서비스질을 향상시키기 위해서는 급선무가 상근의료인력(의사, 약사, 간호사 등)을 충분히 확보하고 의료교도소를 설치하는 것이다. 그 밖에 교정시설 내 의료문제의 특수성을 고려할 때 미국이나 일본처럼 교정의학회를 결성하여 보다 체계적인 연구활동이 필요하며, 또한 1948년 세계정신위생회의에서 결의된 파리대학 유엘 교수의 주장처럼 범죄자·비행소년의 심신발육과 그의 장애에 있어 깊은 이해와 통찰을 위해 전문가에게 그 처분과 처우의 결정권을 주어야 한다.

Ⅵ. 영치

1. 개요

(1) 의의

영치라 함은 수용자 소유의 금전과 물품을 본인을 위하여 보관 또는 처분하는 행위를 말한다. 이러한 영치는 입소 시 휴대금품뿐만 아니라 넓게는 앞으로 소지하게 될 금품의 점유를 박탈하여 보관·처분하는 행위라 할 수 있다.

(2) 용어의 구분

영치	수용자의 사유물에 대한 지배권의 일시정지 또는 제한행위이다.
압수	강제적인 점유의 이전과 보관이다.
몰수	형벌로서 소유권을 박탈하는 강제처분이다.

2. 객체

휴대금품	입소 시에 수용자가 착용하거나 휴대한 금전 및 물품을 말하는바, 금전일 경우에는 휴대금. 물품일 경우에는 휴대물이라 하지만 보통 양자를 합하여 휴대금품이라 한다.
차입금품	수용자가 입소한 후 외부로부터 금전 및 물품을 직접 지참 또는 우송의 방법으로 교부신청 한 것을 말한다.
객체의 제한	영치의 객체는 그 성질상 동산이어야 하므로 부동산. 무채재산권 등은 인정되지 않으며, 동산 중에서도 음식물에 대해서는 영치에 관한 규정을 적용하지 아니한다.

3. 종류

보통영치	보통영치라 함은 수용자가 입소 시에 휴대한 휴대물과 수용 중 외부로부터 차입한 차입물 중 일반품에 대한 영치를 말한다.
특별영치	특별영치라 함은 수용자가 입소 시에 휴대한 휴대물과 수용 중 외부로부터 차입한 차입물 중 귀중품에 대한 영치를 말한다. 이 경우에는 일반품과는 달리 고가귀중품으로서 분실과 도난의 방지상 특별한 보관수속이 요구된다.

Ⅶ. 미결수용자의 처우

1. 미결수용의 의의

피의자 또는 피고인의 도주 및 증거인멸을 방지하기 위하여 그들의 신병을 구치소 또는 교도소에 수용하는 강제처분을 말한다. 통상 '미결구금'이란 용어와 동의어적으로 사용되고 있다.

미결수용은 확정판결 이전에 피의자나 피고인의 신체를 일정한 시설에 수용하는 것으로 자유형이 확정된 자에 대한 형의 집행으로서 교도소 등에 신체를 구금하는 기결수용과 구별된다.

그러나 원래 미결수용이란 판결이 확정되지 않은 형사 피의자나 피고인의 신병을 확보하는 것이란 점을 감안하면, 가장 무거운 형벌인 사형이 이미 확정된 자에 대하여 '미결'이란 용어를 사용하는 것이 적절한지는 의문이다.

2. 기본적 처우의 기준

(1) 미결수용자의 법적 지위를 분명히 인식하고 처우에 대해서는 무죄추정, 방어권 보장이 그 출발점을 이루어야 한다.

(2) 미결수용자의 구금목적이나 시설 내 질서유지라는 제한원리는 비례의 원칙에 따른 제약을 받지 않으면 안 된다.

(3) 헌법에 내재된 사회국가원리에 따라 미결수용자에 대해서는 소극적인 기본권 보장에 그치지 않고 당사자의 동의를 전제로 한 재사회화를 위한 처우를 확대해야 한다.

3. 현행 미결수처우의 문제점

(1) 미결구금의 집행과 관련해서 미결구금의 집행장소로서 경찰서유치장(대용감방)을 허용하고 있다는 것이 문제될 수 있다.

(2) 열악한 대용감방수용은 자백편중의 수사를 초래할 수 있으며, 실제적 그리고 법리적으로도 문제가 많으므로 폐지하고, 그 지역에 구치소를 신설하여야 한다.

⑶ 현재 형법 제51조 제4호에 의거, 중증질환수용자 등에 대하여 검찰, 법원에 양형자료로 통보하고 있으나, 미결수용자의 모범적 생활자세 및 규율위반행위에 대하여 양형자료를 통보하는 것은 책임주의에 반한다는 주장이 있으나, 이는 범죄후의 정황에 해당하므로 책임주의에 반하지 않는다는 견해도 있다.

4. 미결수용의 평가

문제점	• 독립된 미결수용시설이 미비하여 있고 수형자 중심의 '형의 집행 및 수용자의 처우에 관한 법률'에서 미결수용 관련 사항을 함께 규율하고 있다. • 미결수용이 실질적 형벌이라는 비판이 있으며, 범죄성 감염, 출정계호상의 문제 등이 거론된다.
개선안	• 법원심리의 신속화, 피구금자의 가족보호 • 형사보상청구권의 현실화(무죄석방자에 대한 손실보상 등) • 불구속수사 내지 임의수사를 원칙으로 하고 구속수사를 지양 • 독립된 미결수용법의 제정, 미결구금시설의 증설 및 개선 • 석방제도의 적극 활용(구속적부심제도, 보석 등) • 수용생활 중 관복이 아닌 개인복장 허용 • 변호인과의 야간접견허용 등 실질적인 접견·교통권의 보장 • 신청작업 후 작업거부권의 인정과 작업임금의 의무적 지급 등이 방안으로 제시되고 있다.

제2절 수용자의 권리

Ⅰ. 권리의 이해

1. 개요

수용자의 권리는 그 본질적인 내용(인격권, 평등권 등)을 침해하지 않는 범위 내에서 필요한 경우에 법률로써 제한할 수 있는 것이다. 그러나 수용자의 법적 규율관계에서도 기본권 제한은 무제한적으로 허용하거나 침해할 수 있는 것은 아니다.

2. 각국의 입장

(1) 미국

인권선진국인 영미나 유럽에서도 오랫동안 수형자의 권리를 인정하는 데 매우 인색하였고, 오늘날 미국의 각 주 법이나 연방법에서는 수형자들의 권리를 널리 제한하고 있는데, 선거권, 공직취임권, 자녀부양권, 배심원피지명권, 총기소지권, 배우자에 대한 권리, 사생활의 권리 등은 인정되지 않는다.

(2) 일본

일본의 경우에는 수형자의 법적 지위를 특별권력관계로 보아 일반인의 기본권보장과 비교할 때 형법 기타 관련 법규의 근거에 의하지 않고도 행형목적을 달성하기 위하여 포괄적으로 자유와 권리를 제한할 수 있다는 학설이 일본 행정법학계에서는 거의 부인되고 있으나, 수용관계에 있어서는 여전히 통설로 통하고 있다(조준현, 범죄학, 2007: 407).

(3) 한국

① 미결수의 권리

헌법재판소는 미결수용자는 형사소송법상 당사자로서의 지위를 지녀 헌법상 자유적 기본권을 향유하는 존재로서 인식하고 있으며, 다만 무죄가 추정되는 미결수용자의 권리와 자유에 대한 제한은 구금의 목적인 도망·증거인멸의 방지와 시설 내의 규율 내지 안전유지를 위하여 필요 최소한도의 범위 내에서 제한을 할 수 있다고 하여, 기본적으로 인권을 향유하는 주체라는 점을 분명히 하고 있다.[34]

② 기결수의 권리

헌법재판소의 결정은 주로 미결수용자에 관련된 것으로 수형자의 법적 지위나 권리보장의 문제를 충분히 답해 주고 있지는 않지만, 시설에 수용된 사람이라도 기본적 인권을 보장받는 자이며, 다만 교정행정상 필요한 범위 내에서는 이를 제한할 수 있고 일반인에 비하면 제한의 정도가 심하다는 점을 지적하고 있다.

3. 권리제한의 범위

법률로도 제한할 수 없는 수용자의 권리(헌법상 기본권)	영조물의 존립목적상 법률에 의해 제한될 수 있는 기본권	구금의 본래 성격상 불가피하게 제한되는 기본권
• 인간의 존엄성, 행복추구권, 법 앞의 평등권, 불법한 처벌로부터의 자유권 • 사상의 자유, 종교의 자유, 양심의 자유 등 내심의 정신적 자유권 • 재판을 받을 권리 등	• 표현 및 통신의 자유 • 교육을 받을 권리 • 연구발표 및 학문의 자유 • 근로의 권리 및 근로3권 • 사생활의 비밀과 자유 등	• 신체의 자유 • 집회·결사의 자유 • 거주·이전의 자유 • 직업선택의 자유 등

---

34) 헌법재판소는 수형자의 헌법소원에 수형자의 권리를 폭넓게 인정하면서 권리로서 성립되는 경우와 그렇지 않은 경우로 나누고 있다. 우선 미결수용자에 대해서는 수형자와는 달리 특별한 처우를 위하여 입법이 필요하다는 입장(헌재 1998. 2. 27, 96헌마179 전원재판부)을 취하며, 서신검열과 관련하여 미결수가 변호인의 조력을 받을 수 있는 권리를 최대한 보장(헌재 1995. 7. 21, 92헌마144 전원재판부)하되, 일반 서신검열의 경우 국가의 안전보장, 질서유지, 공공복리 차원에서 최소한의 제한이며 헌법에 어긋나지 않는다(헌재 1998. 8. 27, 96헌마398 전원재판부)고 하였고, 또한 신문구독 시 합리적 범위 내에서 구독할 신문의 종류를 제한하는 것은 필요하다(헌재 1998. 10. 29, 98헌마4 전원재판부)고 했다. 한편 수사 및 재판 시 미결수용자가 재소자복을 착용하는 것에 대해서는 방어권을 침해하여 실체적 진실발견을 저해할 수 있다고 하였으며(헌재 2000. 2. 24, 97헌마13·97헌마245병합 전원재판부), 미결수용자에 대한 보호장비사용은 원칙적으로 금지하되 수용자의 보호와 사고방지를 위하여 보호장비를 사용함은 미결수의 자유와 권리에 대한 지나친 제한의 우려는 없다(헌재 2000. 4. 27, 98헌마6 전원재판부)고 하였다(조준현, 전게서, 2007, p.415).

4. 수용자권리의 구분

(1) 절차적 권리

수용자가 적법절차에 대한 권리를 가질 수 있는가인데, 법원에서 수용자를 위한 절차적 권리를 인식하기 시작한 것은 비교적 최근의 일이다. 물론 적법절차에 대한 권리의 제공이 교도관의 모든 재량권을 제거하지는 않지만, 일부 결정의 자의적 특성을 줄이고 결정이 적어도 검증될 수 있는 기회를 제공할 수 있다. 이러한 적법절차에 대한 관심은 교정시설에서 일관적인 법치를 위한 기초를 제공하게 되었다. 그래서 최근의 형사정책이 강력하게 주장하는 하나의 목표인 정의모형도 사실은 적법절차의 확립 없이는 실패할 수밖에 없는 실정이다.

① 논의의 시초

보호관찰의 취소와 교정시설로의 재수감에 관한 법원의 결정으로부터 교정시설에서의 적법절차의 권리가 논의되었다. 교정시설 밖에서 교정시설로 다시 들어가는 것과 관련해서 논의되기 시작하였기 때문에 '후문정책에 의한 정착'이라고 한다. 보호관찰의 취소와 재수감은 조건부 자유의 큰 상실이므로 수용자는 적법절차의 보호를 받을 권리가 있다는 것이다.

② 시설 내의 적용

적법절차에 의하지 않은 중대한 훈육과 징벌 등은 부과될 수 없다고 한다. 이러한 교정시설에서의 징벌 등에 있어 적법절차의 요구는 교정시설에 대한 법원의 가장 중대한 개입으로 받아들여지고 있다. 물론 이러한 절차적 권리가 필연적으로 수용자에 대한 최고의 보호라고 할 수는 없지만 적어도 교정에 있어서 오랫동안 불가침의 성역으로 여겨졌던 직원의 재량권에 직접적인 도전으로 간주되고 있다.

(2) 실질적 권리

실질적 권리는 말을 하거나 집회를 하는 등 무엇인가를 할 수 있는 자유 또는 잔인하거나 비정상적인 처벌을 경험하지 않을 자유 등 특정한 조건으로부터의 자유와 관련된 권리이다. 이러한 자유는 헌법으로 보장된 인간의 기본적 권리이다. 그러나 문제는 역시 헌법에 의해서 보장된 이들 권리 중 어떤 것이 교정시설에서까지 보장될 수 있는가 하는 의문이다.

① 언론과 표현의 자유

언론의 자유, 외부교통권은 일종의 표현의 자유에 기초한 것이다. 일반적으로 법원은 수형자의 언론의 자유를 매우 널리 제한하는 것이 당연하다고 본다. 그러나 수형자들은 고충과 불만을 호소, 특별한 의사표시로서 작업거부, 정치적 기금모금 등을 할 수 있는지가 논의될 수 있다. 또한 외부와의 교통(서신, 접견, 전화통화 등)은 교정시설의 보안상의 문제를 야기할 수 있기 때문에 보안이라는 교정시설의 목적과 언론 및 표현의 자유라는 수용자의 이익과의 균형을 맞추려 노력하여야 하고, 교정의 목표(보안 · 질서유지, 교정교화)를 달성하기 위한 최소한의 제한적 수단에 그쳐야 한다.

서신수발	미국의 경우에는 발신서신은 원칙적으로 검열해서는 안 되며, 검열을 하려면 적법한 수색영장이 필요하다. 또한 수신서신은 권한 있는 공무원이나 변호인의 서신이 아닌 한 반입금지물품조사를 위하여 외형적으로 만져 보는 수준의 검열이지 서신내용에 대한 검열은 금지된다.[35)
접견	수형자가 수형생활 중 가족이나 친지를 만날 기회를 보장받아야 하느냐에 대해서는 이는 반사적 이익에 지나지 않는 것이라는 견해가 지배적이다. 헌법상 보장되는 기본적 인권으로 보지 않는다는 의미이다. 미국 대법원은 1966년 Walker v. Pate 사건에서 수형자의 배우자가 전과자라는 이유에서 접견을 금지하는 것은 타당하며, 1971년 Rowland v. Wolff 사건에서 접견신청을 한 친지가 반입금지물품을 반입하려고 한다는 제보를 받았다면 접견을 금지할 수 있으며, 1973년 Polakoff v. Henderson 사건에서 부부의 접견을 허가하지 않은 조치를 적절하다고 보았고, 1984년 Block v. Rutherford 사건에서 구속되어 기소배심 중인 자와 외부인의 접견을 금지하는 결정을 타당하다고 하였다.

② 내심의 자유

인간의 내심의 자유는 종교적 정치적 경제적 관점에서 신념에 기초한 범죄자들의 일정한 집회 등의 허용 여부와 관련된 문제이다. 기본적으로는 헌법과 법률에 위반된 신념이나 사회상규에 어긋나는 내용이 포함된 종교적, 정치적, 경제적 집회나 결사의 경우에는 교정의 목적에 반할 수 있다는 점에서 제한이 가능하다. 미국형사사법협회는 시설의 안전과 조화되는 한도 내에서 종교활동은 허용되는 것임을 표명하였으며, 미국대법원은 비정상적인 종교활동을 제한하는 것은 당연하다는 입장이다. 그러나 표현되지 않은 내심의 자유는 어

---

35) 다만 1974년 Wolff v. McDonnel 사건에서 미결수용자와 변호인 사이에서 수발되는 서신에 대해서는 특별한 취급을 해야 한다고 판시하였고, 미국 대법원은 Procunier v, Martinez 사건에서 교정공무원은 수형생활에 관하여 왜곡하거나, 정치적 · 인종적 · 종교적 선동내용을 담은 글, 외설적이고 비열하고 명예를 훼손하는 글에 대해서는 검열 후 발신을 거부할 수 있다고 하였다. 또한 1974년의 Pell v. Procunier 사건, 즉 수형자가 언론기관과 인터뷰한 사건에서 수형자는 외부인을 통하여 또는 서신으로 언론과 접촉할 수 있지만 수형자의 표현의 자유는 일반인과 같을 수 없으며, 시설의 안전, 질서 및 처우목적을 위하여 제한될 수밖에 없는 자유임을 분명히 하였다(조준현, 범죄학, 2007: 419).

떠한 이유로도 제한할 수 없다.

③ 잔혹하고 비정상적인 처벌을 받지 않을 권리

잔혹하고 비정상적인 처벌(cruel and unusual punishments)이란 일반적 양식에 비해 충격적이거나 인간의 존엄성을 위협하는 것으로 측정의 잣대로 균형을 들고 있다. 만약 합법적인 행형목표를 지원하기 위해서 의도되는 훈육과 징벌 등이 그 목표를 추구하는 데 요구되는 이상일 때 잔혹하고 비정상적인 처벌이 된다. 예를 들어 교정시설의 수용자난동 이후 이들에 대한 응징행위는 교정시설의 목표와는 아무런 관련이 없기 때문에 잔혹하고 비정상적인 처벌이며 위헌적인 행위라고 보는 것이다. 미국 연방법원은 1965년 Talley v. Stephens 사건에서 수형자를 가죽벨트로 채찍질하는 것은 헌법에 어긋난다고 판결한 이래 수형자에 대한 육체적 학대 및 체형을 금지하였다. 1972년 Furman v. Georgia 사건에서 사형을 가혹하고 비정상적인 형벌이라고 본 것도 이와 관련된다.

④ 치료와 처우를 받을 권리와 거부할 권리

종래에는 수용자에 대한 처우는 강제적으로 국가에 의하여 주어지는 일종의 혜택으로 인식되어 수용자들이 처우를 받을 권리를 주장하는 것이 오히려 부적절한 것으로 비쳤다. 미국법원은 수형자의 치료나 처우를 받을 권리를 널리 인정하고 있으며, 수형자의 요구나 동의에 의하여 처우가 행하여지는 경우에도 언제나 이를 철회할 수 있다고 판시하였다.

⑤ 사생활의 자유

모든 시민은 신체, 주거, 문서, 물건의 수색이나 압수를 당하지 않을 자유와 권리를 향유한다. 영장이나 선서가 있으면 압수·수색을 할 수 있다. 이때 압수·수색을 할 수 있는 사유와 범위가 한정되어 있어야 한다. 그러나 일반인과 달리 수형자에게는 사생활의 자유는 보장되지 않는다. 미국법원은 보호관찰 중인 자나 가석방된 자 그리고 입소심사 중인 자들은 헌법상 보장된 사생활의 자유가 보장되지 않는다고 판시하였다. 그러나 수용자라도 비합리적인 압수·수색은 허용될 수 없다. 미국대법원은 교도소라는 시설은 특이한 곳이어서 현금, 약물, 무기 기타 금지품이 밀반입되기도 하고 안전상 문제가 항상 있는 곳이어서 수색이 반드시 필요한 곳이기는 하지만, 합리적이어야 하고 남용되어서는 안 되며, 수색범위, 수색방법, 수색장소 그리고 그것이 이루어진 이유 등에 대해서 법원의 심사가 이루어질 수 있음도 분명히 하였다.

⑥ 교도소 과밀로부터의 자유

교도소의 과밀 정도는 시설에 수용되어 있는 사람들에게는 그 자체가 고통이지만 국가형벌제도의 운영과정에서 어느 정도 수인할 수밖에 없는 상황이기도 하다. 1983년 Fischer v. Winter 사건에서 캘리포니아 주 기소심리 중인 여자피의자가 제기한 소송에서 소음, 사생활침해, 공간과밀은 비정상적이며 가혹한 행형이라고 판시하였다.

⑦ 독거구금의 제한

교도소 과밀로부터의 자유의 문제와 정반대되는 문제가 독거구금의 제한문제이다. 정식징벌절차로서가 아닌 비공식적인 절차로서 행해지는 보호실유치가 있을 수 있다. 독거구금은 그 목적이 어떻든 심리적 고문이며, 가혹하고 비인간적이며, 불필요하게 잔인한 것이라는 것이다. 한국의 경우 징벌로서 금치처분을 하는 경우 독거구금 되기도 하는데, 아이러니한 것은 생각보다 많은 수형자들이 혼거구금보다 오히려 독거구금을 선호한다는 사실이다.

⑧ 수형자의 건강권

수형자의 입장에서 보면 담배를 피우고 싶은 자유는 매우 중요한 의미를 지닐 것이다. 그러나 담배를 피우지 않는 다른 수형자의 입장에서 보면 담배 연기로 인하여 받게 되는 간접흡연의 피해가 크기 때문에 소송이 제기되었다. 미국대법원은 1993년 Helling v. McKinney 사건에서 간접흡연의 피해를 모른 채 방치한 책임을 인정하였으며, 그 후 수형자나 교도관은 일정한 흡연장소에서만 흡연이 가능하도록 조치하였으며, 흡연자들의 흡연장소 제한은 위헌이 아니라고 하였다. 현재 한국의 경우에는 일체 수용자들의 흡연을 인정하고 있지 않다.

⑨ 집회 · 결사의 자유

교정시설의 특성상 수용질서를 해하는 위협적인 수용자들의 집회 및 결사는 제한되어야 한다고 보는 시각이 일반적이다. 그러나 합리적이고 수용자들의 집회가 교정시설의 정당한 교화목적에 부합한다면 허용될 수 있다. 미국의 경우 1972년 Goodwin v. Oswald 사건에서 대법원은 수형자들도 조합[36]을 결

---

36) 수형자조합은 미국에서는 교도소 내 조직으로 Green Heaven 교도소의 '공동사업 피공자조합'과 Monroe교도소의 '수형자조합'이 유명하다. 교도소 밖 사회 내 조합으로는 1971년 설립된 '캘리포

성할 수 있고 단결권을 행사하는 것을 인정한 바 있으나, 1977년 Jones v. North Carolina Prisoner's Union 사건에서는 다른 수형자에게 조합가입을 요구하는 행위나 조합의 집회일체를 금지하거나 조합의 문서배포를 금지하는 것은 헌법 제1조 표현의 자유를 침해하는 것이 아니라고 판시하였다.

⑩ 수형자의 성적 권리

성적 자기결정권은 헌법상 보장된 본질적인 기본권에 해당한다. 따라서 국가는 교화목적 차원 등에서 이를 과도하게 제한하는 것은 위헌적 요소가 있다. 한국의 경우에는 수형자의 성적 권리를 부정하는 법적 규정은 없으며, 가족만남의 집, 귀휴 등과 같은 처우제도를 통하여 성적 권리를 일부 인정하고 있다. 그러나 사실상 대부분의 수용자에게는 성적 권리가 제한되어 있다. 한편 유럽 및 영미의 경우 수형자의 성적 권리는 다양한 형태로 폭넓게 권리적 측면에서 인정되고 있다. 스웨덴의 마드리드Ⅲ 교도소에는 부부접견실을 별도로 설치·운영하여 부부간의 성관계를 인정해 주고 있으며, 심지어 부부수형자만을 별도로 수용하는 교도소가 설치되어 있고, 브라질의 경우에도 매주 토요일 오후에 애인이나 배우자가 교도소 운동장에 설치된 개인용 텐트에서 성관계를 가질 수 있도록 기회를 제공하고 있으며, 콜롬비아의 여자교도소의 경우에도 동성애를 줄이기 위하여 매주 토요일마다 성생활을 위한 접견을 허용하고 있다.

⑪ 기타의 권리

한국의 경우 수형자들에게 선거권과 피선거권을 인정하고 있지 않는데,[37] 미국대법원은 1974년 Richardson v. Ramirez 사건에서 세금을 내지 않거나 사회생활을 정상적으로 하지 못하는 수형자들의 선거권을 인정할 필요가 없다고 하였으나, 일부 주에서는 수형자의 투표권을 인정하고 있다. 또한 일부에서는 수형자는 민사상 사망자로 보고 이혼소송에 대항할 권리를 인정하지 않거나, 수형자에 대하여 거세수술을 할 수 있는지에 대하여 합헌으로 보거나,

---

니아 수형자조합(CPU)'과 그 후신인 '연합수형자조합(UPU)'이 있으며, CPU로부터 독립한 '샌프란시스코 수형자조합(SEPU)'이 대표적이다. 영국에서는 1972년 5월 교도소가 아닌 사회 내에 결성된 '수형자의 권리옹호조직(PROP)'에서 시작되었다. 또 북구에서는 스웨덴의 '수형자 중앙조직연맹(FFCO)', 덴마크의 '수형자 노동조합(FLO)', 노르웨이의 '수형자 상업조합(FFF)' 등이 있다.

37) 하지만 자유형은 국민의 자유권을 제한하는 형벌이며, 인간의 존엄, 행복추구권, 청구권 및 참정권, 사회권을 내포하는 기본권을 모두 제한하는 기본권형이 아니므로 자유권과 성격을 달리하는 참정권의 하나인 선거권을 제한할 이유는 없다(천정환, 2006).

수형자가 인공수정방식으로 자녀를 가질 수 있는지에 대해서도 시설에 수용된 수형자의 헌법상의 권리와 아무 관계도 없다고 하여 인정하지 않았다(조준현, 범죄학, 2007: 433). 그 밖에도 컴퓨터 인터넷을 검색할 수 있는 권리, 귀휴와 가석방의 청구권리 등이 논의대상이 된다.

Ⅱ. 수용자의 지위

1. 미결수용자의 지위

(1) 개념

미결수용은 도주 및 증거인멸 우려가 있는 형벌미확정자를 구금하여 수사, 재판에서의 심리 및 형사소추의 원활한 수행을 목적으로 한다. 이러한 미결수용은 형벌의 집행을 확보하기 위한 수단이고 또한 사형확정자를 구금하여 사형집행에 만전을 기하기 위한 수단으로서, 신병을 일정한 국가시설에 수용하는 강제처분을 말한다.

(2) 헌법상의 지위

미결수용자도 헌법상 인간의 존엄과 가치 및 신체의 자유를 가지므로 적법한 절차에 의하여 엄격한 법률적 요건을 충족하여야만 구치소 또는 교도소에 수용시킬 수 있다.[38] 미결수용자는 형이 확정되기 전까지는 원칙적으로 무죄추정을 받으며, 국민의 일원이므로 일반 사회인과 크게 다를 것 없이 헌법상의 기본적 인권이 보장된다. 미결수용자에 대한 처우는 수형자와 동일시되어서는 안 되며(법적 지위에 사응한 처우), 구금의 필요성 외에는 일반인의 지위와 동일시되어야 한다.

---

38) 구치소는 교정구조의 첫 입구이기는 하지만 재판을 기다리는 피의자 등을 주로 수용하기 때문에 일부에서는 구치소가 교정 분야가 아니라고 주장하고, 오히려 법집행기관의 일부에 가깝다는 의견을 제시하기도 한다. 더구나 구치소는 교정처우나 교화개선적 프로그램이 거의 적용될 수 없다는 사실이 그러한 주장들의 배경이 된다. 그러나 한국처럼 구치소에도 기결수용시설을 별도로 두고 일부 경미범죄수형자를 수용하고 있는 실정에서는 원래적 의미의 구치소기능과는 다르다는 점을 감안해야 한다. 영미에서는 미결구금시설을 'jail', 미결수용자와 단기수형자를 구금하는 시설을 'detention center', 교도소를 'prison'이라고 한다.

> **무죄추정 미결수와 기결수 교도소 동거 - 범죄전파, 인권침해 우려**
>
> 무죄추정원칙을 적용받는 미결수와 유죄가 확정된 기결수들이 '한 지붕 두 가족'으로 교도소에서 같이 생활하면서 범죄전파와 인권침해 우려가 크다는 지적이다. 19일 일선 교도소에 따르면 유죄 확정까지 무죄로 추정해야 하는 미결수는 춘천교도소 200여 명(기결수 600여 명), 원주교도소 50여 명(기결수 700여 명), 강릉교도소 160여 명(기결수 260여 명) 등 410여 명이다. 그러나 도내의 경우 미결수들을 수용할 구치소가 단 1곳도 없어 대부분의 미결수들은 형이 확정된 기결수들과 함께 교도소에서 생활하고 있다. 전국적으로 구치소는 서울·영등포·성동·수원·인천 등 서울·경기권 6개소, 부산·대구·통영·울산 등 영남권 4개소, 충주·논산·천안·서산 등 충청권 4개소 등이 운영 중이다. 이처럼 미결수들이 기결수와 같이 교도소에 수용되면서 접견장을 오고 가거나 배식 및 청소시간에 접촉이 빈번히 이루어지고 있다. 이에 따라 유죄가 확정되지 않은 무죄추정 미결수들이 기결수들로부터 범죄를 학습할 우려가 높다는 지적이다. 또 유죄가 확정된 기결수와 무죄추정을 받는 미결수들이 같이 교도소에서 생활하면서 인권침해 요소마저 있다는 여론이다. 강원대 윤용규 법대학장은 "완전 분리수용이 원칙인데도 미결수와 기결수를 같이 수용하고 있다."며 "이로 인해 무죄추정을 받는 미결수가 기결수와 같은 취급을 당하는 상황이 초래될 수 있다."고 우려했다. 이에 대해 춘천교도소 관계자는 "교도소 안에서는 미결수와 기결수를 철저히 구분해 관리하기 때문에 접촉 기회는 많지 않다."며 "도내에 별도의 구치소를 설치하기 위해서는 많은 예산과 인원이 필요해 현실적으로 (구치소 설립이) 어렵다."고 말했다.
>
> — 강원도민일보, 2007. 7. 19.

(3) 형법상의 지위

형법상 미결구금일수는 그 전부 혹은 일부를 유기징역, 유기금고, 벌금이나 과료에 대한 유치 또는 구류의 기간에 산입하도록 하고 있다. 구금일수의 1일은 각 형의 1일로 계산한다. 다만 무기형에 대해서는 미결구금일수를 산입하지 않는다.

(4) 형사소송법상의 지위

미결수용자는 증거인멸 방지와 신병 확보의 필요성 때문에 그 신체적 자유가 제한된 것 외에는 일반인과 아무런 차이가 없는 지위를 가지며, 그 자유제한도 이러한 범위 내에서만 정당화된다. 형사소송법은 엄격한 구속요건을 설정하고 있고 절차에 있어서도 영장주의를 엄격히 요구하고 있다. 구속사유가 처음부터 없었거나 그러한 사유가 해소되었을 때에는 미결수용자는 체포구속적부심을 청구하거나 보석을 청구할 수 있다. 미결수용자는 형사재판에서 검사와 대등한 지위에 있는 소송당사자로서 그 자신을 방어하고 변호할 법적 권리가 보장된 자이다. 미결수용 된 피의자 또는 피고인이 자신의 방어를 위해서 자료를 수집하고 변호인의 조력을 받으며, 그와 접견·교통하는 데 있어서 부당한 제한이 있어서는 안 된다.

(5) 형의 집행 및 수용자의 처우에 관한 법률상의 지위

동법 제4조(인권의 존중) 및 제5조(차별금지) 규정을 두고 있다. 이는 수용자에 대한 인권보장과 평등처우가 행형처우의 기본임을 천명한 것이다.

2. 수형자의 지위

(1) 중세까지의 수형자

절대군주국체제로 형벌은 봉건군주에 의하여 자행되고 형벌의 집행도 참혹하였다. 수용자는 형집행의 객체적 의미로서 하나의 물적 존재에 불과하였다.

(2) 제2차 세계대전 이전까지의 수형자

1871년 미국의 Ruffin 사건에서, 수형자에게는 은혜적으로 인정된 권리 외에 일체의 개인적 권리는 박탈되며, 수형기간 동안 그 주(州)의 노예와 같다고 보았으며, 국가와 수형자의 관계에 있어서도 일본 및 독일 등에서는 특별권력관계설이 지배적 견해였다.

(3) 현대에서의 수형자

① 특수한 공권력 발동관계

㉠ 배경: 1776년 버지니아권리선언, 1789년 프랑스인권선언, 1919년 바이마르 헌법, 1948년 12월 10일 UN의 세계인권선언, 1950년대 초 50여 건의 미국교도소 폭동과 수용자 권리보장 운동을 계기로 1960년대에 수용관계를 법률관계로 인정하게 되었다.

㉡ 주장자

B. Freudenthal[39]	1911년 '법률과 판결은 행형에 있어서도 마그나카르타'라 주장하였다.
L. Jacobi	범죄인은 법률에 의하여 자유를 박탈당하는 이외에는 보통의 국민이다.
J. Hicks	범죄인에 대한 국가의 책임은 범죄인을 감옥에 수용한 때부터 시작된다.
B. Stutter	범죄인을 구금한 국가는 그들의 건강을 유지하여야 한다.

---

39) B. Freudenthal은 수형자의 법률적 지위에 대하여 가장 강력하게 역설하고 교정제도가 수형자의 법률상 지위를 침해하는 것이라면 그와 같은 침해는 법률에 의하여야 하며, 수형자의 권리 · 의무는 행정명령(규칙)으로 규제 · 변경할 수는 없다고 보았고 수형자의 법률상의 지위가 자유국민과 다른 점은 법률에 의해 재판관으로부터 과해진 자유형이 가지는 제한뿐이라는 관점을 내세운다.

ⓒ 국제사회의 노력

시민적 · 정치적 권리에 관한 국제조약	1966년 국제연합에서 제정한 다자간 조약으로 1976년부터 효력이 발생하였으며, 우리나라는 1990년에 가입하였고 우리나라가 비준동의 한 국제조약이므로 국제법과 같은 효력을 지닌다. '자유권조약' 중 피구금자와 관련된 규정으로는 고문, 비인도적 혹은 품위를 상하게 하는 취급과 형벌을 금지한 제7조, 자유를 박탈당한 사람에 대한 인도적이고 인간의 존엄성에 입각한 취급을 정한 제10조, 변호인 선임권 등 공정한 재판을 보장하는 제14조, 사생활, 가족과의 통신에 대한 자의적인 간섭을 금지한 제17조 등이다.
UN 피구금자 처우에 관한 최저기준규칙	이 규칙은 1955년 제1회 국제연합 범죄방지 및 범죄인 처우회의에서 결의된 것으로 1957년 UN 경제사회이사회에서 승인 · 채택되었다. '최저기준규칙'은 피구금자의 처우와 시설 관리지침을 담은 국제원칙이라고 할 수 있다. 이 규칙은 형식적으로는 국제법적 이행 의무가 있는 법적 구속력은 없다. 왜냐하면 이를 결의한 경제사회이사회가 국제법상 법적 구속력을 발휘하는 규범을 만드는 입법기구가 아니기 때문이다. 그러나 이 규칙은 법적 구속력이 없음에도 불구하고 세계 각국의 행형제도에 심대한 영향을 미쳤고, 피구금자의 처우에 관한 가장 권위 있는 국제준칙으로서의 지위를 행사해 왔다.
모든 형태의 억류 · 구금 하에 있는 사람들을 보호하기 위한 원칙	이 원칙은 1988년 12월 UN 총회에서 만장일치로 채택되었다. 이 원칙에서는 형사구금 뿐만이 아니라 모든 형태의 구금에 적용되는 기준을 정하고 있으며, '최저기준규칙'이 정하고 있는 피구금자에 대한 일반적 보호를 보충하는 원칙이라고 할 수 있다. 따라서 이 원칙이 '최저기준규칙'과 더불어 피구금자에 대한 국제원칙 중 가장 중요한 의미가 있는 국제준칙이라는 데에는 큰 이론이 없다.
유럽형사시설규칙	이 규칙은 종래 유럽인권조약의 비준국으로 구성된 유럽각료회의가 채택하였던 유럽 최저기준규칙을 1987년에 광범위하게 개정한 것이다. 이것은 국제연합의 '최저기준규칙'과 유럽인권재판소의 판례 등을 참고하여 만들어진 것으로, 유럽지역의 행형정책의 지침으로 사용되고 있다. 또한 유럽인권조약의 해석기준으로도 사용되고 있다. 이 규칙은 비록 우리에게는 국제법적 구속력이 있는 규범이 아니라고 해도 세계의 형사 피구금자의 인권보장에 대한 최신 동향을 나타내 주고 있어서 참고할 만하다.
적절한 구금시설 관리를 위한 국제지침서	이 지침서는 원래 국제적 비정부기구인 국제형사개혁위원회가 그동안 국제사회에서 만들어 온 피구금자에 관한 국제원칙을 전 세계에 제대로 알리고 행형에 관심 있는 사람들 간에 협력을 촉진하기 위한 사업의 하나로 만든 것이다. 따라서 이것은 각종의 행형에 관한 국제준칙을 설정한 여러 조약이나 결의를 설명한 하나의 참고서이다. 이 지침서는 1995년 카이로에서 열린 제11차 국제연합 범죄방지 및 범죄인 처우에 관한 회의에 제출된 것이다.

ⓓ 법원의 교정개입: 수세기 동안 'hands off doctrine'을 유지했던 법원이 1941년 Hull사건[40]과 1944년 Coffin사건 이후 1960년대부터 적극적으로 'hands on doctrine'으로 전환하면서 수용자 권리운동은 더욱 발전적으로 전개되었다.

---

40) Hull사건: 미국에서 법원이 교정에 개입(hands on doctrine)하는 데 효시가 된 사건이다. 이는 수형자 Hull이 법원에 심문을 해 달라고 하는 인신보호청구를 한 사건으로, 미국 연방 대법원은 누구도 수형자의 인신보호청구 서신을 삭제하거나 고치지 못한다고 하면서 서신검열을 금지시켰다. 이 판결은 수형자에게 억울한 일이 있을 때 법원에 가서 호소를 할 수 있는 근거가 된 획기적인 의의를 지닌 판결이다.

② 양자의 비교

| 특별권력관계 | ㉠ 개념
특별한 법률원인에 의하여 성립되어 특별한 공법상의 목적을 달성하기 위하여 필요한 범위 안에서 포괄적으로 일방이 타방을 지배하고, 타방이 이 포괄적인 지배권에 복종함을 내용으로 하는 법률관계(공무원, 군인, 수형자 등)를 말한다.
㉡ 제한내용
　• 기본권의 배제: 행정의 일정한 범위 내에서 수용자가 기본권을 갖지 못한다.
　• 사법심사의 배제: 국가의 침해에 대해서도 다투지 못한다.
　• 법치주의의 배제: 법에 의한 규율이 아니라 합목적성에 따라 특정 상대방에게 강화된 복종이 허용된다.
㉢ 헌법재판소 및 대법원 판례
헌법재판소는 헌법이 기본권을 보장하고 있는 점에 비추어, 국가의 행위로 말미암아 개인의 기본권이 침해된 경우에는 그 침해행위가 특별권력관계에 있어서의 행위라는 이유로 그 구제방법이 부인되어서는 안 된다고 했으며, 대법원 역시 위법·부당한 특별권력의 발동으로 인하여 권리를 침해당한 자는 그 위법·부당한 처분의 취소를 구할 수 있다(대판, 1982. 7. 27, 80누86)고 판시하였다. |
| 특수한 공권력 발동관계 | ㉠ 수형자는 국가와 특수한 신분관계에 있으며, 최소한의 법적 제한 관계 또는 제한적·법적 권리의무관계라 본다.
㉡ 수형자와 국가는 헌법이념인 실질적 법치주의[41]와 사회국가원리[42]에 입각한 관계이다.
㉢ 1972년 서독의 연방헌법재판소는 수형자와 국가를 일반공권력의 발동관계로 보고 특별권력관계이론을 부정하였다.
㉣ 미국의 경우 1964년 '수형자의 연방시민법에 의한 보호를 받을 권리'를 인정함으로써 수형자의 권리에 대한 직접적인 개입의 시대로 접어들었다. |

③ 권리운동의 평가

　수용자 권리운동은 기본적으로 교정행정의 민주화와 수용자 인권 향상이 현저하게 이루어지는 계기가 되었으며, 교정조직과 절차에 대한 교정당국의 재검토로 시설 내 행정개편이 이루어지고 수용자들의 생활여건 향상과 교도관들의 관리태도 변화 등의 분명한 효과가 있었다는 평가를 받는다.

---

41) 실질적 법치주의: 수형자도 일반인과 같은 권리·의무의 주체이며, 형의 만료 후에는 사회에 복귀할 권리를 가진 존재로서 인정되며, 법률은 국민만이 아니고 국가권력의 담당자도 규율된다는 원칙을 포함하는 개념이다.

42) 사회국가원리: 국가는 행형을 통해 수형자의 생활조건들을 사회복귀와 재범방지의 대책에 적당한 형태로 보장하여야 하고, 이를 위해 필요한 인적·물적 설비를 갖추도록 노력하여야 할 의무를 부담한다. 즉 수용 중의 생활조건 등은 수형자의 사회복귀를 용이하게 하는 데에 기여하는 것이어야 한다. 그러나 국가의 의무만을 강조하는 것은 아니며, 행형의 목적을 달성하기 위해서는 수형자도 사회복귀를 위한 국가의 노력을 받아들일 의무가 있다.

Ⅲ. 권리구제의 방법

1. 사법적 권리구제

(1) 개요

수용자의 법적 권리보장의 문제에 대한 논의는 지난 30여 년간 중요한 이슈가 되어 왔다. 수용자의 권리를 놓고 하급법원과 대법원이 입장을 달리할 수 있고, 헌법재판소도 반드시 일치하는 입장에 서 있는 것은 아니다. 그동안 법원은 시설 내 질서의 유지(시설 내 훈육과 평온)상 제한, 시설 내 보안의 유지(시설을 출입하는 개인과 물품의 통제)상 제한, 수용자의 교화개선(수용자의 처우, 복지, 건강유지에 필요한 관행)상 제한 등으로 수용자의 권리제한을 정당화해 왔다.

(2) 구제방법

헌법소원	공권력의 행사 또는 불행사로 인하여 헌법상 보장된 직접 피해를 당해(직접성) 기본권을 침해당한 자(자기침해성)는 법원의 재판을 제외하고는 헌법재판소에 헌법소원재판을 청구할 수 있다. 다만 다른 법률에 구제절차가 있는 경우에 그 절차를 모두 거친 후가 아니면 청구할 수 없다(보충성의 원칙)고 규정하여 헌법소원제기를 보장하고 있다.
민사·형사 소송	수용자의 교정질서문란을 이유로 교도관이 보호장비를 사용한 경우라도 부당하게 수용자의 신체에 해를 가하거나 불법한 방법으로 직접 강제하였다면, 수용자는 교도관에 대하여 국가배상법에 의한 민사소송[43]과 형사처분을 구하는 형사소송을 위하여 고소·고발을 제기할 수 있다.
행정소송	수용자는 교정시설 내 생활에 있어서 부당한 처우를 받거나 또는 인권침해 등을 이유로 자유로운 선택에 따라 행정심판을 거치지 아니하고도 직접 행정소송을 제기할 수 있다.

(3) 평가

장점	단점	
	수용자의 입장	국가의 입장
소송이 침해된 수용자 권리의 구제와 인정받지 못하였던 권리의 요구를 위한 가장 확실한 수단으로 인식될 수 있다.	많은 시간과 경비, 헌법적 기준 충족 곤란, 소송수행능력과 여건 부족, 승소하더라도 해결에 상당한 시간을 요하는 경우가 많다.	경제적 비용 손실, 수용자와의 갈등 조장, 지도력 상실 등이 결점으로 제기되었다.

---

43) 미국의 경우 1944년 Coffin v. Reichard 사건에서 제6항소법원은 인신보호청구는 단순히 불법구속이라는 이유로 국한하지 않고, 나아가 수형생활 조건에 관련하여 얼마든지 제기할 수 있고, 수형자는 유죄판결의 확정으로 민사상 권리를 모두 상실하는 것으로 볼 수 없다고 판결했으며, 1964년 Cooper v. Pate 사건에서 수형자는 교정공무원이 그들의 헌법상 권리를 침해했다고 인정되면 민사소송을 제기할 수 있다고 하였으며, 1871년 민권법에 의거하여 미국법전 1,983편 42장에 의하여 인정된다고 하였다.

2. 비사법적 권리구제

(1) 구제방법의 구분

현행 시행 중인 방법	청원, 소장면담, 행정심판,[44] 국가인권위원회법상 진정, 감사원의 심사청구 및 직무감찰제도,[45] 수용자고충처리함 설치 등
현행 불시행 중인 방법	수용자고충처리위원회(Inmate Grievance Committee),[46] 중재,[47] 민원조사관제(ombudsman),[48] 시민전문위원 등

(2) 형의 집행 및 수용자의 처우에 관한 법률상 구제

① 청원

청원이란 밀행주의의 폐단을 극복하기 위하여 인정된 것으로, 수용자가 교정시설 내의 처우에 불복이 있을 때 이를 해결하기 위하여 법무부장관이나 순회점검공무원, 지방교정청장에게 호소하여 적절한 재결을 요구하는 것이다. 수용자는 일반국민에 대한 청원법과는 별도로 '형의 집행 및 수용자의 처우에 관한 법률'에 의하도록 함으로써 청원사항을 제한하고 있으며, 절차 등에 특별규정을 두고 있다.

② 소장면담

소장면담은 수용자의 처우 또는 일신상의 사정에 관하여 면담을 신청하는 자가 있는 경우에 그 고정(苦情)을 처리하는 것으로 가장 광범위한 권리구제

---

44) 행정심판: 교정시설 내 생활에 있어서 위법·부당한 처우를 받거나 또는 권리침해의 사실이 있는 경우에 수용자는 행정심판법에 의거, 지방교정청에 설치된 행정심판위원회에 행정심판을 청구할 수 있다(행정심판법 제3·6조).

45) 감사원법 제43조(심사청구)에 의하면, 감사원의 감사를 받는 자의 직무에 관한 처분 기타 행위에 관하여 이해관계 있는 자는 감사원에 그 심사의 청구를 할 수 있다. 위 규정에 의하여 수용자는 소장이나 직원으로부터 받은 조치가 부당하다고 판단되는 경우에 감사원에 처분 등에 대한 심사청구를 할 수 있다. 그리고 직무감찰제도에 의거, 감사대상기관의 사무와 그에 소속한 공무원의 직무에 관해 감사원이 직무감찰을 실시하여 수용자의 인권침해를 감찰할 수 있다.

46) 수용자고충처리위원회: 시설 내 갈등해소의 유용한 관리도구로 수용자들의 참여가 보장되는 공식적 행정제도로 각광받고 있다. 한국의 경우 현재 수용자의 처우상 불편사항을 신속하고 적절하게 처리하기 위해 보안관리과 내에 수용자 고충처리반을 설치·운영하고 있다.

47) 중재: 중립적인 제삼자가 양 당사자의 갈등점을 해소하도록 도와주는 제도로, 적은 비용으로 타협을 통해 의미 있는 해결책을 찾을 수 있다는 점에서 수용자에게 유리한 제도이다. 즉 분쟁을 극단적인 사법적 수단을 피하고 비공식적으로 해결하려는 지역사회분쟁조정센터 등이 대표적이다.

48) 민원조사관제: 옴부즈맨제도의 기원은 1809년 스웨덴으로, 민원조사단이 행정부의 법집행이나 사법부의 법률판단에 대한 적법성 및 합목적성을 판단하여 해당 기관에 대안을 제시함으로써 국민의 권리를 보호하는 제도를 말하는데, 행형상 교도관의 광범위한 재량권 남용을 방지하기 위한 통제수단으로 주로 사용된다. 현재 미국의 교정 분야 분쟁해결에서 많이 활용되고 있는 제도이다. 성공적인 옴부즈맨이 되기 위해서는 독립성·비분파성·전문성을 갖고 있어야 한다.

방안이다. 교도관은 경미한 내용이라서 직접 처리할 수 있는 사안이면 처리하고 보고할 수도 있으나, 처리되지 아니한 면담요청을 소장이 고의로 거절하면 청원사항이 된다. 소장면담은 주로 교도관의 위법·부당한 행위를 시정하는 데 제도적 의의가 있다.

(3) 국가인권위원회법상의 구제

2001년 5월 24일에 제정되어 2001년 11월 24일부터 시행된 '국가인권위원회법'은 UN에서 세계 각국에 채택을 권장해 온 '인권위원회' 제도를 도입함으로써 국제기준에 부합하는 인권보장장치를 마련하기 위하여 동북아시아에서는 처음으로 도입되었다. 현행 '국가인권위원회법'은 진정권의 범위가 너무 광범위하여 남용될 우려가 높으며, 수용자의 인권을 지나치게 강조하고 교도관에 대한 처벌과 책임을 부각시키다 보면 교도관의 감독권한이 약화되거나 소극적 형벌집행으로 인하여 교정질서가 무너질 가능성이 높다. 따라서 '국가인권위원회법'상 불분명하거나 추상적인 내용들을 보다 구체화하고 적극적 형벌집행권이 제한되지 않도록 개정할 필요가 있으며, 국가인권위원회는 구체적으로 손해배상을 결정하거나 강제적 시정조치를 명령하는 기구는 아니며, 재판기관도 아니라는 점에서 한계가 있다.

(4) 비사법적 구제의 평가

장점	단점
• 문제해결의 시간과 자원 절감. 소송의 절차·과정의 복잡성에 비하여 수용자의 불평과 불만에 효과적인 반응 가능. 행정상 문제는 사법적 처리보다 행정적 처리가 필요하다는 점에서 유리하다. • 비사법적 해결이 사법적 해결보다 신속하여 문제가 심화되기 전에 처리가 가능하며, 비공식적 기제를 통한 쌍방의 합의는 법원에 의한 강제보다 수용자에게 더 큰 의미를 부여한다.	• 교정당국의 재량권 남용 등의 행정적 판단에 의하여 오히려 수용자의 권리가 침해당할 가능성을 배제할 수 없다. • 구제내용을 법적으로 명확하게 보장받을 수 없으며, 사법적 구제보다 추후 손해배상청구 시 구제받기 위한 절차적 어려움이 있다.

Ⅳ. 교정감독 및 공개제도

1. 순회점검

(1) 개요

① 의의

순회점검이란 권한관청의 감독작용으로 교정시설을 순회하여 일반 교정행정사무와 수용자의 처우실태 등을 검열하는 것이다.

② 주체

교정시설에 대한 교정업무의 적법성 내지 타당성을 점검하기 위하여 내부적으로 법무부장관이나 법무부장관이 명한 소속공무원(순회점검공무원)이 행하는 것이다.

(2) 필요성

감독상	교정직원의 수용자에 대한 위법·부당한 처우를 시정하고 수용자의 인권을 보장하는 데 있다.
지도상	상급관청과 하급관청 사이의 법령, 훈령, 통첩 등의 통일적인 적용을 유도하고 수용자의 처우실태를 파악하며, 교정시설의 관리상태, 예산집행상황을 검사하고 적절한 운용을 지도하는 데 있다.

2. 시찰

(1) 의의

판사와 검사가 신분을 증명하는 증표를 제시하고 직무상 필요시 교정시설을 순시하는 것이다.

(2) 목적

형사피의자 및 피고인의 수용실태와 형의 집행에 관한 적법 여부 등을 시찰하여 판·검사의 업무수행에 적정성을 확보하기 위한 것이다.

(3) 차이점

시찰은 감독작용이 아닌 점에서 순회점검과 구별되며, 그 주체가 판사와 검사에 한정되고 직무상 인정된다는 점에서 직무와 관계없이 인정되는 참관과 구별된다.

3. 참관

(1) 의의

교정 관련 학자 등에게 학술연구목적과 그 밖의 정당한 목적(언론단체 참관, 지역주민 참관, 수형자가족 참관, 교도관가족 참관 등)이 있을 경우에 형집행장소의 방문을 허가하는 것이다.

(2) 목적

참관은 교정시설 내부를 일반인에게 공개하여 형벌집행상황에 대한 일반인의 이해를 증진시키는 것으로 교정에 대한 사회참여를 촉진시킨다.

(3) 참관제한

관광이나 단순한 호기심, 사형이 확정된 자가 수용된 거실 및 인권존중 차원(무죄추정자)에서 미결수용자의 거실은 참관이 금지된다. 또한 외국인이 참관을 신청한 경우에는 소장은 지방교정청장의 승인을 얻어 허가한다.

제3절 수형자이송제도

Ⅰ. 개념

(1) 의의

수형자이송제도(Transfer of Sentenced Persons)는 외국교도소에서 복역 중인 자국민을 생활의 본거지인 국내로 데리고 와 국내 교도소에서 나머지 형기를 복역하게 함으로써 언어·문화·음식 등의 이질성과 가족과의 격리 등 형벌 이외의 추가적 고통을 해소하여 주고, 수형 후 원활한 갱생과 조속한 사회복귀 촉진을 그 목적으로 하는 제도이다. 즉 재외수형자를 그의 가족, 친지 및 친구들이 살고 있어 그와 진정한 삶의 연계를 가진 본국이나 거주지국으로 이송하여 수형자에게 유리한 환경에서 잔형을 치르도록 함으로써 수형자의 사회복귀를 촉진하기 위한 인도주의적인 고려에서 나온 제도이다.

(2) 목적

수형자이송제도는 국가 간 형사문제에서 상호 협력을 통해 수형자의 사회복귀와 재통합 달성이라는 행형제도의 궁극적인 목적을 달성함은 물론, 수형자 개인의 인권과 권익의 보호도 아울러 도모하고 있다. 또한 수형자이송제도는 한 나라의 많은 국민들이 다른 나라에 구금되어 있을 경우에 발생할 수 있는 외교적 또는 법집행적인 긴장을 완화해 주려고 하는 목적도 있다.

(3) 이송방법

수형자이송의 방법에는 외국에서 자유형 집행 중인 자국민을 송환받는 국내이송과 반대로 자국에서 형집행 중인 외국인을 돌려보내는 국회이송의 두 가지가 있다.

(4) 발전사

1980년대 유럽평의회 국가들에서 아프리카 등 제3세계 출신 수형자의 수가 급증하고 이들을 수용하기 위한 수형비용이 급증하자 유럽국가들은 행형비용 절약을 위해 수형자를 본국으로 이송시키는 방안을 적극 모색하게 되었다.

유럽에서는 양자 간 조약으로서 1973년 Denmark – Spain 조약과 1981년 France – Morocco 조약, 1982년 Austria – Yugoslavia 조약이 있고, 앞에서 살펴본 바와 같이 다자간 조약으로서는 1963년 북유럽 5국의 '형사판결집행 공조' 및 1968년 Benelux 3국의 '형사판결의 집행에 관한 베네룩스 조약'에서 출발하여 1970년 5월 28일에 체결된 '형사판결의 국제적 효력에 관한 유럽협약(European Convention on the International Validity of Criminal Judgments)' 이 1974년 7월 26일 발효되었다. 그리고 1983년에는 '수형자이송협약'을 작성하여 1985년 7월 1일 발효되었으며, UN은 1985년 Geneva회의에서 외국수형자의 이송에 관한 유엔모범조약(Model Agreement on the Transferof Foreign Prisoners)을 제정하여 2개국 간의 Model조약으로서 각국의 참고사례가 되고 있다.

(5) 한국의 이송제도

우리나라는 수형자이송제도가 시행되도록 하기 위하여 2003년 12월 31일 '국제수형자이송법'을 제정·공포하여 수형자이송 시스템 가동을 위한 국내적 준비를 마친 상태이지만, 국제적 추세와 같은 법 제3조에 따라 조약전치주의를 채택함으로 인하여 상대국과의 조약체결이 있어야만 수형자이송이 가능하다.

그리고 우리나라는 2005년 7월 20일 유럽평의회 사무국에 '수형자이송협약(Convention on the Transfer of Sentenced Persons, ETS No112)' 가입서를 기탁함으로써, 협약이 발효된 2005년 11월 1일부터 유럽평의회 회원국가뿐만 아니라 미국, 캐나다, 일본, 호주 등 61개 협약 가입국과 일일이 개별조약을 체결할 필요 없이 수형자이송을 실시할 수 있게 되어 수형자이송을 위한 국제적 기반을 구축하게 되었다. 이 협약에 따라 수형자이송이 가능한 경우는 수형자 본인이 이송을 희망하고 외국 판결에서 확정된 범죄행위가 대한민국법에 의하더라도 범죄에 해당되고 대한민국과 상대국이 모두 이송에 합의할 경우에 한정되며, 이송된 수형자는 한국의 교정시설에서 나머지 형기를 복역하게 되며 가석방이나 사면 등은 모두 대한민국법에 따르게 된다.

다만 최근 한국과의 경제교역이 활발하게 이루어지고 있는 중국, 태국, 베트남, 몽골 등의 국가들은 '수형자이송협약'에 가입하지 않았기 때문에 이들 국가들과는 개별적으로 조약을 체결해야 하는데, 특히 중국의 경우 2006년 8월 현재 대한민국 국적의 수형자가 161명으로, 중국과의 수형자이송에 관한 양자조약 체결 추진의 필요성이 크다는 점에서 한국의 법무부와 외교통상부 합동으로 한·중 양국의 수형자이송에 관한 양자조약 체결을 지속적으로 추진하고 있다.

Ⅱ. 발전배경

(1) 형벌에서의 국가성의 원칙 붕괴

형사사법에 있어서 형벌권은 국가에 속하고, 그 국가의 영역을 넘어 형벌권을 행사할 수 없다는 '형법의 국가성의 원칙'이 국제적으로 기본원칙이 되어 왔다. 그러나 통신과 교통수단의 발달에 따라 국가 간의 교류가 활발해지고 자국민이 외국에서 행하는 범죄가 증가하면서 외국에서 복역하는 자국민뿐만 아니라 자국에서 복역하는 외국인도 증가하였고, 그 결과 '형법의 국가성의 원칙'은 상당 부분 수정이 불가피하게 되었다.

(2) 외국인 수형자의 증가 및 수형비용 증가

1980년대 유럽평의회 국가들에서 아프리카 등 제3세계 출신 수형자의 수가 급증하고, 이들을 수용하기 위한 수형비용이 급증하자 유럽국가들은 행형비용 절약을 위해 수형자를 본국으로 이송시키는 방안을 적극 모색하기 시작하였다.

외국인 수형자를 국내에서 복역시키는 것은 행형 당국으로서는 언어와 생활습관, 종교의 차이에서 생기는 여러 문제를 해결하기 위해서는 상당한 재정적 부담을 안게 된다. 수형자의 언어문제의 해결을 위해서는 전문가의 영입

또는 필요시 통역 서비스가 있어야 하며, 식습관의 차이에 따른 개별 식사 제
공, 종교시설의 확충, 새로운 교정프로그램의 도입 등 외국인에 대한 형을 집
행하는 국가로서는 많은 부담을 안을 수밖에 없는 실정이다. 따라서 외국인의
처우에는 내국인의 처우보다 더 많은 시설과 인원이 필요하게 된다.

이러한 문제를 해결하고 외국인 수형자를 국적국 또는 생활근거지가 있는
국가에서 복역하게 하면 외국인으로서 당하는 여러 가지 어려운 문제를 해결
할 수 있을 뿐만 아니라 범죄자에게 맞는 교정프로그램을 실시할 수 있기 때
문에 실질적인 범죄인의 교정교육에도 도움이 된다.

또한 본국의 입장에서도 수형자의 집행을 인수하여 자국에서 처우하는 것
은 자국민의 보호라는 국가의 기본원칙에도 충실할 수 있을 뿐 아니라 결국
자국에서 생활해야 할 수형자를 본국에서 처우함으로써 교정의 이념에 충실
할 수 있게 되는 장점이 있다.

(3) 수형자의 사회복귀 촉진을 위한 인도주의적인 배려

외국에서 수형생활을 할 경우 수형자는 언어, 문화 등의 차이로 형벌외적
인 심리적인 고통을 겪게 되고, 이로 인해 수형생활 종료 후 그의 본국에서
사회로 복귀하는 데 더 많은 어려움을 겪을 수밖에 없다. 이러한 형벌외적인
고통을 완화하고, 수형자의 사회복귀를 촉진시키기 위한 고려에서 수형자이
송제도의 도입이 적극 검토되었다.

(4) 외국인 수형자의 인권보호 및 교정효과 향상

수형자에 대한 처우기준에 의하여 수형자를 처우하고 외국인에 대하여 적
절한 처우를 한다고 하더라도 외국인에 대한 처우는 여러 문제를 가질 수밖
에 없다. 수형자가 외국에서 복역하는 것은 매우 힘이 든다. 언어의 장애 외
에도 가족으로부터의 면회도 어렵고 출소 후의 사회복귀에도 지장이 있다. 외
국인은 언어와 생활습관의 차이 등으로 인하여 복역 자체의 고통이 가중될
뿐만 아니라 현대 행형의 이념인 교육형주의의 실현에도 문제가 있게 된다.
외국인 수형자들은 많은 고통을 느끼고 있으며 동료수형자들로부터도 냉대를
받는 등 수형시설 내에서도 2류수형자가 되는 경우가 많이 생기게 되며 이는
심각한 부작용을 초래할 수 있다(천진호, 2006).

제4절 석방

Ⅰ. 수용자의 석방

1. 수형자

(1) 법정사유

수형자의 석방은 형기종료일에 행하는 것으로, 이는 국가의 은혜로써가 아니라 자기권리적 차원에서 시설처우가 종료되는 것이다. 그 밖에 가석방, 사면(일반사면, 특별사면), 감형 및 형의 집행면제자의 석방은 원칙적으로 당해 석방서류 도달[49] 후 12시간 이내에 석방토록 하고 있다.

(2) 기타 권한 있는 자의 명령에 의한 석방

형의 집행정지 등의 경우에는 당해 석방서류 도달 후 5시간 이내에 석방하도록 되어 있다.

(3) 가석방

가석방은 교정시설 내에서 원칙적으로 형기종료로 출소하여야 할 수형자 중에서, 다른 수형자의 모범이 되고 행형성적이 우수하며 사회적응능력이 있어서 재범우려가 없다고 인정되는 자를 심사하여 임시로 석방하는 제도를 말한다.

---

49) 석방서류 도달시점은 형사소송법 제65조 및 민사소송법 제169조에 의거, 석방 대상자를 수용하고 있는 기관에 동 서류가 접수된 때를 기준으로 하여야 한다.

① 성격

법률적	현행법상으로는 법무부장관의 임의적 재량행위에 속하는 행정처분이다.
학술적	가석방은 시설 내 처우 대상자 중 사회적응이 가능하다고 판단되는 수형자를 심사하여 사회 내에서 처우하는 것이므로 처우방법의 변경이라는 교정(행형)제도로 보는 것[50]이 다수설이다.
판례적	일부 대법원 판례에 의하면, 가석방은 국가의 은혜적 차원에서 이루어지는 것이라는 주장이 있는데 (은사설[51]) 이는 오늘날 소수설에 불과하다.

② 유사제도

현행법상 가석방과 유사한 제도로는 치료감호법상 피치료감호자에 대한 가종료제도, '보호소년 등의 처우에 관한 법률'에 따른 소년원생에 대한 임시퇴원제도가 있다. 현재 시설수용의 대안으로 parole이 probation과 더불어 가장 많이 이용되고 있다.

③ 발전사

영국	<ul><li>1791년 영국의 식민지 호주의 주지사인 A. Phillip이 영국에서 보내진 유형수의 증가와 폭동을 통제하기 위한 행정상의 필요성 때문에 실시한 제도로 1822년경부터 조건부특사(conditional pardon)로 인정한 것이 가석방으로 확립되었다.</li><li>1842년 Alexander Machonochie 교도소장에 의하여 발전하게 되는데, Machonochie는 제3기를 가석방허가자 그룹으로 하여 수형자를 가석방하고, 취업 시에는 허가받지 않은 곳에 이주할 수 없도록 하였으며, 교도소에는 신상을 통보하도록 하고 야간에는 주거지에서 안주하도록 하여 잔형기간 동안은 영국 본토에 귀국하지 못하게 하였다.</li><li>1853년 강제노역법을 제정하고 누진제와 가석방을 결합시켰다.</li><li>1854년 아일랜드에서는 W. Crofton의 누진제와 동시에 가석방자에게 민간관찰자에 의한 보호관찰을 병행 실시하였다.</li></ul>
독일	1862년 작센 주를 출발로 하여 전국적으로 가석방을 실시하였는데, 행형상의 누진제와 관계없이 보호관찰에도 부과하지 않고 가석방을 인정하였다.
미국	1876년 뉴욕의 엘마이라감화원에서 처음으로 채용되어 1944년 미시시피 주를 마지막으로 모든 주에서 가석방제도를 확립하였다.
한국	한국과 일본은 대륙법계 가석방제도를 전수받았다. 한국의 경우 1908년 형법대전에서 처음으로 보호관찰조건 없이 가석방을 실시하여 왔으나, 1997년 이후 형법 및 '보호관찰 등에 관한 법률'의 개정으로 소년수형자뿐만 아니라 성인수형자의 가석방 시에도 보호관찰조건을 부과할 수 있도록 개정되었다.

---

50) 소진된 권리설(행형제도설): 이는 구금설과 공존하는 것으로 가석방은 재판절차의 일부가 아니라 행형제도의 일부라는 전제하에서 재판에 있어서 피고인에게 인정되는 권리는 판결선고와 함께 소진되고 적법하게 부과된 형벌의 집행단계에까지 적용되는 것은 아니라는 이론이다.

51) 은사설: 가석방은 자비로운 법집행자의 호의적 행위에서 나온 것으로서, 특권 또는 특전으로 보는 것으로 수용자의 가석방청구권은 인정되지 않고 가석방자의 제한된 자유에 대한 법적 보호도 인정되지 않으며, 어떠한 이유에서든지 가석방의 취소가 가능하다는 입장이다.

④ 가석방 대상의 제한

구류수형자나 노역수형자는 현행법상 가석방이 인정되지 않으며, 징역 및 금고수형자로서 단기수형자인 경우에는 이를 부인하는 규정이 없고, 단기형을 받았더라도 급외자의 경우에는 가능한 한 가석방될 수 있도록 실무적으로 배려하고 있다. 교정실무적으로 특정강력범죄자(살인, 강간치상, 강도상해, 조직범죄, 성폭력법 위반 등)들은 일반 수형자보다 가석방심사에 있어서 엄격하게 제한된다.

⑤ 평가

장점	• 정기형제도에 따른 결함을 보충할 수 있고 시설 내의 질서유지 및 개선의욕을 촉진시킬 수 있다. • 시설수용보다는 경비가 저렴하다는 측면과 더불어 사회성 회복에 용이하다. • 개선한 수형자에 대한 불필요한 구금의 회피효과 등의 형사정책적 가치가 있다.
단점	• 행정처분적 성격을 갖는 것으로 운영상에 있어서 재량권 남용의 우려가 있다. • 재범예측의 기술상 곤란함으로 인하여 재범우려가 없는 대상자를 선정하는 것이 어렵다. • 보호관찰부 가석방의 경우 보호관찰관의 기능적 갈등(즉 보호와 감독의 갈등)이 발생할 수 있다.
개선안	• 객관적 재범예측표의 도입 등 가석방심사의 합리화가 요청된다. • 가석방 결정 시 형집행법원제도를 도입할 필요성이 있다. • 가석방 불허가 시 사법적 구제수단이 인정되어야 한다. • 가석방제도의 보완을 위하여 선시제도 등의 도입이 검토될 수 있다.

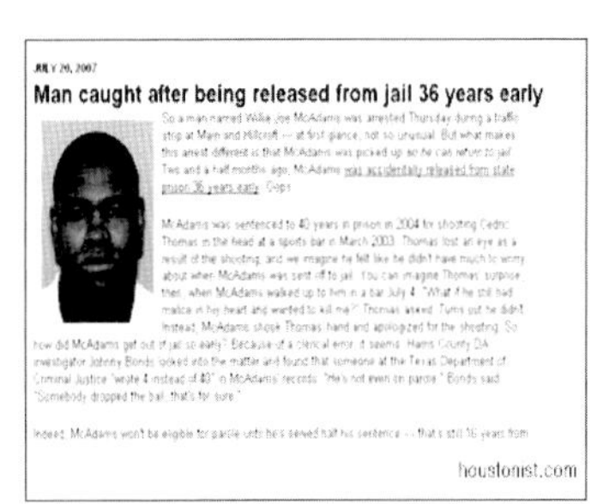

실수로 36년 일찍 석방된 재소자, 피해자에게 사죄하러 갔다 덜미

교도소 직원의 실수로 36년 일찍 석방된 재소자가 자신이 총격을 가해 부상을 입힌 피해자에게 사과를 하러 찾아가는 바람에 덜미가 잡혔다고 20일 미국 언론들이 보도했다. 언론 보도에 따르면, 윌리 맥 아담스라는 이름의 재소자는 지난 2003년 총기를 이용한 폭행 혐의로 40년 징역형을 선고받고 교도소에 수감되었다. 아담스는 술집에서 만난 세드릭 토마스라는 이름의 남성에게 총격을 가했고, 토마스에게 큰 부상을 입힌 것. 40년 형을 선고받고 교도소 생활을 하던 아담스는 지난 5월 석방되었는데, 징역 40년을 4년으로 기록한 교도소 직원의 실수 때문에 이 같은 어처구니없는 일이 일어났다는 것이 언론의 설명. 자유를 만끽하던 아담스는 이번 달 초순 자신이 부상을 입혔던 피해자인 토마스를 찾아갔고, 사과의 악수를 청했다고 언론은 전했다. 하지만 이 같은 사과 방문 때문에 아담스는 결국 덜미가 잡혔고, 다시 감옥으로 돌아가고 말았다고. 뜻하지 않은 자유를 누린 아담스는 가중처벌을 받지는 않을 전망이라고 언론은 덧붙였다. 그의 석방이 순전히 교도소 당국의 실수에서 비롯되었기 때문이다.

– Joins, 2007. 7. 24.

2. 미결수용자

(1) 구속영장 효력의 상실에 의한 석방

구속기간의 종료, 무죄, 면소, 형의 면제, 형의 유예, 공소기각, 벌금이나 과료 등이 선고된 경우에는 그 즉시 석방하여야 한다.

(2) 기타 권한 있는 자의 명령에 의한 석방

구속의 취소, 불기소, 보석, 구속의 집행정지 등의 경우에는 '형의 집행 및 수용자의 처우에 관한 법률' 제124조 제3항에 의거, 당해 석방서류 도달 후 5시간 이내에 석방하도록 하고 있다.

3. 소년범죄인

(1) 소년원생

위탁소년(소년분류심사원 등)은 위탁기간이 종료하거나 심리불개시 또는 불처분결정으로, 소년원생은 수용기간 종료로 퇴원하거나 처분의 변경·취소, 임시퇴원한다.

(2) 소년수형자

현행법상 상대적 부정기형을 선고받은 소년의 처우는 단기를 기준으로 하되, 형기종료기준에 대한 법률상 명문규정은 없으나 장기를 넘어서는 안 된다.

4. 시설 내 사망자

(1) 사망의 의미

시설 내에서의 사망(수형자의 경우 사형집행을 포함)도 석방으로 본다.

(2) 사망의 원인

행형집행으로 인한 사망을 제외한 경우 이는 흔히 정사(正死 – 병사, 노사 등)와 변사(變死 – 자살, 타살, 과실치사 등)로 구분하여 볼 수 있다.

(3) 사망자의 검시

① 개념

사망사실을 서류가 아닌 사체를 대상으로 임상적으로 검사·확인하는 행위
이다.

② 구분

검시(檢屍)에는 그 대상 및 목적에 따라 행정검시와 사법검시로 구별된다.

행정검시	교정시설에서 소장이 주관·시행하는 것으로서 정사인 경우에 실시한다.
사법검시	검사가 형사소송절차상 주관·시행하는 것으로서 변사인 경우에 실시한다.

Ⅱ. 석방과 보호

1. 석방 관련 사항

(1) 석방 후 보호관계조사

시설처우가 종료되는 수형자에 대하여 석방 10일 전까지 석방 후의 보호에
관한 사항을 조사하고, 이를 석방 시 보호대책 수립에 반영하여야 한다.

(2) 석방 전 유고

형기종료 등으로 석방할 수형자는 석방 전 3일간 석방예정자 거실에 수용
하고, 출소 후 생활계획 등을 세우도록 지도한다.

(3) 석방자의 일시수용

① 출소예정자나 소년법상 위탁소년이나 소년원생이 질병 등으로 귀가하기
  곤란한 경우 본인의 청구나 신청이 있는 경우에는 인도적 차원에서 일
  시수용할 수 있다.

② 만약 본인의 청구나 신청 없이 형기종료 후 계속 구금하게 되면 형법상
  의 불법감금죄가 성립된다.

2. 석방 시 프로그램

(1) 가족관계의 회복정책

대부분의 출소자들은 가족에게 가장 많이 의지하지만, 자신이 가족들로부터 외면당하고 있다는 것을 명확하게 인식하지 못하는 경향이 있다. 따라서 석방 전후에 가족들과의 관계 형성을 목적으로 하는 프로그램이 필요하다. 이는 가정폭력범죄자에게 국한된 것이 아니라 범죄유형에 관계없이 가족관계의 회복이 필요한 모든 출소자들에게 적용되어야 한다.

(2) 자립기반의 조성

출소자들은 석방 후 과거의 범죄로 진 빚과 체납금에 대한 부담, 생계의 걱정, 생소한 생활에 대한 두려움 등을 느끼며 직장을 구하지만 대부분 경제적으로 불안정한 고용상태에 종사하고 있어서 쉽게 재범의 유혹에 빠지게 된다. 따라서 현실적으로 자립할 수 있는 기반이 약하다는 문제점을 해소하는 것이 석방자에 대한 교정정책으로 중요하게 다루어져야 한다. 특히 출소자들의 인생주기를 고려한 물리적인 지원과 출소자들이 경험하는 생활리듬에서의 차이를 좁힐 수 있는 서비스의 제공이 필요하다.

(3) 전과자낙인의 제거

석방자들은 자신이 범죄자였다는 '주홍글씨'를 자동적으로 인식하는 경향이 있다. 따라서 자신들은 다른 사람들과 다르다고 생각하며, 일상에서 사소한 일에도 소심하고 지나치게 조심성을 드러낸다. 특히 사회적으로 어느 정도 수용적인 폭력보다는 절도 등의 범죄자들의 경우에는 더 심하다. 따라서 석방 전후에 다른 사람들이 전과사실을 알지 못하는 상황에서도 출소자들이 스스로를 전과자라고 내재화하는 자동적인 인식을 정정할 수 있는 프로그램의 개입이 필요하다.

3. 갱생보호제도

(1) 개요

넓게는 교도소, 소년원 등의 시설에서의 출소자와 더불어 각종 유예처분자 등 형사처분과 보호처분 등의 법적인 구금상태에서 풀려난 출소자에 대한 사회 내에서의 보호활동을 가리키나, 좁게는 교도소, 소년원 등의 시설에서 일정 기간 처우를 받고 출소하는 자에 대한 추수지도적 보호활동을 가리키는 것으로, 종래에는 이를 사법보호, 수인보호, 석방자보호활동이라 불렀다.

(2) 필요성

출소자들은 오랫동안 교정시설에 수용될수록 더 많이 사회성을 상실하기 때문에 비현실적인 생활계획을 구상할 수도 있고, 출소 후 생계유지가 막연하고 전과자라는 사회적 낙인으로 재범의 유혹을 받게 되며, 출소자 스스로 열등감과 소외감으로 심리적 지체(psychological lag) 상태에 놓이게 된다.

(3) 목적

갱생보호의 목적은 출소자의 자립의식 고취, 경제적 자립기반의 조성, 재범방지에 있고, 이를 위하여 그 대상자에 대한 지도·원호를 함으로써 사회복귀 및 사회보호를 하는 데 있다.

(4) 발전사

외국의 경우	갱생보호는 18C를 전후하여 등장한 신파형벌이론의 영향과 기독교적 박애사상의 영향으로 각국의 관심을 불러일으켰다. 영미법계에서는 주로 민간보호단체 차원, 대륙법계에서는 국가적 차원에서 보호활동이 전개되었다. 먼저 독일의 경우 1687년 국가를 중심으로 한 보호활동형태로 국영방직노역장에서의 석방자에 대한 민간단체의 자선적 활동에서 비롯되었고, 미국의 경우에는 1776년 미국인 Richard Wistar가 개인재산을 투자하여 '불행한 출소자를 돕는 필라델피아협회'를 창설하면서 구체화되었으며, 이 협회는 1787년 '교도소의 비참을 경감하는 필라델피아협회'로 개칭되었다. 그 밖에 벨기에(1845), 미국 뉴욕 주(1846), 프랑스(1855), 영국(1862) 등 각국이 갱생보호법을 제정하였다.
한국의 경우	한국의 경우에는 1911년 서울에 재단법인체로서 사법보호위원회가 조직되었고 1942년 3월 23일 '조선사법보호사업회'와 '사법보호위원회규칙' 등을 공포·시행하여 17개의 사법보호위원회가 보호사업을 하게 되었으며, 1961년 갱생보호법(제730호)이 제정·시행됨으로써 이를 갱생보호회가 인수하여 운영되었다. 그리고 1995년부터 '보호관찰 등에 관한 법률'에 의하여 종전의 갱생보호법을 폐지하고 갱생보호업무를 보호관찰소와 한국법무보호공단에서 담당하도록 개정하였다.
국제적 협력	갱생보호제도에 대한 국제적 협력을 보면, 먼저 미국의 경우 교도소협회가 "국가가 책임지고 범죄자에게 개선 이외에 취업기회의 제공·사회적 지위의 회복 등을 해 주어야 한다."는 지침을 내용으로 1870년 신시내티선언을 하였고, 국제형무회의에서도 보호사업의 국제협력의 중대성에 합의하고 민간 갱생보호단체의 필요성을 강조한 바 있다. 제2차 세계대전 후 UN 범죄방지 및 범죄인처우회의에서도 수형자의 가족에 대한 원조, 석방자처우, 사회보호를 논의하였고, 사회 내 처우를 위한 최저기준 등을 논의하였다.

(5) 종류

임의적 갱생보호	통상 갱생보호(after care적 보호)라 하는 것으로 국가 또는 민간단체가 본인의 신청이나 동의가 있는 경우에 한하여 실시하는 사회사업적·준사법적 보호활동이다. 한국에 있어서는 원칙적으로 임의적 갱생보호의 형태만을 취하고 있다.
유권적 갱생보호	일정 기간 강제적(필요적)으로 실시하는 보호활동으로 영미법계에서 발달한 보호관찰조건부 유예제도(probation)나 유럽에서 발달한 보호관찰부 가석방(parole) 등이 이에 해당한다.

제3장 북한의 교정제도

사상과 체제를 근본적으로 달리하는 남한과 북한에 있어서 사법제도의 운용과 형사절차의 이론과 실태를 완전하고 총제적으로 비교한다는 것은 원초적으로 불가능하다. 북한의 법체계는 사회주의에 그 바탕을 두고 있는 반면에 남한의 법체계는 자유민주주의에 그 바탕을 두고 있다. 자유민주주의 체제 내에서 법이 담당하는 기능이 있듯이 사회주의 체제 내에서도 법이 사회질서유지와 사회통제의 수단으로 일정한 역할을 하고 있는 것을 부정할 수는 없다. 따라서 북한에서도 법이 사회의 질서유지와 통제수단으로 일정한 기능을 하고 있지만, 주의하지 않으면 안 되는 점은 북한에서 사용하고 있는 법제도나 법언어가 남한의 것과 동일하다고 하여 이를 그대로 받아들여서는 안 된다는 사실이다(이건종 · 이경렬, 1993).

제1절 교정이념

Ⅰ. 행형사상

교정이념은 처벌주의, 억제주의, 사회복귀주의 3가지로 구분할 수 있다. 하지만 북한 정부가 내세우고 있는 통치이념과 정치체제 그리고 범죄인의 처벌·처우과정에서는 재활주의를 배제하고 있는 것으로 추정되기 때문에 처벌주의와 억제주의로 크게 구분하는 것이 타당하다. 이는 북한 정부가 내세우고 있는 통치이념과 정치체제 그리고 범죄인의 처벌·처우과정에서 추측할 수 있다. 즉 북한은 주체사상을 적용하여 김정일 1인 독재정권의 유지, 3권분립을 무시한 수령-당-대중이라는 통치구조, 범죄인에 대한 처벌 위주의 교정 관련 조직 등을 강조함으로써 철저히 재활주의를 배제하고 있다(최옥채, 2000).

한편 북한 범죄의 특징으로 체제에 반하는 정치범이 전체 범죄인의 대부분을 차지하고 있고, 이들 범죄인을 엄중하게 처벌함으로써 처벌주의를 따르고 있다. 그러나 최근 경제난으로 절도나 강도와 같은 생계형 범죄의 증가와 함께 부정·부패 등의 사회형 범죄가 증가하고 있는데, 북한 당국은 이들 범죄인에 대해 구금과 사상학습에 역점을 둘 뿐 교정프로그램을 제공할 인력을 시설에 배치하고 있지 않아 억제주의를 따른다고 볼 수 있다.

1. 처벌주의

북한은 주체사상을 적용하여 김정일 1인 독재정권의 유지, 3권분립을 무시한 수령-당-대중이라는 통치구조, 범죄인에 대한 처벌 위주의 교정 관련

조직 등을 강조하고 있다. 따라서 북한의 교정이념은 처벌주의를 적용하는 것으로 보아야 한다. 예컨대 북한 범죄의 특징으로 체계에 반하는 정치범이 전체 범죄인의 대부분을 차지하고 있고, 이들 정치범죄인은 대체로 수용소 안에서 처형당하고 있어 철저히 처벌주의를 따르고 있다.

2. 억제주의

최근 경제난으로 절도나 강도와 같은 생계형 범죄의 증가와 함께 부정/부패 등의 사회형 범죄가 증가하고 있는데, 북한 당국은 이들 범죄인에 대해 구금과 사상학습에 역점을 두고 있다. 그러므로 북한 당국은 억제주의 교정이념을 고수하고 있다고 보아야 한다. 특히 범죄인의 재활 차원에서 다양한 심리사회적 서비스가 절대적으로 필요하나 이 프로그램을 제공할 인력을 시설에 배치하지 않고 있기 때문에 최소한 재화주의를 배제함으로써 억제주의 교정이념을 토대로 하고 있다고 볼 수 있다.

제2절 형사사법제도

Ⅰ. 형사사법제도의 운용

재판소제도, 검찰소제도, 공안·경찰제도, 변호사제도로 구분할 수 있다. 북한이 사법제도를 어떻게 파악하며 사회주의 법이념과 북한의 법이념을 현실에 구체화하기 위하여 어떻게 제도를 이용하고 있는가를 북한의 문헌이나 법문에 기재된 용어를 가능한 그대로 인용하면서 각 제도의 구성과 임무 및 활동원칙을 살펴본다.

Ⅱ. 범죄실태와 형사절차

북한의 형법에서는 범죄를 크게 반국가범죄와 일반범죄로 구분하여 규정하고 있다. 북한의 형사소송절차에 관해서는 형사사건처리의 시간적 진행에 따라 수사·예심절차, 재판절차, 상소제도와 비상구제절차, 확정판결의 집행 등으로 구별하여 살펴본다.

Ⅲ. 북한의 형벌

북한의 형벌에 관해서는 형법을 중심으로 그 종류와 면제제도 등을 살펴보고 북한의 범죄자 수용시설은 특별독재대상구역이라고 불리는 정치범수용소와 재판에 의하여 형이 확정된 자를 수감하는 교화소가 있는데, 여기서는 이들 수용시설의 현황과 실태에 관하여 살펴본다. 북한에서 실제로 범죄자에 대한 처벌을 담당하는 기관은 국가보위부와 사회안전부이다. 특히 국가보위부는 반국가 범죄에 대하여 검찰기관이나 재판기관의 관여 없이 국가보위부 내에 '특수처리대', '즉각심판제도' 등과 같은 특수조직을 만들어 대처하고 있다.

1980년대 북한 형법학자들은 북한 형벌에 대하여 '주제 혁명위업의 승리를 저해하고 반대하며 인민대중의 자주적 권리와 이익을 유린하고 침해하는 반혁명 범죄자들과 일반 범죄자들에게 가하는 사회주의 국가의 폭력적인 진압수단이며 제재수단'으로 인식하고 있다.

1. 형벌의 종류(하기수, 2007)

북한의 형벌은 폭력적인 성격을 띤다는 점에서 다른 제재수단과 본질적으로 다르다.

북한의 형벌은 다소 변하고 있는데 1974년 '형법'에서는 사형, 징역형, 교화로동형, 선거박탈형, 재산몰수형 등을 규정하고 있었다. 그리고 1987년 '형법'은 사형, 로동교화형, 선거권박탈형, 재산몰수형, 자격박탈 및 자격정지형으로 형벌을 규정하면서 기본형과 부가형을 구분하고 교화로동형을 폐지하였으며 징역형을 로동교화형으로 이름을 바꾸어 자유형을 단일화하였다.

2004년 개정 '형법'에서는 로동교화형을 유기로동교화형과 무기로동교화형으로 세분하여 '무기로동교화형'을 신설하였다. 특히 새로운 형벌로 로동단련형을 신설하였으며, 자격박탈형과 자격정지형을 별도의 부가형별로 독립적으로 규정하고 있다.

이와 같이 북한 형벌에는 기본 형벌로 사형, 무기로동교화형, 유기로동교화형, 로동단련형이 있고 부가형별에는 선거권박탈형, 재산몰수형, 자격박탈형, 자격정지형이 있다.

(1) 사형

사형은 육체적 생명을 박탈하는 방법으로 집행된다. 그런데 2004년 이전 '형법'에는 사형의 집행방법에 대한 규정이 없었다. 다만 1997년에 채택하고 1998년에 개정한 '판결판정집행법' 제32조에서 "사형에 처할 때 판결의 집행은 재판소가 발급한 판결서등본, 사형집행지휘문건을 받은 다음 총살 같은 방법으로 한다."고 '형법'이 아닌 다른 법률에서 집행방식을 규정하고 있다.

(2) 무기로동교화형, 유기로동교화형

범죄자를 교화소에 수감하여 노동시키는 방법으로 집행하도록 되어 있다. 이 경우 "형 집행기간에는 공민의 기본권리가 정지된다."고 명시하고 있다.

"유기로동교화형은 1년부터 15년까지이며 범죄자가 구속되어 있던 기간의 1일은 유기로동교화형 1일로 계산한다."고 명확하게 규정하여 놓고 있다. 구 '형법'에서는 기간이 다소 모호하였으나 2004년 개정 '형법'에서 명확하게 한 것이다. 다만 '공민등록법' 제13조에서 "재판소의 판결에 의하여 로동교화형을 받았을 경우에는 출생증, 공민증, 평양시민증을 회수한다. 그러나 집행을 유예하는 판결을 받은 자는 회수하지 않는다."고 규정했었다.

무기로동교화형에 해당하는 범죄로는 반국가 및 반민족범죄 14개 가운데 국가전복음모죄 등 5가지, 사회주의 경제를 침해한 죄 104개 중 국가재산략취죄, 국가재산강도죄 등 6가지, 공민의 생명/재산을 침해한 범죄 26개 중 고의적 중살인죄, 유기죄 등 3가지로 모두 14가지의 범죄이고, 유기로동교화형에 처할 수 있는 범죄는 반국가 및 반민족 범죄 14가지, 국방관리질서를 침해하는 범죄 16개 중 15가지, 사회주의 경제를 침해한 죄 104개 중 국가재산훔친죄 등 83가지로 사회주의 문화를 침해한 범죄 26개 중 25가지 일반행정관리질서를 침해한 범죄 34개 중 30가지, 사회주의 공동생활질서를 침해한 범죄 20개 중 15가지 공민의 생명재산을 침해한 범죄 26개 중 25가지이다.

(3) 로동단련형

2004년 '형법' 개정 시 신설된 형으로 "범죄자를 일정한 장소에 보내어 노동을 시키는 방법으로 집행한다."고 규정하였다. 로동교화형과는 달리 공민의 기본권리가 보장된다. 기간은 6개월부터 2년까지인데 범죄자가 구속되어 있는 1일은 로동단련형 기간 2일로 계산하도록 명확하게 규정하여 놓고 있다.

해당 범죄는 국방관리질서를 침해하는 범죄 16개 중 전시생산준비를 하지 않은 죄 등 10가지, 사회주의 경제를 침해한 범죄 104개 중 국가재산훔친죄 등 76가지, 사회주의 문화를 침해하는 범죄 26개 중 퇴폐적인 문화반입/유포죄 등 16가지, 일반행정관리질서를 침해한 범죄 39개 중 직무집행방해죄 등 29가지,

사회주의 공동 생활질서를 침해한 20개 중 패싸움죄 등 18가지, 공민의 생명/
재산을 침해한 범죄 26개 중 정당방위권과 중상해죄 등 13가지가 있다.

(4) 집행유예제도

'판결집행법' 제37조에 집행유예를 적용한 데 대한 판결의 집행은 판결서
등본, 확정통지서를 받은 기관이 판결서에 지정된 기관, 기업소, 단체에 보내
어 노동을 시키는 방법으로 한다고 규정되어 있다. 이와 같이 집행유예는 판
결에서 지정한 장소에서 노동을 시키는 방법으로 집행하도록 되어 있다는 점
이 특이하다.

(5) 특사, 대사제도

우리나라의 사면제도와 마찬가지로 최고인민회의 상임위원회가 특사, 대사
를 통해 유죄판결을 받은 자의 형벌을 면제하는 제도를 규정하고 있다. 그리
고 무기로동교화형, 유기로동교화형, 로동단련형을 받은 범죄자에 대해 재판
소의 심리 판정에 따라 만기 전 석방 혹은 유기로동형으로 감형을 할 수 있
도록 되어 있다.

(6) 사회적 교양처분

인신 구속 없이 범죄자를 처벌하는 제도인 사회적 교양처분은 미성년자가
범죄를 저질렀거나 성인이 범죄를 저질렀다고 하더라도 '개전성 정도', '범죄
의 위험성 정도'에 따라 사회적 교양의 방법으로 고칠 수 있는 경우 사회적
교양처분을 할 수 있도록 되어 있다.

(7) 형사소송의 중지

2004년 '형법' 개정에서 새로 신설되었다. 피심자, 피소자가 일시적인 정신
병, 중병에 걸렸거나 도주하여 형사사건을 계속 취급할 수 없는 경우 형사소송
을 중지하도록 규정되어 있다. 정신병, 중병에 대한 감정은 법의 감정이나 혹은
인민병원, 의사협의회가 하도록 되어 있으며, 예심원,[52] 검사,[53] 재판소[54]가 처
리할 수 있다.

---

52) 검사의 승인을 받아 예심을 중지하는 결정.

53) 기소를 중지하는 결정.

54) 재판을 중지하는 결정.

제3절 북한의 교정제도

Ⅰ. 교정 관련 법(최옥채, 2000)

1. 형법

먼저 북한의 형법은 북한 당국이 추구하는 교정이념을 분명히 하고 있다. 즉 북한 형법의 목적이 "주석을 보위하고 혁명노선을 옹호하며 혁명적 제도와 질서를 세워 온 사회를 주체사상으로 일색화하는 역사적 위업에 기여함에 있다."고 명시함으로써 처벌주의와 억제주의 입장을 못 박고 있다.

북한의 범죄유형을 형법에서 규정하고 있다. 즉 북한의 범죄유형은 반국가범죄, 사회주의 경제를 침해하는 범죄, 사회주의 문화를 침해하는 범죄, 국가의 일반행정질서를 침해하는 범죄, 사회주의적 공동생활질서를 침해하는 범죄, 공민의 생명재산을 침해하는 범죄 6가지로 구분하고 있다. 한편 이들 범죄유형을 범죄대상별로 국가에 대한 범죄(반국가범죄), 체제에 대한 범죄(사회주의 경제를 침해하는 범죄), 사회주의 문화를 침해하는 범죄, 국가의 일반행정질서를 침해하는 범죄, 사회주의적 공동생화질서를 침해하는 범죄), 개인에 대한 범죄(공민의 생명재산을 침해하는 범죄)로 구분함으로써 북한의 형법은 철저히 1인 1당 체제를 유지하기 위한 통제수단으로 이용되고 있음을 알 수 있다.

2. 형사소송법

북한 형사소송법의 목적은 "범죄와 투쟁을 통하여 국가주권과 사회주의 제도를 보위하고 인민들의 자주적이며 창조적인 생활을 보장한다.”고 규정하고 있다. 이와 같은 형사소송법의 목적과는 달리 특이하게 현지재판을 조직/진행하게 함으로써 1당 1체제의 유지를 위한 법 운용을 역력히 보이고 있다. 또한 수사기관에 대한 재판소의 통제 기능인 영장제도가 없어 범죄수사로 인한 부당한 인권침해를 방치할 수 있는 장치를 마련하지 못하고 있다.

Ⅱ. 교정 관련 제도(최옥채, 2000)

북한은 처벌주의 혹은 억제주의적 교정이념을 고수하고 있기 때문에 이러한 교정이념 아래 펼쳐지는 교정 관련 제도는 범죄인에게 억압적이고 폐쇄적이라 할 수밖에 없다. 즉 북한에서 법의 주체는 주민이 아닌 노동당이며, 법의 본질은 당의 노선과 정책을 법이란 형식으로 표현한 것에 불과하여 비행청소년 혹은 범죄인에 대한 북한 정권의 인권적 개입의 여지가 없는 것으로 보아야 한다. 예컨대 보호관찰제도와 같은 비구금제도(지역사회 중심 교정프로그램)를 전혀 실시하지 않고 있다.

1. 현지재판제도

북한의 형사소송법에 명시하고 있는 제도로 군중을 각성시키며 범죄를 미리 막기 위해 필요에 따라 현지재판을 열게 하고 있다. 즉 노동자나 농민의 대표가 범죄인의 죄행을 폭로 규탄하게 할 수 있으며, 피소자에 대한 교양에 책임이 있거나 범죄를 방관한 관계자들을 참가시켜 교훈을 갖게 하는 데 목적을 두고 있다.

2. 재판준비회의제도

검사가 공소를 제기하면 바로 재판절차를 밟지 않고 재판준비회의 절차를 거친 후 재판을 하게 하는 제도이다. 이 준비회의를 재판장, 인민참심원 2명, 검사로 구성하며, 이 회의에서 수사과정과 증거관계 등을 종합적으로 검토한다.

3. 인민참심원제도

이 제도는 인민참심원이 1년에 14일 동안 각급 재판소에서 1심으로 재판하는 사건에 한하여 재판구성원으로 참가하여 판사와 동등한 권리를 가지고 임무를 수행하도록 하고 있다. 북한은 인민참심원제도가 인민을 국가사업에 참여시킨다고 강조하나 노동당이 인민참심원을 선임하기 때문에 이 제도는 당이 재판소를 통제하기 위한 수단에 불과하다는 비판을 받고 있다.

4. 법무생활지도위원회제도

중앙인민위원회와 각급 인민위원회 산하의 협의체로 법무생활지도위원회를 두고 있다. 이 위원회는 해당 지역 내의 기관, 기업소, 사회협동단체와 공민들의 법무생활 실태를 파악함으로써 검열위원회 혹은 검찰소의 역할을 대신하고 있다. 이 위원회는 주민의 법무생활을 감독/통제하는 데 중요한 위치에 있는 기관의 대표들로 구성되어 있다. 이 위원회는 각급 당책임비서 겸 인민위원장, 인민보안성 대표, 인민위원회, 법무담당 부위원장 등 당해 지역의 지도급 인사 5～6명으로 구성되어 있다.

5. 변호사제도

북한의 변호사는 '조선변호사회'의 직원에 불과하며, 사건 수임계약과 사건 분담을 변호사회에서 결정하고 있다. 즉 변호사제도는 형식상으로 존재하며, 오직 당과 국가의 정책이 국민들에게 정확히 침투되도록 노력하는 데 목적을 두고 있다. 한편 변호사는 의뢰인에게 상담, 조언, 해석 등 구두로 도움을 주고, 피고인을 변호하는 임무를 수행한다.

Ⅲ. 수용시설

북한의 구금시설은 교화소, 도집결소, 구류장(감옥), 로동단련대 등이 있으며 각 구금시설에 대해 살펴보면 다음과 같다.

1. 교화소

(1) 이해

교화소는 2년 이상의 형량을 선고받은 수형자들이 가는 곳으로 우리의 교도소와 같다. 교화소도 일반 교화소와 정치범 교화소 두 가지가 있다. 교양소와 일반 교화소가 모두 일민보안성 7국(교화국)관리 대상인 데 반해 정치범 교화소는 국가안전보위부가 관리한다.

교화소라는 말은 본래 '재교육을 통해 훌륭한 사람을 만드는 장소'를 뜻한다. 다른 말로는 '계몽', '재교육' 혹은 '재사회화'를 하는 교육기관이라는 뜻이다. 또 조선말대사전에는 "교화소란 국가나 인민 앞에 죄를 짓고 징역형을 받은 자들을 구금하고 교양하는 기관 또는 그 시설"이라고 정의하고 있고, 탈북한 사람들 중 교화소 수감 경력이 있는 사람들의 대부분이 '로동교화소'라는 표현을 썼다. 노동을 통한 재교육이라는 것이다.

(2) 실제

이론적으로 '노동을 통한 재교육기관'이라는 표현은 범죄자들을 단순히 수감하고 그들을 일정 기간 사회로부터 격리시키는 차원이 아니고 범죄자들의 사회복귀를 목표로 한 것처럼 들린다. 그러나 각종 연구보고서나 북한의 교화소 수용경험이 있는 사람들의 증언에 따르면, 이러한 명목과 교화소의 실제 운영 간에는 아무런 관계가 없다. 증언자들에 따르면, 이런 교화소 등의 시설에서 시행되는 교육적 프로그램은 거의 다 김일성과 김정일의 연설을 강제로 암송하거나 혹은 사전에 계획된 자아비판으로 이루어져 있다.

북한의 교화소는 매우 엄격한 규칙이 적용되는 곳이며, 수감자들은 중노동과 매우 위험한 강제노동에 동원된다. 식량배급은 일체의 활동을 하지 않고 앉아서만 생활하기에도 부족한 열량이다. 중노동과 부족한 식량의 공급은 수감자들의 급격한 체중 감소를 가져오고 공장과 광산에서의 사고로 이어지며, 최악의 경우 영양실조에 기인한 질병과 죽음에 이른다. 거의 모든 수용소는 의료진과 의약품이 전무하며, 대다수의 교화소는 매우 높은 사망률을 보인다.

(3) 교화소 관련 용어

북한 교정에서 사용하는 용어를 보면, 교화는 주로 정치 사상적 측면에서 범죄를 범하는 자들을 노동과 사상투쟁, 사상교양을 거쳐 참된 인간으로 개조하는 것을 의미하며, 교화인이란 교화소에 수용중인 범죄인을 말하고, 교화살이란 교화소 내에서 교화인으로서 생활을 의미하며, 교화노동이란 교화인이 형벌로서 행하는 노동을 의미한다.

2. 집결소

(1) 이해

집결소는 비교적 가벼운 규정이나 규칙을 위반했을 때 인민보안성에 넘겨지기 전 잠시 대기하는 곳이다. 사례는 증명서 없이 소속 직장을 무단이탈했거나 통행증 없이 열차에 탑승했을 경우가 주류를 이룬다.

데이비 홋코의 감춰진 수용소에 의하면, 함경북도 청진 시 농포/평안북도 신의주/함경북도 무산/양강도 혜산/함경북도 온성 등 5개소에 집결소가 설치되어 있다고 한다.

(2) 실제

집결소는 교화소와 유사한 형태로 '사회주의 범부생활지도위원회' 등에서 청소년을 선도하기 위해 설치한 '청소년구호소'가 한 예가 될 수 있다. 집결소에서는 여행구역 이탈자, 여향기일 경과자, 부랑아, 사건 계류자 및 탈북자들을 조사하고 재판 없이 6개월 내지 1년 동안 공민권을 박탈하지 않고 수용하고 있다. 도집결소는 사건계류자로부터 범행을 시인받기 위하여 가혹행위를 한다고 한다. 특히 증명서 없이 다니다 잡히는 경우 여행자 집결소에 간다고 한다. 또 직장에서 사고, 즉 무단결근 또는 총화학습에서 빠지는 등 도덕적인 해이 사건 등도 집결소에 보내지게 된다. 의사나 운전기사 등의 업무수행 중 과실치사 등의 범죄를 저지른 자들로 교화소로 보내기는 죄질이 경미하고 노동단련대로 보내기에는 죄질이 무거운 경우가 해당된다. 각 도마다 도 전체를 관할하는 집결소를 운영하고 있다.[55]

---

55) 통일연구원, 북한인권백서(서울, 통일연구원, 2006), p.52.

1990년 초반까지는 주로 철도질서 위반자들을 수감했다. 그래서 주로 철도 환승역에 설치되어 있다. 최근에는 탈북자들이 급증하면서 각 도마다 강제노동단련대와 같은 형태의 집결소를 설치하고 고된 노동을 시킨다고 한다.[56]

3. 구류장

(1) 이해

구류장은 심문 중인 피소자와 확정 판결을 받은 피의자를 교화소나 로동단련대, 정치범수용소에 보내기 전에 임시 수용하는 시설이다.[57] 보통 보위부 구류장에 감금된 정치범들은 예심을 거쳐 정치범수용소로, 인민보안성 구류장에 감금된 수감자들은 예심 후 재판을 거쳐 교화소에 보낸다. 또 재판을 받을 필요가 없는 자들은 강제로동단련대나 집결소로 보내진다. 즉 보위부 혹은 인민보안성이 관할하는 제1차 구금시설로 보내진다.

(2) 실제

① 개천의 제1교화소

이순옥의 증언을 보면 그녀는 절도 및 뇌물수수혐의로 온성 보위부 감옥에 7개월간 갇혀 있었고 그곳에서 자신의 혐의에 대해 인정하지 않는다는 이유로 심한 고문을 당하였다고 한다. 그 후 그녀는 노동당원 자격을 박탈당했고 인민보안성에서 담당하는 지역 심문소로 이송되어 다시 7개월간 더 고문과 감금을 당하였다.[58] 결국 그녀는 공개재판을 받게 되었고 평안남도 개천의 제1호 교화소에서의 14년 형을 언도받았는데 그곳은 수감자들이 의류를 생산하는 곳이었다.

지해남의 증언을 보면 그녀는 남한 노래를 부른 죄목으로 1993년 5월 15일 체포되어 최초 15일간 함주군 인민보안성에 수감되었고, 재판을 받기 위해 구금되어 있던 중 그녀는 구류장 경비대원에게 심한 고문과 성추행을 당했다고 한다.[59]

---

56) 북한민주화운동본부, 북한정치범수용소 수감자, 행불자 조사분석(서울, 시대정신, 2003), pp.21 – 22.

57) 통일연구원, 전게서, p.59.

58) 데이브드 홋크, 감춰진 수용서(서울 시대정신, 2003), p.108.

59) 전게서, p.114.

지해남은 1998년 9월에는 배를 훔쳐 타고 바다로 나가게 되었다. 그러나 일행은 다시 중국 공안에게 잡혀 중국 변방대에 넘겨지게 되었다. 단동구류장에 이송된 후 지해남은 강제 북송되어 신의주 보위부 감옥에 갇히게 되었다.[60]

② 제22호 교화소

유춘식의 증언에 의하면 평양 보위부 감옥에서 2주간 심문을 받은 후 온성의 보위부 구류장으로 이송되었다.[61] 이런 증언들을 볼 때 북한의 구류장이나 감옥은 재판을 받기 위해 범죄인을 구금하는 장소가 확실하며, 다만 그 숫자가 상당히 많은 것으로 추정된다.

③ 수용인원

온성 인민보안성 구류장은 보통 130명 정도가, 안전부 구류장(감옥)에는 100~200명이 수용되어 있었다고 한다.[62] 위와 같은 증언으로 보아 북한에 구류장 감옥이 200여 개 있다고 판단되며, 구류장에는 2만 명에서 4만 명이 수용되어 있는 것으로 판단된다.

4. 로동단련대

(1) 이해

2004년 형법 개정 시 로동교화형 외에 신설된 형벌로서 범죄자를 일정한 장소에 보내어 노동을 시키는 방법으로 집행하며, 로동교화형과는 달리 공민으로서의 기본권은 보장된다. 로동단련형의 기간은 6개월부터 2년까지이며, 수용자가 구속된 1일의 기간은 로동단련형 기간 2일로 계산하도록 규정되어 있다. 1990년에 발표된 "간단한 경범죄에 대해 군에서 자체적으로 교양시킬 데 대하여"라는 김정일의 방침[63]에 따라 시군마다 로동단련대를 설치하여 운영하고 있으며, 최근 증가하고 있는 경범죄자들을 로동단련대에 수용하여 작업을 시킨다.

로동단련대의 관리원들은 주로 인민보안성의 제대원들을 선발하여 배치하

---

60) 전게서, p.123.

61) 전게서, p.158.

62) 전거리 교화소 경험 탈북자 김혁의 수기 중에서 인용.

63) 김일성과 김정일의 교시 또는 방침은 북한의 헌법이나 법률보다 더 중요한 집행근거다.

며, 수용자들은 절도범과 집단생활 이탈자들이 대부분을 차지하고 있다.

(2) 탈북자들의 증언

새터민 안○○은 1995년 8월 기존의 교양소를 철폐하고, 시/군 안전부 관할 로동단련대가 생겨났다고 증언하였다. 주로 절도범, 집단생활 이탈자 등이 수용되는 로동단련대는 500~2,000명 정도 수용능력을 갖추고 있으며, 도 단위로, 2~3개씩 전국에 약 12~16개 정도 설치되어 있다고 한다. 로동단련대는 처음에는 '교양대'라는 비상설조직으로 운영되었으나 '강제로동단련대'라는 상설 조직으로 바뀌었다고 한다. 강제로동단련대는 군 인민보안서 감찰과 안전원 1명, 군당 3개혁명 소조부 지도원 1명, 군사로청 불량청소년 지도원 1명, 강제로동단련대 대장, 대열지도위원 1명, 후방일꾼 1명 등으로 조직되어 있다고 한다. 북한 당국은 최근 증가하고 있는 경범죄자들을 각 시/군에 설치된 로동단련대에 수용하고 있다. 로동단련대 수감인원은 대체로 100명 내외이며 관리들은 인민보안성 제대원들을 선발하여 배치한다.[64]

이러한 강제로동단련대를 북한주민들은 '깡판' 또는 '꽃바크'라 하며 각 도/시/군과 3급 이상의 기업소들에도 설치되어 있다. 관리는 해당 지역의 인민보안성에서 담당하는데 기업소의 경우에는 당위원회의 지도 아래 '김일성사회주의청년동맹'에서 관리/운영하는 경우도 있다. 현재 북한에는 최소 230개 이상의 로동단련대가 있는 것으로 추정된다.

5. 로동교양소

로동교양소는 대부분의 시/군에 설치되어 1987년까지 로동교화형을 선고받은 자를 수용하였으나, 1987년 형법 개정 시 로동교화형이 폐지됨에 따라 단순절도범 등 경범죄자를 수용하였다. 100~200명 정도 수용능력을 갖추고 있었던 구금시설로 보이며, 지시를 따르지 않는 사람들을 교양시키기 위해 수용했던 곳으로, 학교생활 불량자 및 청소년 등이 많이 수용되었기 때문에 '청소년교양소'로 부르기도 했다. 이들은 보통 1~6개월 동안 무보수노동과 교양을 실시했으며 1995년 8월에 철폐하고 로동단련대로 통합되었다.[65] 북한 전

---

64) 통일연구원, p.53.

65) 통일연구원, 북한인권백서, p.59.

역에 파악된 곳은 7곳이다.

교양소는 수형기간 1년짜리와 2년짜리 두 가지로 나뉘는데 전자는 흔히 '22호 교양소'로 불리며, 후자는 '66호 교양소'와 '88호 교양소'로 불린다. '22호 교양소'는 함북 어랑, '66호 교양소'는 평북 천마, '88호 교양소'는 강원도 원산에 있는 것이 유명하다. 교양소에서는 심한 육체노동을 통한 사상단련을 받는데 이 때문에 노동단련대라는 이름으로 불리기도 한다.

6. 교정 관련 기관과 시설

북한의 주요 교정 관련 시설로 인민보안성, 검찰소, 재판소, 수용시설을 들 수 있다.

(1) 인민보안성(사회안전부)

인민보안성은 정무원(내각)을 구성하고 있는 33개 부서 중 하나였으나 최근 국방위원회 산하의 인민무력부 소속으로 바뀌었으며, 남한의 경찰청에 해당한다. 이 부서는 일반 치안유지를 담당하는 기관으로 프롤레타리아 독재를 강화하고 사회건설에 방해가 되는 일체의 반체계적 요소를 적발/제거하고 전 인민을 김정일 유일체제 밑으로 동원하는 임무를 띤다. 특히 인민보안성은 각종 범죄단속은 물론 범죄인 수용시설인 교화소를 운영/관리한다.

인민보안성의 조직은 도에 인민보안국, 시군에 인민보안부, 각 이 단위에 분재소로 구성되어 있다. 각급 기관에는 안전, 보안, 경비, 후방, 국토 등의 부부장급을 배치하고 있고, 각 분재소에 3∼5명의 보안원이 근무하고 있다.

(2) 검찰소

북한은 사회주의 헌법에 검찰소를 헌법기관으로 높여 일반감시권한을 부여하고 있다. 검찰소 조직은 재판소 조직체계에 대응하여 중앙인민위원회 산하의 중앙검찰소, 도(직할시)검찰소, 시(구역)/군검찰소, 특별검찰소인 군사검찰소, 철도검찰소로 구성되어 있다.

검사의 임명과 해임에 관한 권한은 중앙재판소에 있으며, 검사 자신의 사업에 대하여 최고인민회의와 공화국 주석 그리고 중앙인민위원회 앞에 책임을 지게 하고 있다. 검찰소는 모든 국가기관, 기업소, 단체와 공민이 국가의 법을 정확히 지키는가를 감시하고, 재판감시권한 등 광범위한 권한을 행사하고 있다. 특히 재판소와 협력자 관계를 유지하면서 형벌의 강화에 초점을 두고 있다.

(3) 재판소

북한의 재판소 조직은 중앙재판소, 도(직할시)재판소, 시군지역의 인민재판소로 구성되어 있고, 특별 재판소로 군사재판소와 철도재판소가 있다. 중앙재판소는 최고인민회의 상설회의에서 선출된 판사와 인민참심원으로 구성되며, 모든 재판소를 감독한다. 도(직할시)재판소는 도(직할시)인민회의에서 선거로 선출된 판사와 인민참심원으로 구성된다. 시(구역)/군의 인민재판소의 판사와 인민참심원은 시(구역)/군인민위원회에서 선출한다. 특히 재판은 제2심으로 종결하며 상고를 허용하지 않고, 인신구속과 압수, 수색 등 수사기관이 강제처분을 할 때 영장제도가 없기 때문에 재판소는 이에 전혀 관여하지 않는다.

한편 군사재판소는 조선인민군, 조선인민경비대 군인, 사회안전원 등의 범죄사건을 관정하고, 철도재판소는 철도운수 부문의 종업원이 범한 죄와 철도운수사업의 정상적 활동을 침해한 범죄사건을 관장한다.

(4) 수용시설

북한의 범죄인 수용시설은 인면보안성 산하의 교도소, 교양소, 집결소가 있고, 국가안전보위부 산하의 정치범수용소로 구분하고 있다. 이 중에서 주요 교정 관련 시설로는 교화소와 교양소를 들 수 있다. 이는 재판에서 형이 확정된 범죄인과 비행청소년을 수감하는 시설이 각각 교화소와 교양소이기 때문이다. 한편 수용소는 정치범을 수용하고 있는데 이들 정치범은 합당한 재판절차를 거치지 않은 자들이 많아 정치적 성향이 강하다.

① 교화소

남한의 교도소에 해당하는 시설로 재판을 받은 일반 범죄인을 이들의 범죄유형에 따라 수용하고 있다. 예컨대 강도와 절도범은 함북회령 교화소에, 여성범죄인은 평남 개천 교화소에 수용하고 있다. 특히 범죄인 중 죄질이 나쁜 자들은 산간오지에 모아 각종 중노동에 임하게 하고자 사형수를 제외한 모든 범죄인을 수용하는 노동교화소가 있다. 노동교화소의 규모는 약 4천 명을 수용할 정도이며, 수용대상에 따라 성인을 수용하는 노동수용소와 청소년을 수용하는 노동교양소로 구분하고 있다.

② 소년교양소

남한의 소년원 수준으로 18세 미만의 학교생활 불량자나 사회에서 물의를 일으킨 학생을 재판 없이 수용하여 교양학습, 노동, 사상투쟁 등의 방법으로 6개월간 교양 프로그램에 참여하게 한 후 내보내는 곳으로 각 도에 1개소가 설치되어 있다.

③ 집결소

집결소는 여행규역 이탈자, 여행기일 경과자, 부랑아, 탈북자 등을 조사하고, 이들을 재판과정 없이 6개월 내지 1년 동안 수용가능한 곳이다. 또한, 교화소로 보내기에는 죄질이 경미하고, 노동단련대로 보내기에는 죄질이 무거울 경우 집결소로 보낸다. 집결소는 각도의 안전국에서 관할한다.

④ 정치범수용소

대체로 국가 적대에 관한 죄를 범한 자를 수감하며, 죄의 경종에 따라 혁명구역과 완전통제구역(종신수용소)으로 구분하고, 평양과 지방에 고루 설치되어 있다. 예컨대 완전통제구역은 한 마을을 형성하여 삼중 차단망을 설치하여 외부와 철저히 단절시키고 있다. 북한당국은 정치범수용소의 설치와 그 위치에 대해 비밀을 유지하기 위해 노력하고 있으며, 인권유린의 장으로 세계의 주목을 받고 있다.

7. 교정 관련 주요 인력(최옥채, 2000)

교정 관련 주요 인력은 비행청소년 혹은 범죄인을 수용하고 있는 수용시설과 지역사회 중심 교정 관련 기관의 직원을 의미한다. 따라서 북한의 교정 관련 주요 인력은 앞에서 살펴본 수용시설의 직원에 한정되어 있다. 수용시설의 교정 관련 인력은 인민보안성의 인민보안관과 인민경비대원, 국가안전보위부 직원을 들 수 있다.

(1) 인민보안원(사회안전원)

남한의 경찰관에 해당하는 인민보안원은 인민보안성 산하 교화소, 소년교양소, 집결소의 수용자를 관리한다. 이들의 주요 임무는 수용자의 구금확보와 철저한 감시 그리고 수용자들에 대한 물리적 통제라 할 수 있다.

(2) 인민경비대원

인민경비대원은 인민보안성 소속이나 정치사상범의 이송과 정치범수용소의
경비업무를 맡고 있다.

(3) 국가안전보위부 직원

국가안전보위부 직원은 정치범수용소의 모든 업무를 총괄하여 맡고 있다.
국가안전보위부는 국방위원회에 소속하고 있어 반당/반혁명사건을 전담하고
있다. 특히 1인지도체제를 위반하는 사건에 대해서는 지위고하를 막론하고
독점수사권한을 갖는다. 따라서 이들 국가안전보위부원은 수용소의 정치범을
엄중 구금하는 데 중점을 두고 있다.

8. 교정프로그램(최옥채, 2000)

북한의 교정프로그램은 교정 관련 제도와 교정 관련 기관/시설이 1인 그리
고 1당을 위한 강압적이고 폐쇄적이기 때문에 남한에서 볼 수 있는 전문적이
고 다양한 프로그램은 없는 것으로 추정된다. 다만 일과 내용에 대한 프로그
램이 각 수용시설별로 존재한다.

(1) 교화소의 주요 프로그램

일반 범죄인을 수용하고 있음에도 수용자의 의식주가 제대로 해결되지 못
하고 있어 낡은 옷과 영양실조 그리고 구타로 장기수의 30~40%가 장애로
어려움을 겪고 있다. 수용자들은 매일 8~9시간씩 목표량이 부과된 중노동에
종사하며, 일과 후에는 2시간씩 김정일 사상학습 등 의식개조 활동에 전념해
야 한다.

(2) 소년교양소의 주요 프로그램

재판을 하지 않고 수용된 18세 미만 비행청소년들은 교양학습, 노동, 사상
투쟁 등에 열중하고 있다. 특히 교양학습은 준법교양사업으로 국가주석의 명
령, 법령, 정령 등을 원문 그대로 익히는 것이고, 사상투쟁은 낡은 사상적 잔
재를 들춰 그 잔상을 대중 앞에 공개하여 비난과 통제를 받게 하여 뉘우침과
사상적 충격을 받게 함을 의미한다.

(3) 정치범수용소의 주요 프로그램

정치범수용소 중 완전통제구역(종신수용소)의 수용자는 광산, 벌목장, 개간지 등에서 강제노동에 시달리고 수용소 내에서 죽는다. 이들 수용자에게 채광과 영농기술 등 생산에 필요한 지식을 교육하는 것뿐이다.

한편 완전통제구역보다는 완화된 혁명화구역에는 대체로 북한의 엘리트, 북송교포, 이들의 가족이 수용된다. 이들은 육체적 고통을 당한 뒤 사회에 복귀하여 김정일 체제에 절대 순응해야 한다.

정치범수용소의 수용자는 매일 12시간 이상의 강제노동, 1시간 이상의 자아비판과 사상개조학습을 받아야 한다.

9. 교정대상자(최옥채, 2000)

(1) 청소년

북한에서 발생하고 있는 전체 범죄의 약 절반 정도가 22~25세의 연령층에 의해 일어나고 있는 것으로 보고되고 있다. 이들 청소년은 주로 교통이 번잡한 역 근처에서 3~4명씩 짝을 지어 소매치기, 상정약탈, 패싸움 등을 일으키고 있다. 뿐만 아니라 김일성과 김정일을 비난하는 낙서를 하기도 한다.

한편 일탈청소년들은 외국인의 출입이 잦은 원산, 함흥, 남포 등 항구도시에서 50~60명의 폭력단을 조직하여 활동하고 있어 비행/범죄청소년의 문제가 갈수록 심각해지고 있는 것으로 알려지고 있다. 이들의 비행 혹은 범죄는 강도, 절도, 강간, 소매치기 등이 주이며 1989년 평양축전 이후 외부사조의 유입에 따른 청소년의 의식변화에 근본적으로 기인하고 있는 것으로 보고되고 있다.

(2) 성인

대부분 개인에 대한 것보다는 국가와 체제에 대한 범죄로 규정하고 있다.

북한의 정치사범은 대부분 재판 없이 감금되거나 처형되므로 정확한 수가 보고되지 않고 있다. 다만 1996년 현재 약 20만 명이 정치범수용소에 있는 것으로 보고되고 있다. 한편 1인 체제에 불만인 세력을 검거하여 정신질환자로 간주하여, 130~140개 보양소에 50~100명씩 격리수용 하고 있다.

한편 북한의 경제난 심화에 따른 생계형 범죄는 단순절도뿐 아니라 여성의 매춘행위도 성행하고 있으며 특히 물자부족으로 인한 횡령, 착복, 배임 등과 대민 업무에서 뇌물수수가 일반적인 추세로 나타나고 있다. 이 외에도 폭행, 강간, 간통 등이 증가되고 있는데, 폭행사건은 주로 돌격대 간에 많이 일어나며, 성범죄는 주로 당 혹은 행정기관의 간부들에 의해 일어나는 경우가 대부분을 차지하고 있다.

(3) 교정자원봉사자

교정자원봉사자는 비행청소년 혹은 범죄인의 재활과 비행/범죄의 예방을 위해 교정당국을 돕고자 하는 자발적으로 참여하는 시민을 말한다. 또한 이들 교정자원봉사자는 교정 관련 기관의 공식 조직의 성원이라야 한다. 따라서 북한에서는 이와 같은 교정자원봉사자를 찾아볼 수 없을 것으로 추측된다. 다만 북한의 청소년범죄에 대응하기 위해 가정과 사회의 연계를 통해 청소년계도를 시도하고 있다는 점을 미루어 보아 청소년의 비행 혹은 범죄를 예방하기 위해 청소년의 부모가 참여하고 있는 것으로 예상된다.

10. 교화소의 실태

(1) 운영실태

① 입소절차

북한의 구금시설 수용은 제1심 재판과정은 보통 구류장이나 감옥에서 재판을 받는 것으로 보이며, 제2심 재판은 도(직할시) 집결소에서 받는 것으로 보인다. 그리고 재판에서 형이 확정된 사람은 교화소로 보내지고 교화소로 입소할 때는 신체검사를 통해 노동이 가능해야 입소가 가능한 것으로 보인다. 경우에 따라서는 재판 확정 전이라도 예심과정에서 유죄가 확실시되는 경우에는 교화소로 보내지는 경우도 있는 것으로 추정된다. 교화소 입소 시 신체검사는 매우 철저히 이루어져 신체검사에 합격한 사람은 교화소 신입반에 입소하여 교화소 생활이 시작되고, 각종 질병이나 신체가 허약하여 작업이 불가능한 사람은 다시 구류장으로 보내져 건강을 회복한 후 다시 교화소에 보내지는 것으로 추정된다. 물론 입소 후에 병이 발생하거나 건강이 약해진 사람은 교화소 병실에 수용되기도 한다.

② 하루일과

아침 6시경에 기상하여 하루일과가 시작되고 밤 10시 전후에 취침하는 것
으로 판단된다.

시 간	내 용
06:00	기상
06:00~07:00	세면 청소 정리정돈 등
07:00~08:00	아침 식사 및 인원 점검
08:00~12:00	오전교정(작업)
12:00~13:00	점심 식사 및 인원 점검
13:00~18:00	오후교정(작업)
18:00~19:30	하루 생활 총화 및 상호 비판
19:30~20:00	저녁식사
20:00~21:00	학습(생활준칙, 10대 원칙, 교화반 준칙, 교화신문 등)
21:00~21:30	교화소 선생 검열
21:30~22:00	점검 후 취침

위에서 보듯이 북한 교화소 하루일과는 9시간 이상을 작업에 임하고 작업
이 끝난 후에도 작업량을 다 채우지 못했다는 이유 등으로 야간작업도 수시
로 함으로써 하루 10시간에서 12시간까지 작업을 하며, 작업이 끝난 후 취침
시까지 사상교육을 하는 것으로 판단된다.

③ 수용거실

일반 교화소의 경우 가로 16피트, 세로 20피트 길이의 방(9평 정도)에 80~
90명이 함께 잠을 잔다고 한다. 그러나 구류장, 감옥 등의 규모는 대부분 한
개 구류장마다 감방 10개 정도가 있으며 각 방마다 10~20명을 수용한다.

④ 급식

하루 배급량은 옥수수, 쌀, 콩이 섞인 배급으로 700g 정도를 지급하도록 되
어 있으나, 실제 배급량은 300g 정도로 매끼 100g 정도 공급된다고 한다. 그
리고 작업량이 미달될 경우 1일 240g, 3회 연속 미달 시는 180g이 지급되며,
독방 수감 시에는 겨우 90g이 지급된다고 한다.

다른 교화소 경험자의 말에 의하면, 북한 교화소에서는 일명 가다밥으로,
서랍밥을 가져다 콩과 함께 섞은 다음 150g이 들어가는 틀로 찍어서 공평하
게 만든 덩어리 밥을 지급하며, 국은 염장 무국을 지급한다고 한다. 밥의 크

기는 작업반 성격과 사람에 따라 그 크기가 다르다고 한다.

⑤ 작업내용

교화소의 작업은 교화소별로 소의 특성에 맞게 작업 공장이 설치되어 있다고 판단되며, 각 교화소별 작업 현황은 다음과 같다.

교화소	작업 내용
평안남도 개천 제1교화소	의류공장, 신발공장
함경북도 오로군 제22교화소	수력발전소
함경북도 횡령 제12교화소	벌목, 구리광산, 가구제작
평안남도 강동군 제4교화소	시멘트 생산공장, 광산
함경북도 전거리 제12교화소	광산, 벌목, 벽돌제조, 농장

㉠ 작업반 편성: 각 부서별로 250~300명으로 구성되어 있고, 각 부서 밑에 50~60명 정도로 구성된 반이 있으며 반 밑에 5~7명으로 편성된 조가 있는 것으로 판단된다. 예를 들면 의류공장에는 섬유재단부, 박음질부, 유지보수부, 설비부 등이 있고, 각 부 아래 반, 반 아래 조로 운영되며, 작업량은 각 조별로 부과된다. 그리고 각 부서마다 감독관 1명, 기록관 1명, 연락관 1명씩, 부에는 부장, 반에는 반장, 조에는 조장이 있으며, 작업은 조별, 반별, 부별로 연대책임제를 실시하는 것으로 보인다.

㉡ 작업시간: 북한 노동법상 규정은 일반노동자의 경우 1일 8시간, 재소노동은 1일 10시간으로 되어 있으나 교화소 수감자들은 대부분 오전 5시에 기상, 다음 날 자정 30분까지 하루 평균 17시간 이상을 노동하는 것으로 탈북자들은 증언하고 있다.

㉢ 작업장 배치: 작업장 배치는 모범수인 경우 더 쉬운 공장, 즉 덜 힘든 작업장에, 일반수용자인 경우 힘든 작업장에 배치한 것으로 보인다. 평안남도 개천의 제1교화소의 경우 모범수는 의류공장에, 일반수는 신발공장에 배치하는 것으로 보인다. 또 신체의 건강기준을 건강한 사람, 허약 1도, 허약 2도로 구분하는 등 건강기준도 고려한 것으로 판단된다.

⑥ 의료환경

의료인력은 매우 열악한 것으로 판단된다. 진료소 혹은 진료실 규모로 우리나라 양호실 수준으로 추정되며, 의료인력은 준의나 부의 정도가 배치되어 의료행위를 하는 것으로 추정된다. 병실은 3개로 구분되는데, 1호 감방은 약을 써도 죽을 수 있는 위험한 환자나 당장 죽을 환자, 2호 감방은 약을 쓰지 않으면 죽을 수 있는 위험한 환자, 3호 감방은 병세가 있는 사람을 수용하여 치료는 원칙적으로 3호 감방에 수용된 사람을 중심으로 한다. 치료를 받고 건강해진 사람은 다시 교화소 내 교화반으로 가서 작업이 시행된다. 그러나 북한에서도 중병에 걸린 환자에게는 병보석[66]이나 집행정지[67]를 시행하고 있으며, 노동당 창건 기념일이나 8 · 15 광복절 등에 특사를 하는 경우도 있다고 증언되고 있다.

⑦ 규칙과 사상교육

작업량이 미달된 경우라도 연대 처벌을 하여 식량배급량을 삭감하고 독방에 수감되기도 하며 도주하다 붙잡히면 공개 처형되기도 한다. 또 담배를 피우다 들킨다든지 교화소 내 각종 규칙을 지키지 않을 경우 매우 엄격한 처벌을 받는다. 또한 사상교육은 재교화시간으로 매일 일정한 시간에 이루어지며, 보통 하루일과가 끝나는 오후 7시부터 밤 10시 취침 전까지 이루어지는 것으로 김일성, 김정일 교시 암송, 10대 원칙, 생활준칙, 교화반 준칙 암기, 교화신문 읽기와 하루 자아비판 등을 하며, 매일 밤 9시 30분경에 담당 선생의 검열을 받아 통과해야 취침을 할 수 있다.

"함경남도 단천의 77호 교화소 내의 사상교육은 일주일에 한 번씩 토요일 혹은 일요일 저녁 식사 전에 교양학습과 자아비판 시간을 가지며 자신의 실수나 부족한 점을 공개적으로 고백했다. 자아비판 시간 동안 자아비판을 하는 수감자를 제외한 나머지 모두는 서 있어야 하며 자아비판자는 모든 사람 앞에서 경비대원을 향해 무릎을 꿇고 앉아야 했다. 매월 1회씩은 상위그룹단위 자아비판 시간을 갖고 생산량 증대의 장애물에 대해 논의했다."고 증언한다.

⑧ 인권침해실태

㉠ 공개처형: 도주하다 붙잡힌 수감자나 억압을 이기지 못해 경비대원에게 욕설을 퍼붓거나 저항한 남자 수감자에게 해당되지만, 종종 몰래 불평한 것이 발각된 여자 수감자에게도 해당되기도 한다. 다른 수감자들은 사형당하는 시

---

66) 교화소 내에서 치료가 불가능하다고 판단될 경우 거의 죽기 전에 '병보'라는 제도를 통해서 집에 보내 병을 고치게 하고 병치료가 완치되면 다시 교화소에서 형기를 보내는 제도가 시행되고 있다.

67) 북한의 '판결판정집행법' 제18조의 집행중지/정치 판정사유 제1호에 "로동교화형, 로동단련형, 무보수로동의 처벌을 받은 자가 중병에 걸렸거나 산전 3개월부터 산후 7개월까지의 여성일 경우 집행을 중지한다."고 규정되어 있어 주로 임산부 출산을 위해 집행정지 제도가 활용되고 있다.

체 옆에 둘러서도록 명령을 받는데 일부 수감자는 이러한 상황을 견디지 못하고 이성을 잃거나 소리를 지르고 또는 비정상적인 행동을 보인다. 이런 경우 수감자들은 독방에 갇히는 처벌을 받게 된다. 공개처형이 한 번 있고 나면 독방에는 수감자들이 가득 차게 된다.

다른 교화소의 경우 교화소에서 탈출하다 체포된 자, 탈출에 성공했으나 나중에 체포된 자, 병가 기간 중 범죄를 저지른 자, 다른 곳에서 사형에 해당하는 죄를 짓고 사형 집행을 위해 끌려온 자가 해당되었다.

ⓒ 성적학대: 경비대원들이 일부 여성들을 독방에 가둬 놓고 성노리개로 삼았다는 증언도 있다.

ⓒ 강제낙태: 임신한 상태로 교화소에 들어온 일부 여성들은 강제로 낙태유도 주사를 맞았다고 증언한다.

ⓒ 생명의 위협: "제3교화소는 수감자복을 제작하거나 채석장과 금광에서 강제노동을 하였다. 그곳의 식량배급은 형편없었다. 콩 섞인 쌀밥 45g이 하루 식사의 전부였다. 많은 수감자들이 겨울철에 사망하였고 주요 사망원인은 영양실조, 옴과 같은 피부병, 파라티푸스였다."고 증언하여 북한 교화소의 수감자들이 얼마나 생명의 위험에 직면했는지를 짐작하게 한다.

(2) 사회일탈행위 및 범죄자 처벌 실태

북한에서는 김정일 체제 출범 이후 경제난이 지속되면서 절도·강도 등 생계형 범죄와 부정·부패 등의 사회형 범죄가 증가하고 있다. 경제난의 심화에 따른 생계형 범죄는 단순절도는 물론이고 생계유지를 위해 일부 여성들이 매춘을 하는 경우도 나타나고 있다.

특히 물자부족과 관련된 횡령·착복·배임 등과 대민업무 처리과정에서의 뇌물수수 행위의 일반화는 사회적 통제시스템의 문제점을 노정시키면서 주민들의 불만을 증폭시키고 있다. 주민들의 불만표출 정도도 최근에는 더욱 대담화, 노골화되고 있다.

또한 범죄율의 급격한 증가뿐만 아니라, 그 형태도 조직화되고 있는 실정이다. 대도시를 중심으로 한 범죄조직은 주로 20~30명 규모로 무리를 지어 암시장에서의 생필품 밀매, 자릿세 갈취 등을 자행하고 있다. 이 과정에서 인민보안원 등과의 부패 고리를 형성하며 특히 변경지역에서는 밀수(담배, 술,

의류, 의약품)에 개입하기도 한다.

특히 청소년범죄는 1989년 제13차 세계청년학생축전 이후 외부사조 유입에 따른 청소년들의 의식변화에 근본적으로 기인하고 있으며 출신성분에 의한 사회진출 좌절, 경제난에 따른 가정 붕괴 등으로 청소년범죄율이 더욱 높아지고 있으며, 단순절도에서 강력범죄로 형태도 다양해지고 있다.

최근 북한이탈주민들의 진술에 의하면, 북한사회에는 상당수의 청소년 폭력조직이 있는데 이들의 각종 불법행위가 급증하여 사회문제로 대두되고 있다고 한다.

청소년 폭력조직은 원산, 함흥, 남포 등 외국인 출입이 잦은 항구와 대도시 지역을 중심으로 강도, 절도, 강간, 소매치기 등을 자행하고 있는데 북한은 이러한 청소년들의 일탈행위가 외부사조의 유입 때문에 확대되는 것으로 보고 청소년 교양사업에 주력하고 있다. 이러한 범죄 증가는 통제사회에 대한 반감, 물질생활 향상에 대한 욕구 증가 등에 의해 초래되는 것으로, 이는 개혁과 개방의 정도에 따라 더욱 촉진될 가능성을 안고 있다.

한편 북한은 범죄자 수용시설로 인민보안성 산하에 각 시·군마다 집결소(유치장)를 설치하고 있으며, 각 도에는 교화소를 설치하고 있다. 집결소에는 수사가 진행 중인 범죄가담자나 6개월 미만의 경범죄자를, 교화소에는 1년 이상 15년 미만의 중범죄자를 수감하고 있다.

각 도의 교화소는 범죄종류·수감대상에 따라 성격별로 특화되어 있는데, 강·절도범은 함북회령 교화소, 여성범죄자는 평남 개천 교화소, 전염병 환자는 강원도 원산 교화소 등에 수감되는 것으로 알려져 있다. 죄수들은 매일 8~9시간씩 목표량이 부과된 중노동에 종사하며, 일과 후에는 2시간씩 김일성·김정일 사상학습 등 의식개조 활동에 전념토록 하고 있다.

(3) 정치범수용소와 교화소의 실태

북한당국은 재판 등 일정한 법적 절차를 거치지 않고 대상자를 잡아다 사회와 격리수용하고 있다. 수용소는 '○○호 관리소'나 '특별독재대상구역'이라고 불리는데 이런 곳에 수용된 사람들은 정해진 형기도 없이 인간 이하의 대우를 받으면서 처참한 생활을 강요당하고 있다. 교화소는 형기가 정해져 있다는 것뿐 특별 독재대상구역에 수용된 사람들과 크게 다를 바 없는 열악한 대우를 받는 것으로 알려져 있다.

　사회정리사업의 일환으로 범법자들을 대거 잡아들이면서 2007년 1～2월
두 달 동안 기타 지역을 포함하여 함경북도에서 약 1만 3천 명이 교화소에
보내졌다. 이 같은 문제는 수용시설의 부족뿐만 아니라 남겨진 가족들의 생계
문제와도 연결되어 심각해진다. 특히 어린이들은 부모가 잡혀가면 바로 꽃제
비로 전락하고 만다. 보따리 장사를 하며 중국에 다니던 어머니나 아버지가
잡혀가면서 빚쟁이들이 몰려와 집을 빼앗아 가는 바람에 어린 자녀들이 떠돌
이 생활을 하게 된다. 친척이나 친구, 마을 이웃들도 이런 어린이들을 감당하
지 못해 방치하고 있다.

제4절 남북한 사법제도의 비교

사법기관의 구성, 사법권의 독립, 변호사제도에 관하여 각각 북한의 경우와 남한의 경우를 간단하게 언급하고 문제되는 사항을 비교·검토한다. 형사절차의 비교에서는 형사소송의 기본이념, 소송의 구조, 형사소송의 주체, 공판전절차, 재판절차, 상소 및 비상구제 절차 등에 관하여 각각 북한의 경우와 남한의 경우를 간략하게 언급하고 이를 비교·검토한다(이건종, 이경렬; 1993).

I. 사법기관의 구성

1. 북한의 재판소와 검찰소

북한의 재판소에는 최고재판기관인 중앙재판소와 하급재판소인 도(직할시)재판소, 시·군인인민재판소의 일반재판소와 군사재판소, 철도재판소의 특별재판소가 있다. 북한의 검찰소는 재판소제도에 대응하여 중앙검찰소, 도(직할시)검찰소, 시·군검찰소의 일반검찰소 및 군사검찰소, 철도검찰소의 특별검찰소로 구성되어 있다.

재판소의 구성원에는 판사와 인민참심원이 있다. 북한에서 판사와 인민차심원이 되는 데는 특별한 자격요건을 필요로 하지 않으며 선거권과 피선거권이 있는 만 17세 이상의 공민은 지주, 부농, 예속자본가, 반동관료와 일제시대에 판·검사직에 있었던 자를 제외하고 판사 및 인민참심원이 될 수 있다(헌법 제66조, 재판소구성법 제15조). 그러나 실질적으로는 당에 대한 충성심이 판사 및 인민참심원이 되기 위한 최우선 조건이다. 재판소구성법도 위대한 주체사상으로 튼튼히 무장하고 조선노동당의 정책을 관철하기 위하여 몸 바쳐 투쟁하는 노동자, 농민을 비롯한 근로자들은 판사, 인민참심원이 된다고 규정하고 있다(동법 제15조). 한편 검사로 임명되는 데에도 판사와 마찬가지로 특별한 자격을 필요로 하지 않으며 당성을 중하게 여기고 있다.

2. 남한의 법원 · 검찰청

법원은 최고법원인 대법원과 각급법원으로 조직되며(헌법 제101조 제2항), 대법원과 각급 법원의 조직은 법률로 정한다(제102조 제3항). 대법원과 각급 법원의 조직에 관하여 상세한 것을 법률에 위임하고 있다. 이에 따라 제정된 법원조직법은 대법원 외에 각급법원을 고등법원, 특허법원, 지방법원, 가정법원, 행정법원의 5종으로 나누고 지방법원과 가정법원 사무의 일부를 처리하기 위하여 그 관할구역 내에 지원과 시 · 군법원 및 등기소를 둘 수 있도록 하였다.

남한의 검찰청에는 대검찰청, 고등검찰청, 지방검찰청이 있다. 대검찰청은 대법원에 고등검찰청은 고등법원에, 지방검찰청은 지방법원에 대응하여 각각 이를 설치한다. 그리고 지방법원지원의 관찰지역에는 이에 대응하여 지방검찰청지청을 둘 수 있다(검찰청법 제3조).

남한에서는 법관을 사법시험에 합격하여 사법연수원의 소정과정을 마치거나 검사 또는 변호사의 자격이 있는 자 중에서 임명된다. 검사는 사법시험에 합격하여 사법연수원의 소정 과정을 마친 자, 판사 또는 변호사의 자격이 있는 자 중에서 임용한다(검찰청법 제29조).

3. 남북한 사법제도의 비교

사법기관의 구성에 있어서 북한이 철도재판소 · 철도검찰소를 설치하고 있는 것이 남한의 경우와 다른 점이다. 그리고 위에서 본 바와 같이 북한은 특별한 자격요건이 없이 법에 대한 전문지식이나 소양보다는 공산주의적 심성과 당에 대한 충성심만으로 판사 및 인민참심원을 선출하고, 검사를 임명하고 있다. 따라서 북한의 판사 및 검사는 법률전문가로서 사법의 기능을 수행하기보다는 주체사상의 확립과 당의 정치적 도구로 기능하고 있다.

Ⅱ. 사법권독립의 문제

1. 북한 사법기관의 노동당에 대한 예속

노동당 조직체계

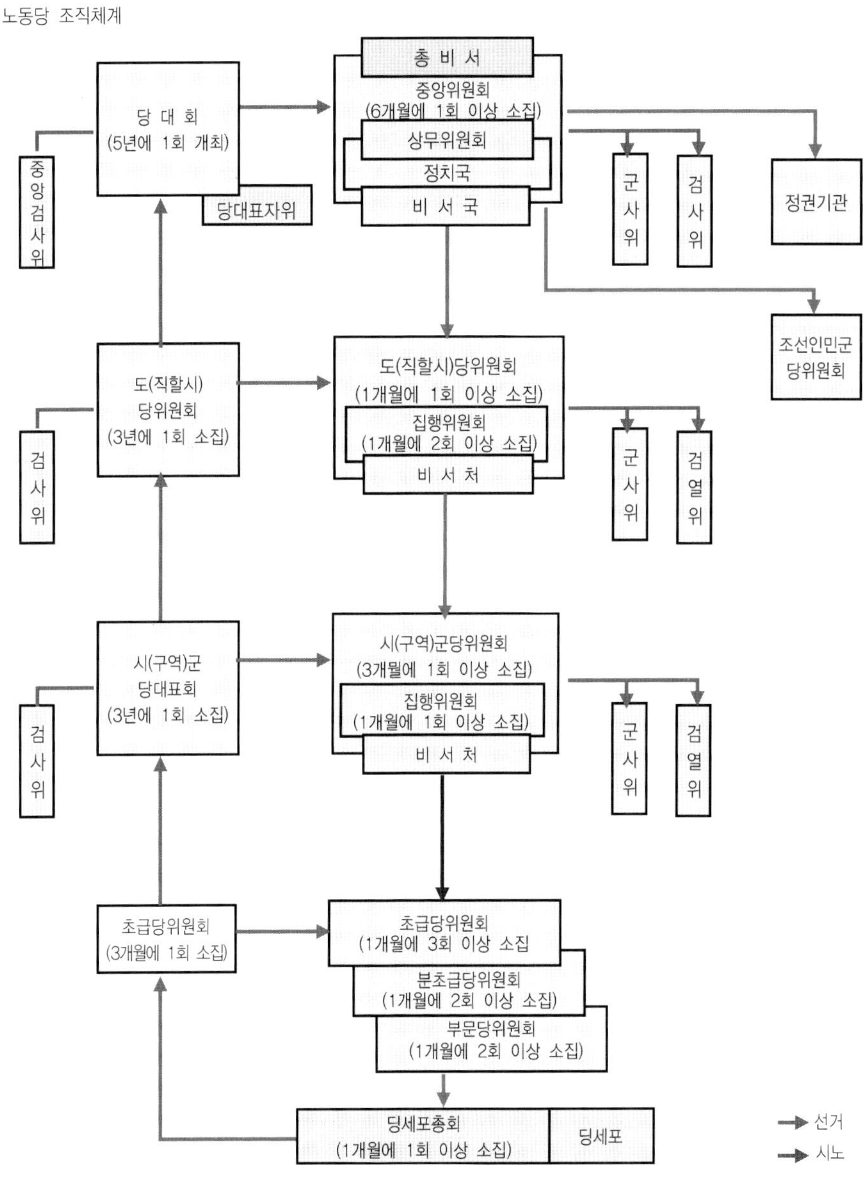

북한에 있어서 사법제도나 사법기관에 대한 정확한 이해는 그 기관 내부에서 조선노동당이 수행하는 역할에 대한 이해가 없이는 불가능하다. 북한은 일당독재국가이기 때문에 실제로는 당조직이 법률을 집행하고 당의 정의가 법의 정의보다 우선한다.

공산주의사회에서 당의 역할은 일반적으로, 당이 국가를 지배하나 통치하지는 않는다는 것이다. 북한은 92년 헌법 제11조에서 "조선민주주의 인민공화국은 조선로동당의 령도 밑에 모든 활동을 진행한다."고 정의하고 있다. 북한의 권력체계를 살펴보면 노동당이 국가의 입법·행정·사법기관의 모든 임무를 조정하며, 그들의 활동을 지도하고, 모든 국가기관의 직위를 독점하여 당의 정책을 수행하도록 하고 있다. 사법 분야에 국한하여 권력체계를 살펴보면 중앙재판소와 중앙검찰소는 노동당 중앙위원회의 당적 지도를 받고, 도(직할시)재판소와 검찰소는 도(직할시)당 위원회의 당적 지도를 받으며, 시·군인민재판소와 검찰소는 시·군당 위원회의 당적 지도를 받고 있다. 그리고 현재의 중앙검찰소 소장은 노동당 중앙위원회 중앙위원임을 알 수 있다. 또한 재판소의 구성에 있어서도 판사·인민참심원의 선임자격에서 당성(黨性)이 가장 중요시되고 있으며 특히 검사를 비롯한 검찰소의 모든 구성원은 당적(黨籍)을 가진 자만이 채용된다고 한다.

그리고 북한은 재판소가 재판활동을 수행함에 있어서 의거하여야 하는 법을, '김일성의 혁명전통을 계승하고 사회주의 경제제도를 반영한 정치의 한 표현형식이며, 김일성의 혁명전통과 주체사상을 구현한 당의 정책과 노선을 반영하고 실천하는 프롤레타리아 독재의 강력한 무기'로 보고 있다. 이 점에서 당의 정책과 노선은 비록 법은 아니지만 당원을 구속하고, 때로는 기관이 행하는 입법의 기초 및 배경으로서 중요한 기능을 함을 알 수 있다. 또한 최고인민회의는 노동당 중앙위원회의 지도를 받고 있으며 각급 인민회의는 해당 당위원회의 지도를 받고 있다. 그리고 사법기관의 구성에도 관여하여 최고인민회의에서 중앙재판소 소장을 선거·소환하고, 중앙검찰소 소장을 임명·해임한다(헌법 제91조). 최고인민회의 상설회의에서는 중앙재판소의 판사와 인민참심원을 선거·소환한다(헌법 제101조).

이처럼 당의 지도를 받는 입법기관에 의하여 결정되며 당의 노선과 정책을 반영하고 있는 법을, 이미 구성 그 자체에서 당규율의 적용을 받는 당원으로

구성되어 있는 사법기관이 적용·집행하기 때문에 북한의 사법기관은 철저히
당에 예속되어 있다.

2. 남한의 사법권독립

근대의 시민적 법치국가에서 권력분립의 원칙이 궁극적으로 목표한 것은
개인의 자유를 보호하는 것이라고 한다. 이리하여 국가권력을 기능적·조직
적으로 입법권, 행정권, 사법권으로 분리하여 독립된 기관에 의하여 행사하게
하고, 서로 견제와 균형을 이루게 하여 권력을 권력으로 억제하였다.

Ⅲ. 남북한의 변호사

1. 변호사의 자격과 활동

(1) 북한

북한에 있어서 변호사의 자격요건에 관한 규정의 변천과정은 단적으로 변
호사자격요건 완화의 과정이라고 할 수 있다.

북한에서는 변호사의 자격요건에 관하여 직접적으로 규정하지 않고 법률교
육을 받은 자 또는 민주주의 사법기관에서 사업한 실지 경험이 있는 변호사
회 회원이 될 수 있다고 하여 간접적으로 규정하고 있다(변호사에 관한 규정
제13조). 그리고 친일분자, 민족반역자, 선거권이 없는 자, 재판소에서 유죄판
결을 받은 자, 현재 재판 또는 예심 중에 있는 자는 변호사회 회원이 될 수
없다고 하여 변호사의 결격사유를 규정하고 있다(동 규정 제14조). 이 외에
친미분자도 변호사회 회원이 될 수 없다고 한다.

북한의 변호사는 노동자계급적 입장에 입각하여 재판소가 재판심리에서 정
확한 판단과 객관적 진실에 부합되게 사건을 해결하도록 협력하여야 한다. 즉
변호사의 활동에는 형사재판에서 피소자의 정당한 권리를 보호하는 입장과
객관적 진실을 발견하기 위하여 재판소에 협력하는 입장의 두 측면이 혼합되
어 있다. 따라서 비록 헌법에서 피소자의 변호권보장에 관하여 규정하고 있더
라도 북한의 변호사는 위의 임무범위 내에서 피소자의 권리를 보장하여야 한

다. 헌법에 규정된 변호권의 보장도 인민의 이익을 옹호하는 규정이지 인민의 적을 비호하거나 인민의 이익을 해치는 데에 이용되는 규정이 아니라고 보기 때문이다.

북한의 변호사는 개개인의 변호사보다도 단체로서의 변호사회가 중요하고, 이 변호사회의 활동에 대해서는 중앙재판소가 도재판소를 통하여 일반적 지도를 행한다. 이처럼 북한의 변호사제도는 피소자의 방어권을 보호하기 위한 제도하기보다는 오히려 당의 사법정책에 의거하여 재판사업에 협조하기 위한 제도라고 해야 할 것이다.

(2) 남한

남한의 변호사는 대한민국 국민으로서 사법시험에 합격하여 사법연수원의 소정 과정을 마친 자, 판사 또는 검사의 자격이 있는 자이어야 한다(변호사법 제4조).

변호인제도는 당사자주의에 의한 실체적 진실발견이나 공정한 재판의 이념을 실현하기 위한 불가결한 전제이며 문명국가의 형사절차를 위한 최소한의 요구이다. 즉 변호인제도가 존재하는 이유는 검사와 동일한 법률전문가로 하여금 피고인의 방어력을 보충하게 하여 무기평등(武器平等)의 원칙을 보장하고, 이를 통하여 당사자주의에 의한 실제적 진실의 발견이나 공정한 반결을 실현하는 데에 있다고 한다.

(3) 남북한의 비교

변호인은 피고인에게 부족한 법률지식을 제공할 뿐만 아니라 피고인과의 접견을 통하여 심리적 불안과 열등감을 해소하여 주는 등 피고인을 보호하는 기능을 하여야 한다. 그러나 북한의 변호사는 피소자의 권리와 이익을 보장하기보다는 당의 정책이 정확하게 실시되도록 봉사하며 재판소의 재판활동에도 협력하는 등 형식적으로만 기능을 하고 있다.

변호화동과 관련되는 한 가지 흥미로운 사실은 북한의 변호사는 재판에서 형사사건을 정확하게 판단하고 객관적 진실에 부합하게 해결하도록 하기 위하여 단순히 피소자의 정당한 권리와 이익을 변호할 뿐만 아니라 재판소에 협력하여야 할 의무도 있다는 것이다. 따라서 피소자가 범죄사실을 부인하는 경우에 북한의 변호사는 해당 증거의 유무를 확인하여 그것이 피소자의 법률상의 몰이해나 회피심에서 기인하는 것이라면, 그가 충분히 죄과를 뉘우치도록 설복하여 주는 동시에 그에게 소추된 범죄의 중심부분을 상기시키면서 그것이 조국과 인민의 이익에 모순되며 공민의 양심에 배반된다는 점을 깨닫도록 하여 주고, 공판정에서 자기의 죄과를 솔직하게 진술하도록 방조하여야 한다. 이리하여 북한의 변호사는 피소자에게 불리한 변호도 할 수 있으며, 이는 피소자의 실질적 권익보장과는 상당한 거리가 있고 오히려 국가기관의 편에서 인민교육적 기능의 수행에 중점을 두고 있다.

2. 변호권의 보장

(1) 북한

북한의 헌법 제157조는 "재판은 공개하며 피소자의 변호권을 보장한다."라고 규정하여 피소자의 변호권을 보장하고 있다. 또 북한의 형사소송법도 "피심자, 피소자는 형사책임추궁결정을 받은 때부터 언제든지 변호인을 선정하여 그의 방조를 받을 수 있다."고 규정하고 있다. 그리고 변호인이 선정됨이 없이 사건이 재판소에 기소되었을 때에는 재판소가 해당 변호사회에 의뢰하여 변호인을 선정하여야 한다고 규정하고 있다. 그러나 실제로 북한의 변호사는 형사사건의 객관적 진실발견과 공정한 해결을 위하여 재판소에 협력하여야 하고 범죄자와 각종 위법사실들로부터 국가와 인민의 이익을 옹호하고 당의 정책을 관철하여야 하기 때문에, 변호권의 보장은 그 실제적용에 있어서 제약을 받고 있다.

(2) 남북한의 비교

북한의 형사소송법은 변호사가 아닌 자에게도 변호권을 인정하고 있다. 즉 피심자·피소자의 근친자, 소속단체의 대표자에게도 변호권을 인정한다. 그 밖의 사람은 검사 또는 재판소의 승인을 받아 변호인이 될 수 있다. 이에 반하여 남한의 형사소송법은 사정이 있으면 변호사 아닌 자를 변호인으로 선임함을 허가할 수 있다고 한다. 이를 특별변호인이라 한다. 따라서 변호사 아닌 사람이 피소자·피고인의 변호를 담당할 수 있다는 점에서는 유사하다.

Ⅳ. 남북한 교정시설

북한의 교정시설은 교화소, 도집결소, 구류장, 로동단련대 등이 있다. 먼저 교화소는 주로 정치 사상적 측면에서 범죄인에게 노동부과, 사상투쟁 및 사상 교양을 거쳐 참된 인간으로 개조하는 시설이라는 의미를 갖고 있으며, 남한의 교도소의 성격이라 볼 수 있다. 집결소는 교화소와 유사한 형태로 주로 여행 구역이탈자, 여행기일경과자, 부랑아, 사건계류자 및 탈북자들을 조사하고 재판 없이 6개월 내지 1년 동안 공민권을 박탈하지 않고 수용하는 시설이다. 로동단련대(로동훈련단, 로동훈련캠프)는 북한의 법령집에는 규정이 없으며, 각 지방당국이 기아와 연결되어 발생하는 비행자들이 급증하자 이들을 구금 하기 위해 만든 시설이나, 2004년 형법개정으로 로동단련형을 선고받은 자들을 수용하는 시설로도 이용된다. 구류장은 심문 중인 피소자와 확정 판결을 받은 자를 교화소나 로동단련대, 정치범수용소에 보내기 전에 임시 수용하는 시설로 남한의 구치소의 성격이라 볼 수 있다.

제4장 교정처우론

제1절 분류제와 누진제

Ⅰ. 분류심사제도

1. 분류의 개념

(1) 군별(grouping)

일반적으로 수형자를 어떤 그룹으로 나누는 것(동질적인 그룹으로 나누는 것)을 말한다.

(2) 개별(individualization)

교정시설에서 교정처우상 효과적인 개선의 촉진과 사회복귀를 위하여 수형자를 개별 분류한다.

(3) 전제조건

수형자를 과학적으로 분류하기 위해서는 과거에 작성된 각종 기록들을 수집하고 세밀하게 분석하여야 하며, 분류업무를 전담할 수 있는 독립된 시설에서 전문적인 지식을 갖춘 자들에 의하여 합리적으로 개별 처우계획이 수립될 수 있는 시스템이 갖추어져야 한다.

(4) 분류대상

적용제외자와 심사유예자를 제외한 전 수형자를 대상으로 한다. 적용제외자는 순수한 노역장 유치자, 보호감호 및 치료감호자, 구류 및 피감치자, 일시수용자를 말하며, 심사유예자는 집행할 형기가 3개월 미만 자, 질병 등으로 인하여 심사가 불가능한 자, 규율위반으로 조사 중이거나 징벌집행 중인 자기타 분류심사를 거부하여 심사가 불가능한 자를 말한다.

(5) 분류심사의 시기

분류심사는 신입심사와 재심사의 2종으로 구분하고 신입심사는 형집행지휘서가 접수된 날로부터 1개월 이내에 실시하여야 하며, 재심사는 정기재심사와 부정기재심사로 구분하고 그 사유가 발생한 후 최초로 개최되는 분류처우회의 또는 분류처우위원회 전일까지 완료하도록 한다.

2. 분류의 목적

(1) 공공안전의 확보

공공의 안전이라는 것은 모든 교정관계자에게 있어서 가장 중요한 사항의 하나이다. 즉 그들에게 있어서 도주의 방지가 최우선적 과제인 것이다. 제대로 고안된 분류제도는 교정관계자로 하여금 각 재소자가 수용되어야 할 시설을 결정할 수 있도록 해 준다. 상급 교정기관에서는 분류제도를 재소자의 시설별 수용지정에 이용하고, 하급 일선기관에서는 시설 내에서 사동이나 사방의 지정을 위하여 이용할 수 있다. 즉 분류제도는 정도에 지나친 불필요한 구금을 하지 않으면서도 공공의 안전을 확보할 수 있는 수용지정을 가능하게 한다는 것이다.

(2) 효율적 재소자 관리

대부분의 교정당국에서는 내부 재소자관리전략을 일정한 형태의 재소자분류에 기초하고 있다. 재소자분류는 직원으로 하여금 재소자들의 출입통제를 위한 장치를 함에 있어서 도움이 되고, 교도작업의 관리에도 작업이나 작업장의 위험성과 재소자의 위험성에 따라 적절하게 지정할 수 있게 해 주며, 귀휴나 사회견학 또는 외부 통근 등의 자격을 심사하는 데도 도움이 될 수 있어서 교정관리에 있어서 상당한 비중을 차지할 수밖에 없다.

(3) 비용 – 편익적인 운영

교도소를 비용 – 편익적으로 운영하기 위해서는 정확한 재소자 분류가 전제되어야 한다. 보안수준이 높은 중구금시설을 건설하고 운영하는 것은 그보다 보안수준이 낮은 경구금시설의 운영에 비해 그 비용이 훨씬 많이 필요하게 된다. 정확한 재소자 분류는 비용이 많이 드는 보안수준의 수용시설에 수용될 필요가 없는 재소자를 선별해 줄 수 있기 때문에 공적 자금을 지나치게 많이 사용하지 않고도 재소자의 보안과 감시의 필요성을 충족시킬 수 있다.

(4) 효과적인 교정시설의 건축과 개보수

과거 오랫동안 교정당국에서는 대체로 모든 재소자를 중구금시설에 수용한 다음 단순히 수용할 시설을 결정하기 위해서 분류하곤 했는데, 이러한 관행은 다수의 재소자가 불필요하게 보안이 철저하고 고비용이 드는 시설에 수용되는 결과를 초래하게 되었다. 그러나 잘 고안된 재소자 분류제도는 교정당국으로 하여금 미래 재소자 인구의 보안수준과 필요성을 과학적으로 평가하여 그에 따라 효과적인 교정시설의 확충계획을 수립할 수 있게 해 준다. 즉 불필요한 중구금시설의 건축을 피함으로써 교정당국은 비용 – 편익적으로 교정시설을 건축하거나 개보수할 수 있고, 장기적으로 중구금시설의 운영과 관련된 고비용의 시설운영경비를 줄일 수 있게 된다. 특히 최근과 같이 급속히 교정시설의 증축이 요청되는 시기에는 정확한 분류제도는 시설 확충경비를 통제하는 데 중요한 요인이 될 수 있다.

3. 분류의 발전사

(1) 고전적 분류

근대적 자유형의 탄생과 함께 출발한 개념으로, 당시의 분류는 형식적·획일적·단체처우적 분류이고, 그 목적도 교도소 질서유지·관리와 악풍감염방지라는 소극적인 것에 그쳤다. 따라서 수형자 분류는 교정사고방지와 격리구금에 초점을 둔다.

(2) 현대적 분류

19C 이후 현대 과학의 발달에 따른 수형자처우의 과학화의 경향성에서 형성된 것이다. 실질적인 개별처우적 분류이고, 사회복귀지향적 처우책 수립이라는 적극적인 목적이 있다. 수형자의 교정교화와 출소자의 재범방지가 중요한 행형의 목표가 되고 과학적인 처우의 개별화가 요청된다.

(3) 분류제의 발전사

1595년	네덜란드의 암스테르담(Amsterdam) 노역장이 개량주의에 의하여 설치되었고, 남녀혼금의 폐해를 막았다.
1597년	암스테르담 여자노역장으로 분리하여 설립함으로써 성별 분류의 시초가 되었다.[68]
1704년	로마의 산 미켈레(San Michele) 감화원이 소년을 위한 일종의 감화교육시설로 발족되면서 연령별 분류의 시초가 되었다.
1775년	벨기에의 Ghent감옥은 당시에 최신의 분류와 의료시스템을 갖추고 운영되었으며, 주간혼거·야간 독거제도를 실시하였다.
1907년	벨기에 Forest감옥에서 현대적 의미의 과학적 분류가 처음 시도되었다.
1918년	미국 뉴저지 주의 랜턴감옥에서 실시하였으며, 뉴욕 주에서는 싱싱감옥에서 분류센터(clearing house)를 설치하였다.
1950년	헤이그에서 개최된 제12회 국제형법 및 형무회의에서는 분류의 개념으로 '개별화'를 승인하였다.
1955년	UN 범죄방지 및 범죄인 최우회의에서 결의된 피구금자처우최저기준규칙에서도 개별화를 분류의 기본원칙을 선언한 바 있다.

(4) 우리나라 분류역사

우리나라 분류의 기원은 고조선에서부터 이미 유래되고 있었다. 남의 물건을 훔친 남자는 노비로 삼고 여자가 그랬을 때는 50만 전을 내야 된다고 한 것은 분별사상의 착상이다.

① 삼국시대

설치시기는 분명하지 않으나 '뇌옥'이 있었던 것만은 확실하고 남녀의 분류수용을 한 것으로 추측된다.

② 고려시대

전옥서가 독립된 감옥관서로서 처음으로 설치된 것은 물론 특히 국사범을 수용하는 별도의 감옥이 있던 것은 특기할 만하다.

③ 조선시대

의금부를 두어 왕명을 어긴 특수범죄를 다루고 왕권과 왕족에 대한 범죄 및 관원의 범죄를 특별히 다루게 한 점은 바로 이들의 수용을 별도로 하고 있었음을 말해 주고 있는 것이다. 조선조의 행형집행에 있어서도 나이가 70

---

68) 1597년에 암스테르담 여자노역장(방직공장, spinn haus)으로 분리되었는데, 여기 정문에 걸려 있는 "두려워하지 마라. 나는 너희들의 악행에 대하여 복수하려는 것이 아니라 너희를 선도하려는 것이다. 비록 나의 손은 엄하나, 나의 마음은 자비로 가득 차 있다."라는 표어는 범죄인의 개선교화라는 교정이념을 표방한 것이라 할 수 있다.

세 이상인 자와 15세 미만인 자, 폐질환자, 임산부는 태형을 집행하지 않고 속전으로 대신하였다.

특히 조선에서 강조된 것은 육전조례 전옥서조에 보면, 남옥과 여옥을 분리하여 담을 쌓도록 하였다는 기록이다. 또한 갑오경장과 더불어 단행된 홍범 14조 중 행형의 개혁에서 7번째로 감옥사무를 내무아문으로 이관하고 8번째로 감옥규칙을 제정한다고 되어 있는데 그 내용은 5형 중 장형을 폐지하고 도형을 징역형으로 바꾸며 유형은 정치범에 한하여 적용하고 특히 미결수와 기결수를 분리수용 한다는 내용이다.

④ 갑오개혁 이후 광무시대

감옥규칙이 고종31년(1894년) 11월 25일에 제정되어 감옥사무의 새로운 지침이 마련되었는데 이때에도 미결감과 기결감의 구분을 명시하고 있다. 그리고 감옥세칙(1898년)에서 통규, 급여, 위생, 접견, 상규, 상벌을 규정 6개 장 27개조로 되어 있다. 징역표도 이때 작성토록 되어 있는데, 일종의 계급촉진법이다.

⑤ 한일합병 후(1910. 8. 29.)

1912년 3월에 조선감옥령과 동시행규칙이 제정되어, 기/미결별, 연령별, 남녀별 그리고 죄명별로 분류수용이 완전 제도화되기에 이르렀고, 1933년 일본에 누진처우규정이 공포됨으로써 행형의 발전을 꾀하였다. 이 제도는 종래의 행형방법과는 달리 재소자를 수개의 계급으로 나누어 상위계급으로 진급함에 따라 처우를 완화하여 줌으로써, 사회인에 가까운 일상생활을 영위하게 하는 제도로서 당시로서는 극히 선진적인 제도였으나, 이 역시 식민지 통치에서 오는 제반 여건으로 인하여 그 결실을 거두지 못하고, 때로는 감정의 반발로 여러 가지 문제점이 노출되다가, 1944년 일본이 태평양전쟁에서 불리하게 되자 이것마저 폐지되었다.

⑥ 한국전쟁 이후

1956년 10월 23일 법무부령 제20호로서 재소자행장심사규정이 제정되었으며, 이어서 재소자상우규정의 제정을 보게 되었다(권인호, 1973).

⑦ 1960년대 이후

재소자분류심사방안(1964. 7. 14. 예규교 39)으로 잠정 시행해 오다가 교정누진처우규정(1969. 5. 13. 법무부령 111호)에 흡수하여 재소자의 분류와 누진계급 관리 및 처우를 포괄적으로 규정하고 있으며, 현재 수형자분류처우규칙 (1991. 3. 14. 법무부령 제348호. 1992. 3. 23. 법무부령 361호, 96. 1. 8. 법무 부령 제421호, 99. 5. 20. 법무부령 제480호)으로 개정/보완되어 운영되고 있다.

우리나라 분류전담소는 그 역사도 짧고 전문인력의 부족, 제도적 뒷받침의 미비 등 많은 어려운 여건 속에 운영되고 있는바, 이러한 우리나라 분류전담 소의 흐름은 다음과 같다. 1984년 1월 19일 분류전담소 운영(시험) 지침 시달 에 의거하여 안양교도소가 우리나라 최초로 경인지구 분류전담소로 지정되어, 그해 6월 1일 그 업무가 시작된 것을 비롯하여, 1985년 4월 19일 대구교도소 가 영남지구 분류전담소로 지정, 1989년 12월 12일 서울 구치소가 서울지역 분류전담소로 지정, 1995년 12월 27일 부산구치소가 새로운 부산/경남지역분 류전담소로 지정되어 운영되고 있다.

4. 분류의 기본원리

(1) 성별중립성

잠재적인 법률적 문제와 여성재소자에 대한 지속적인 불평등의 현실적 위 험으로 인하여 분류원칙으로 성별이 작용하지는 않아야 한다. 이러한 가정은 특정한 성별에 기초한 분류제도가 비록 그것이 기술적으로는 이점이 있을 수 있지만 법률적 헌법적 쟁점 때문에 받아들이기 어려운 실정이다. 그러나 특정 한 시설 내에서 분류활동은 시설의 목적에 좀 더 접근하고 재소자에게 봉사할 수 있는 것이어야 한다. 여자교도소의 경우, 보안에 비해 교화개선에 더 큰 비 중을 두고 있다. 그렇다고 폭력과 파괴적인 행동이 빈번하지 않은 남녀 공용 교도소나 남자교도소에서도 교화개선을 지향하는 바가 없는 것은 아니다.

(2) 최소제한의 원리

물론 모든 교도소가 자체의 분명한 목표를 가질 필요가 있으나, 구금이 최 소한의 범위에서 제한적이어야 한다는 원칙도 무시할 수 없다. 즉 범죄로 유 죄가 확정되어 수용된 재소자는 자신의 안전과 동료재소자, 직원 그리고 지역 사회의 안전에 필요한 최소한으로 제한된 책임 내에서 수용되어야 한다는 것 이다.

(3) 분명한 목표

교정당국은 교정의 목표와 목적이 무엇이며, 분류가 어떻게 그 목표를 성취하는 데 기여할 수 있을까에 관심을 가져야 한다. 또한 분류제도 자체의 보다 명확한 목표를 설정하는 것도 중요하다. 이러한 원칙은 분류제도가 얼마나 잘 운영되고 있는가를 평가하고자 하는 실질적 필요에 의해서 요청되고 있다.

5. 분류의 방법

(1) 기본 방법

어떤 재소자는 비교적 낮은 수준의 감시나 보안을 요하는 반면 다른 일부 재소자는 격리된 사방에 구금되거나 철저하게 감독되어야 한다. 일부 재소자는 자살우려가 높을 수 있거나 정신질환을 가지고 있을 수 있기 때문에 이들은 일반재소자와 다르게 관리되고 처우되어야 한다. 반면에 일부 재소자는 폭력의 위험성이 높고, 도주의 위험성도 높으며, 빈번히 문제를 유발할 수 있다. 따라서 이들에 대한 행정적 징벌결정에도 다양한 분류기제의 판단이 필요하다(Sperbeck & Parlour, 1986).

유별분류법	죄질, 성격, 범수, 연령 등 가급적 서로 근접한 자를 유집하는 방법이다.
급별분류법	전적으로 수형자의 행형성적의 양부, 작업의 면부 등을 표준으로 구별하여 수용하거나 처우하는 방법이다.
수평적 분류	개별처우를 중심으로 하는 분류이다.
수직적 분류	계급별 누진적 처우 중심의 분류이다.

(2) 시간의 경과

재소자의 행위나 행동이 종종 시간이 지남에 따라 변하기 때문에 수형기간 중 재분류가 주기적으로 이루어진다. 예를 들어서 처음 위험한 것으로 분류되고 중구금시설에 수용된 재소자가 시간이 지남에 따라 더 이상 전혀 위험하지 않거나 위험성이 낮아졌을 때 그들에 대한 보안등급도 그에 상응하게 바뀌어야 한다. 따라서 재분류는 재소자의 최초 분류심사를 재고하고 그것이 지속되어야 할 것인가를 결정하는 수단으로 행해진다(Wright, 1988).

(3) 재범예측

석방예정자를 대상으로 분류제도를 이용하는 경우 다수의 재소자는 보호관찰부 가석방이나 조기석방에 적합한가를 평가받게 된다. 즉 과학적 분류기법을 통하여 이들에 대한 교화개선정보 및 재범가능성에 대한 세밀한 예측결과표가 그러한 결정에 유효한 판단자료로 활용될 수 있다.

(4) 소년범 분류

대부분의 재소자분류는 성인범죄자에 관한 것이지만 소년사법제도에 적용받는 다수의 청소년범죄자에게도 유효한 것으로 알려지고 있다. 물론 소년범죄자에 대한 시설수용은 마지막 수단이겠지만, 상당수의 소년범죄자가 구금되고 있으므로 소년범죄자에 대한 시설수용의 결정에도 분류제도는 중요한 의미를 갖게 된다. 즉 소년범죄자 중에서도 마약 관련자, 조직범죄 관련자, 누범자 등은 그렇지 않은 소년범죄자와는 분명히 다르게 분류되어야 한다(Feazell, Quay & Murray, 1991).

6. 분류의 기능

(1) 비정상인의 분류

분류진단결과 그 재소자가 정상이라면 처우대상이 될 수 있으며, 준정상이라면 전문적 상담이 필요할 것이고, 정신병질 또는 정신이상이라면 정신과 치료의 대상이 된다. 이러한 노력들은 모두 일정한 형태의 분류심사과정을 통하여 논의될 수 있는 것이다.

(2) 보안수준 분류

재소자의 적절한 보안수준을 측정하고, 재소자의 직업적, 교육적, 심리적 필요성을 파악하며, 폭력적인 재소자를 비폭력적인 재소자로부터 분리할 수 있게 해 주고 있다(Brennan & Wells, 1992). 분류의 분명한 우선순위와 목표는 재소자의 위험성의 정도에 따라 적절한 보안수준의 시설에 수용하는 것이다. 각 시설, 사동, 사방에 꼭 맞는 재소자가 수용되어야 하는 것인데, 이는 과학적인 재소자 분류제도가 전제되어야 가능하다(Champion, 1994). 정해진 보안수준으로 분리되고 수용되었다 하더라도 시간이 경과함에 따라 그들의 행동이 변할 수 있고 따라서 그들의 보안수준도 변할 수 있는 것이다. 이러한 이유로 대부분의 교정당국과 수용시설에서는 일정 기간을 두고 재소자를 재분류하는 제도를 마련하고 있다. 이러한 재분류는 부족한 자원을 보다 효율적으로 활용할 수 있게 해 주고, 한편 그러한 재분류는 재소자의 변화와 적응의 지표로서 매우 가치 있는 것으로 지적되고 있다. 흥미로운 것은 이러한 재분류가 재소자의 행위에 대한 사회통제와 밀접한 관련이 있는 것으로 알려지고 있다. 즉 보안등급의 상향조정은 바람직한 행위에 대한 긍정적인 보상과 관련이 있고, 반대로 강등은 금지된 행위와 관련이 있어서 부정적 처벌과 연관이 있었다(Johnson, Simmons & Gordon, 1983). 일부 재소자는 다른 재소자에 비해 시설에 적응하는 데 더 많은 문제를 겪게 되지만, 이들을 추적하고 파악하는 것은 그동안 비교적 성공적이었다고 할 수 있다. 일반적으로 이들에 대해서 노령재소자나 발달장애자를 처리할 수 있는 의료/임상시설, 폭력적이고 도주위험성이 높은 재소자를 위한 보안수준이 높은 시설, 그리고 일부 재소자를 위한 보호적 구금시설 등 최소한 세 가지 유형의 시설이 필요하다는 주장이 제기되고 있다(Wright, 1988).

(3) 처우대상자 분류

재소자를 통제하고 관리하는 하나의 방법은 재소자에게 교육이나 직업훈련 프로그램에 참여하는 것에 대해서 보상을 하는 것이다. 왜냐하면 대부분의 시설에서 그러한 프로그램에의 참여를 긍정적인 것으로 간주하기 때문이다. 그래서 재소자가 교육프로그램에 참여하면서 '보호관찰부 가석방(parole)'으로 석방될 가능성이 높다는 것을 알게 된다면 교도소 규칙에 대한 동조성의 증대와 재소자 교육수준의 향상과 그로 인한 취업가능성의 증대라는 적어도 두 가지 목표가 실현되는 것이다(Stephens, 1992). 수용될 재소자의 유형과 그들을 수용할 시설공간이 충분한지 등을 안다는 것은 교정정책의 수립에 있어서 매우 중요한 것이다. 예를 들어 마약관계 범죄자가 증대한다면 그들을 위한 시설과 프로그램의 증대가 필요한 것이며 이를 위한 예산의 확보도 중요하게 되는 것이다. 지역사회교정기관에서도 프로그램에 참여할 자격이 있는 보호관찰대상자를 결정하기 위하여 분류제도를 이용할 수 있다. 다양한 유형의 지역사회교정이 운영되고 있지만 자원의 한계와 수용의 한계로 인하여 참가자격을 결정하기 위해 분류기법이 이용되고 있다. 물론 최근 들어 지역사회교정의 대상자가 그 범위나 유형에 있어서 많이 확대는 되었지만 모든 유형의 범죄자가 다 지역사회교정에 적임자가 될 수 없는 것이다(Benekos, 1990).

(4) 위험성 분류

일반적으로 위험성의 평가를 통해 특정 범죄자에게 가장 적합한 유형의 감시감독을 예견할 수 있다. 이처럼 심사분류의 가장 큰 이점 중 하나는 교정당국으로 하여금 범죄인을 위험성의 견지에서 평가할 수 있게 해 준다는 사실이다. 여기서 감시감독의 정도는 다른 사람에 대한 특정범죄자의 위험성의 정도에 따라 결정된다. 즉 더 많은 위험성을 제기하고 자신이나 타인에게 더 위험한 것으로 예측되는 범죄자는 그만큼 더 철저하게 감시되는 것이다.

(5) 선별적 무능력화

분류는 특정한 범죄자나 범죄집단에 선별적 무능력화가 바람직한가를 결정할 수 있게 해 준다. 선별적 무능력화는 말 그대로 재범의 가능성이 높은 범죄자를 선별하여 시설에 수용함으로써 그들의 범죄능력을 무력화시키고 반대로 재범의 가능성이 낮은 범죄자는 지역사회로 되돌려 보내자는 것이다. 물론 그들의 선별에 있어서 가긍정과 가부정의 문제는 있으나, 과밀수용과 그로 인한 수용경비의 과다 그리고 수용의 부정적 폐해 등으로 인하여 선별적 무능력화 정책은 여전히 지속되고 있는데, 여기서 선별 그 자체가 곧 범죄자에 대한 분류라고 할 수 있는 것이다(Decker & Salert, 1986).

7. 분류심사의 영역

대상자를 종합적 역동적으로 심사하기 위하여 면접, 신상관계, 신체적, 심리적, 환경적(가정/학교/지역사회 등) 측면과 행동관찰 등을 구체적 조사 영역으로 하고 있다.

8. 분류와 관련된 쟁점

(1) 과밀수용

대부분 과밀수용이 현실이므로 분류과정을 통해 재소자에게 적합한 보안수준의 시설에 가급적 빨리 재소자를 이송하는 제도로 그 의미와 기능이 축소되기도 한다. 이는 많은 수의 재소자로 인한 압력이 남성과 여성범죄자 모두의 분류에 주요한 영향을 미치기 때문이다.

(2) 훈련된 분류직원에 대한 접근

분류제도는 재소자를 진단하고 신입분류와 재분류를 수행할 수 있도록 훈련된 직원에 의해서 행해져야 할 필요가 있다. 그러나 비교적 지역사회로부터 원거리에 위치한 교도소의 물리적 환경으로 인하여 자격이 있는 우수한 전문가의 확보가 어렵다.

(3) 서비스에 대한 접근

많은 경우, 보안수준에 따라 재소자에게 제공될 수 있는 사동, 사방, 교도작업, 교육훈련, 상담 등 각종 교정서비스에 대한 재소자의 접근이 결정되고 있다. 이는 기본적으로 수용시설별 기능별 분류가 전제되어 있을 때 논의될 수 있는 것이지만 우리나라는 여전히 수용시설의 기능별 분류가 완전하지 못하다.

(4) 분명한 정책

일부 재소자에 대한 수용지정에 있어서 분류정책이나 사용 중인 도구상 측정될 수 없는 요소들이 분류결정에 반영되기도 한다.

9. 재소자 분류의 전망

(1) 수용인구 증대와 과밀수용의 지속

범죄의 단순한 양적 증가와 더불어 형사정책의 보수화는 곧 수형인구의 증대를 초래하게 되었다. 이 같은 재소자의 증가는 재소자분류의 쟁점이라고 할 수 있는 재소자의 구금, 프로그램 그리고 작업지정 등에 영향을 미치게 되었다. 이렇듯 수형인구는 증가하는 데에 비해 수용시설은 이에 부응할 정도로 증설되지 못하고 있는 실정이다. 그 결과 대부분의 시설들이 초과수용을 하고 있으며, 이로 인해 더욱 효과적인 분류제도의 필요성이 극대화되고 있다.

(2) 재소자분류제도의 실행상의 쟁점

교정기관에서는 종종 객관적 분류제도가 빠르고 쉽게 실행될 수 있다고 단순하게 가정하곤 한다. 그러나 실제 경험으로는 적절하게 고안하고, 사전 검사를 하여 실행하는 데는 적어도 1년 이상이 소요된다고 한다. 또한 조직 간의 긴밀한 협조가 필요한 것이기 때문에 최고 책임자가 조직의 변화에 강력한 의지를 가지지 않는 한 새로운 분류제도는 저항에 직면할 수밖에 없다. 이러한 저항에 대항하기 위해서는 재소자분류제도의 실행이 다음과 같은 단계를 따를 필요가 있다.

우선 전체 교정기관의 주요 기능을 대표할 뿐만 아니라 교정직원들로부터 신망을 받을 수 있는 인력으로 구성된 '재소자 분류 자문위원회'가 설치되어야 할 것이다.

위원회로부터 제기된 분류제도는 얼마나 잘 기능하는가를 알기 위하여 수형인구를 대표할 수 있는 표본에 원형의 분류도구를 적용해 보아 실제 실행이 되었을 때, 수형자들의 분류와 수용에 미칠 수 있는 가능한 영향에 대해서도 알아보아야 할 것이다.

이렇게 검증된 분류제도는 자동화 단계를 거쳐, 직원 교육을 실시하여 시행되어야 할 것이다. 마지막으로 성공적으로 시행되고 있다 하더라도 모든 분류제도는 점검되어야 하고, 주기적으로 평가되어야 할 것이다.

(3) 지역사회에 기초한 교정의 활용 증대

전통적인 교정시설 밖에서 가능한 많은 범죄자들에게 지역사회에 기초한 교정을 실시하도록 더 많은 요구를 받고 있다. 지역사회교정이 확대됨에 따라 교정관계자들은 어떠한 재소자가 공공의 안전에 가장 적은 위험을 주는가를 잘 결정하도록 요구받게 된다. 때문에 지역사회로의 석방을 결정할 때 대안적 범주를 이용할 수 있도록 하기 위하여 기존의 분류제도의 개량 필요성이 제기되고 있다.

(4) 특수재소자와 특수처우를 요하는 재소자의 부상

단순한 수용인구의 증가뿐 아니라, 마약범죄자나 컴퓨터범죄자 등 화이트범죄자를 비롯한 각종 신종범죄자와 여성범죄자 및 노령범죄자 등 수용인구의 특성 또한 변하고 있다. 특히 여성재소자의 증가는 대부분의 재소자분류제도가 남성범죄자를 위주로 하고 있어서 중요한 의미를 가진다.

또한 현재 성범죄자, 마약범죄자, 장기실업범죄자 등 특수범죄자 집단의 증가로 인해 각 집단의 성격에 적절한 처우프로그램이 개발되어야 할 것이다. 단순한 형사사법적 제재만으로는 이런 범죄집단들의 범죄순환의 고리를 끊지 못하기 때문이다. 결과적으로 교정당국이나 분류제도가 이들 특수범죄자들의 수용기간 동안 처우를 받는 것이 도움이 되는 재소자를 파악하여 이들이 필요한 처우를 받을 수 있도록 해야 될 필요가 있는 것이다.

10. 여성재소자의 분류

(1) 필요성

여성재소자의 비중이 점차 빠른 속도로 증가하고 있다. 그러나 아직 남성에 비해서는 훨씬 적으며 덜 폭력적이고 사회적 위치가 낮은 경우가 남성보다 심하며, 필요 이상으로 높은 보안수준에 수용되기 때문에 의존적이고 역기능적으로 만들고 있다는 것이다.

실제로 법원에서도 여성재소자에 대한 차별성이 여성재소자의 절대적인 수적 열세와 규모의 경제학이라는 논리로 남성재소자와 차별화하는 것은 이제 더 이상 여성재소자에 대한 차별성을 합리화하고 정당화하는 이유가 되어서는 안 된다는 것이다.

처음부터 남성수용시설로 설계된 시설에 여성재소자가 수용되기 때문에 폭력성이 낮고 전과기록이 많지 않으며, 폭력이나 도주의 위험성이 낮고, 자녀와의 접촉 등이 특별히 필요한 여성재소자의 특성을 고려하지 않고 있다.

(2) 여성재소자 분류의 현실

교정실무자들은 대부분 남녀 재소자에 대한 별도의 분류제도를 선호하지 않는 것으로 알려지고 있다. 그 이유는 별도의 분류제도를 이용하면 추가적인 인력이 소요되고, 그러한 제도를 설계하고 타당성을 검증하는 데 거의 두 배의 연구가 필요하기 때문이다.

11. 정신질환재소자

(1) 필요성

정신병원의 강제방원과 열악한 의료환경이 사회문화화 되면서 일반사회의 정신보건전달체계는 발전을 모색하고 있는 중이다. 이런 분위기에서 우리 교정시설 내 정신질환자 관리 실태를 점검 분석하여 개선책을 강구하는 작업은 교정의 현안을 해결하는 차원을 넘어 종합적인 사회안전망 구축을 위해서도 필요할 것이다.

현재 범법정신질환자는 치료시설의 수용능력의 한계로 인하여 치료시설보다는 교정시설에 다수 수용되어 치료보다는 구금 위주의 처우를 받고 있다. 정신과적인 전문지식이 부족한 교도관들에 의한 정신질환자 처우에는 한계가 있기 때문에 최적의 치료를 통한 정신질환자들의 재범방지를 도모하기 위해서는 치료시설의 증설과 의료인력 등의 확보가 절실히 요구되고 있다.

본 과제는 치료시설에 인적, 물적 자원이 확충되어야 할 필요성을 언급하면서 정신질환자들에 대한 치료우선의 형사정책에 입각하여 효율적인 형사사법시스템을 모색하고 있다. 그 효과로서 정신질환자의 인권보장, 치료와 교화의 역할분담을 통한 전문성 제고, 재범률, 감소, 형사정의 실현, 관계직원의 업무부담 완화, 예산절감 등을 기대하고 있다.

(2) 정신질환 사범의 특성

① 주관적인 고충호소

밤에 잠이 오지 않는다. 몸에서 냄새가 난다(실제는 냄새가 나지 않는데 냄새가 난다고 생각해 자주 씻는다). 벌레가 온 몸에 기어 다닌다. 누군가 자기를 살해하려고 음모를 꾸미고 있다(피해망상증세). 대인기피증세, 폐쇄공포증세, 공황장애증세를 보인다. 자살자해 및 살인하고 싶은 충동을 느낀다는 식으로 호소한다.

② 자기보호나 사회기능에 결함

씻지를 않는다. 옷을 제대로 입지 않는다. 폭식을 하거나 이물질을 취식한다. 약 복용을 거부한다. 자살 또는 자해를 한다. 평소 말이 없다. 파괴적이고 문제를 공격적(폭력적) 행동으로 해결하려고 한다.

③ 목적 없이 사회규범에 맞지 않는 기묘한 행동

폭언과 폭행을 하고 눈을 부릅뜨고 위협적인 자세를 취한다. 밤에 잠을 자지 않고 혼자 횡설수설한다. 큰 소리로 노래를 부르거나 떠든다. 허황된 내용의 글을 쓰거나 그런 말을 많이 한다. 대소변을 아무 곳에서 보고 대변을 손으로 만지거나 벽에 바른다. 수돗물을 계속 틀어 놓고 장난을 한다. 물건을 파손, 낭비하거나 주는 대로 창문 밖으로 버린다. 거실 문을 두드리거나 발로

찬다. 화장실에 가서 오래 서 있거나 변기에 이물질을 버린다. 창문 쇠창살에 매달려 있거나 특이행동을 한다.

④ 감각기능장애

환청이나 환상을 본다. 이 현상이 금단증세에서 온 경우는 한 달 이내에 호전되지만 금단증세가 아닌 다중인격장애인 경우도 있다.

인지사고체계의 와해로 주어, 동사 등 언어표현이 지리멸렬하고 묻는 말에 동문서답을 한다. 사고능력장애가 있는 환자는 특히 인격의 황폐화로 일탈행동을 할 우려가 농후하고 범죄피해자가 될 가능성이 높다.

(3) 수용관리상 문제점

① 정신과 전문의 등 인력의 절대적 부족

모든 시설에서는 상당한 정신의학 지식을 가진 1명 이상의 자격 있는 의사의 의료를 받을 수 있도록 하여야 한다고 명시하고 있으나 우리나라 교정시설에는 정신과전문의가 진주교도소에 단 1명 배치되어 있기 때문에 교정시설 내 정신질환수용자는 정신과전문의나 상담전문가에 의한 적절한 치료의 기회가 주어지지 않은 채 방치되고 있는 실정이다. 이러한 문제는 사회 내 정신병원이나 치료감호소의 의료환경을 문제시하는 것보다 오히려 더 심각성이 크다고 할 수 있다. 교정시설 내 보건의료과장이나 공중보건의는 의료인이지만 정신과전문의가 아니며, 분류직공무원의 치료 또는 양호활동 역시 행정처리에 불과한 실정이다. 또한 교도관의 정신질환개념에 대한 인식 부족은 조기 발견을 놓쳐 병세를 악화시키거나 법률상으로 악용하려는 자에 대한 구별에 무능하다.

결국 외부병원 정신과전문의의 진료를 바탕으로 검사, 치료 그리고 처우가 이루어져야 함에도 불구하고 이마저도 여의치가 않은 이유는 외부병원 진료에 따르는 계호인력의 부족, 의료비부담 등 문제점이 있기 때문이다.

② 치료환경의 미비

수용자의 건강관리를 담당하는 전문의료진은 턱없이 부족하고 진주교도소를 제외하고는 정신과전문의가 한 명도 배치되어 있지 않다. 이런 상황에서 정신질환자 수용은 점차 증가추세이기 때문에 정신질환수용자에 대한 치료와 재활 프로그램 등은 생각하기도 힘들고 외진이나 차입약을 통하여 투약처분을 하는 것을 제외하면 그대로 방치되어 상태만 관찰하는 정도이다.

정신질환자의 탈원화와 지역사회 내에서의 치료는 세계적인 경향이나 우리나라의 정신보건정책의 기본방향이기도 한다. 종합병원 정신과 등의 정신의료기관에서 운영하는 낮 병동 프로그램을 도입하여 요양사동 이외의 여러 장소에서 다양한 활동을 할 수 있도록 정신질환자에게 적합한 처우프로그램을 개발하여 시행하는 것은 좋은 개선방안이 될 수 있다.

③ 교정행정 수행에 지장을 초래

정신질환자들은 일반적으로 특이행동을 보여 독거실에 수용되는 경우가 많지만 독거를 요구하는 일반수용자 또한 증가하여 독거실 사정을 악화시키고 있다. 이러한 현실로 인하여 혼거실에 수용되는 경우도 적지 않은데 이런 경우 일반수용자 입장에서는 정신질환자에 대하여 심리적 압박을 가함으로써 치료에 역항하게 되며, 상호 반목 대립하는 양상을 흔히 보여 대형사고의 위험성이 상존하고 있다.

정신질환자의 소란 등의 행위 시에는 계구 외의 별다른 제재수단이 없고, 보호실 등의 시설이 제대로 갖춰져 있지 않아 일반수용자의 평온한 수용생활을 방해하고 질서유지를 저해하며 궁극적으로는 교정행정 수행에 지장을 초래한다.

Ⅱ. 누진처우제도

1. 개요

(1) 개념

누진처우제도(Progressive Stage System)란 재판상 선고되는 자유형의 기간 내에서 수개의 계급을 두고, 수형자의 개선 정도에 따라 상위계급으로 진급하게 하여 점차 자유제한적 처우를 완화하는 제도이다.

(2) 제도적 가치

상급자로 진급함에 따라 처우상의 특전과 보다 많은 자유가 주어지고 최상급자는 가석방 혜택으로 수형자에게 희망과 자력적 개선에 대한 발분노력을 촉구하며, 궁극적으로 수형자의 사회복귀를 조장하는 것이다.

2. 누진처우의 역사

(1) 최초의 누진제

누진제도의 최초의 발생지는 영국의 식민지였던 호주(오스트레일리아)이다. 1787년 이래 호주에 유형수가 급증하면서 치안부재의 비난을 면하기 위하여 1822년 형기를 4기(1기 - 신입자대상으로 중노동부과, 2기 - 감시 없이 자유 완화된 상태에서 토지개간노동, 3기 - 자유식민지의 상업에 종사, 4기 - 가석방증표를 부여하고 일정 지역 내에서의 거주조건으로 잔형기 복역을 면제)로 나누어 그 진행에 따라서 점차 사회에 접근하게 하는 누진제를 처음 도입하였다.

(2) 한국의 누진제

1934년	'조선행형누진처우규칙'에 의거, 아일랜드제 형태로 시행한 것이 효시라 할 수 있다.
1980년	행형법 개정으로 분류 및 누진처우에 관한 일반적인 근거규정을 마련하였다.
1999년	'수형자분류처우요강'이 '수형자분류처우규칙'에 통합되어 개정된 바 있다.
2008년	'형의 집행 및 수용자의 처우에 관한 법률 시행규칙'에 분류처우규정이 통합·제정되었다.

3. 누진계급의 측정방법

(1) 고사제

고사제(기간제)는 1843년 호주의 James Graham과 Lord Stanly가 창안하였다. 이는 일정 기간을 경과하였을 때에 그 기간 내의 교정성적을 담당교도관의 보고에 의하여 교도위원회가 심사하고 진급을 결정하는 방법이다(한국의 분류처우위원회와 유사). 그러나 교도관의 주관적 자의가 개입되기 쉽고 관계직원이 공평을 저하시킬 우려가 있다는 비판을 받는다.

(2) 점수제

교도소 개혁가인 Alexander Machonochie[69](1787~1860)가 1840년 영국의 식민지였던 호주의 Norfolk섬 감옥에서 창안하였다. 점수제(점수소각제)는 일일 또는 월마다의 교정성적을 점수로 나타내어 교정성적에 따른 소득점수로 책임점수를 소각하여 자동 진급시키는 것이다.

---

69) 그는 "누군가 신체적인 아픔을 당했을 때에는 일반 사람들은 그 개인에게 관심을 두지만, 누군가 도덕적으로 혼돈되어 범죄를 저질렀을 때에는 그들이 사회에 끼친 결과만을 생각한다."는 것을 지적하고, 구금형은 과거에 대한 형벌과 미래를 위한 특정훈련(점수제)을 결합시켜야 하며, 기간에 의한 구금이 아니라 '작업에 의한 구금'이어야 한다고 주장하였다.

4. 점수제(Mark System)의 종류

(1) 잉글랜드제(England System)

연혁	Machonochie의 점수제가 영국에 도입되면서 정착한 제도이다.
방식	9개월간 독거구금 ⇨ 공역교도소에 공동작업 ⇨ 가석방
내용	수형자를 고사급(考査級)·제3급·제2급·제1급·특별급의 5급으로 나누고, 책임점수를 소각하면 상급으로 진급시켜 가석방하는 것으로 소득점수를 매일 계산한다.

(2) 아일랜드제(Irish System)

연혁	Machonochie의 개혁사상을 응용하여 1854년 아일랜드의 Walter Crofton이 제안하였다. 당시 Crofton은 휴가증(ticket of leave)제도를 시행했는데, 이것이 보호관찰부 가석방(parole)의 시초가 되었다고 한다.
방식	독거구금 ⇨ 공동작업 ⇨ 중간교도소(교도소와 사회의 여과기) ⇨ 가석방
내용	잉글랜드제의 3단계에 중간교도소 수용을 추가하여 4단계로 한 것이 특징이며, 1단계는 독거구금, 2단계는 혼거구금과 더불어 제5계급제 및 점수제를 내용하는 누진제의 적용, 3단계는 외부통근이 허용되는 중간처우단계, 4단계는 경찰 감시하의 가석방이 실시되는 단계이다. 소득점수는 매월 계산한다.

(3) 엘마이라제(Elmira System)

연혁	미국교정협회가 채택한 1870년 10월 신시내티(Cincinnati)선언[70]과 Dwight, Wines, Brockway,[71] Sanborn, Hubbell 등의 제안은 향후 1세기 동안 처우의 개별화와 개방화를 통한 사회복귀 행형정책에 영향을 준다. 이 제도는 1869년 법률제정에 따라 1876년에 16~30세까지의 초범자 소년시설인 엘마이라감화원에서 Brockway에 의하여 처음 실시되었다. 특히 체육에 중점을 두고 군사훈련과 체조를 실시한 점과 기타의 교화방법으로 학교교육 및 토론회 등을 개최하여 수형자의 건강과 규율유지에 큰 성과를 거둔 것으로 평가되고 있다.
방식	아일랜드제＋상대적 부정기형(최초 실시)
내용	최고형기만을 선고받은 16~30세의 수형자를 3개 계급으로 분류하고, 신입자는 제2급에 편입하고 점수제에 의거하여 제1급에 진급하도록 하며, 제1급자 중에서 책임점수를 전부 소각하면 가석방이 된다. 가석방자가 6개월간 가석방 조건을 위반하지 않으면 형을 면하게 되고, 제3급은 불량급으로 제2급에서 강등되는 계급으로 최고 형기의 만기까지 엄격한 수형생활을 해야 하는 불이익을 주었다.

---

70) 미국교정협회가 채택한 신시내티 선언의 주요 내용을 보면, 정기형 대신 부정기형의 실시, 교화 수단으로 종교의 중요성, 교육을 통한 지성의 계발, 수형자의 자아존중심의 계발, 직업훈련의 활성화, 도급제형이 아닌 산업노동의 실시, 아일랜드식 누진처우의 실시 등이다.

71) 엘마이라감화원의 소장이었던 Zebulon Brockway(1827~1920)는 분류심사와 처우가 개선과 교화의 열쇠라고 주장하고, 신입수용자의 일탈의 사회적·생물학적·심리학적 그리고 저변의 원인을 규명하여 그 결과에 따라 개별화된 교육과 작업처우프로그램이 실시되어야 한다고 보았다.

5. 누진처우의 평가

장점	교정성적이 숫자로 표시되므로 자력적 개선을 촉진할 수 있다.
단점	• 누진계급별 처우이므로 수형자의 인격특성을 고려한 개별처우가 경시되는 경향이 있다. • 일반사회의 생활수준보다 현격히 낮은 계급별 처우내용을 담고 있다. • 교도관의 행형성적채점방식이 소극적이고 형식에 흐르기 쉽다. • 계급별 처우를 하기 때문에 상대적으로 최하위급에서는 불리한 처우를 받게 된다. • 누진계급이 최상급이 아니더라도 가석방이 허가됨으로써 누진처우와 가석방이 연결되지 않는다. • 개방처우 등 중간단계의 처우가 빈약하기 때문에 누진처우와 사회복귀를 위한 제도가 결합되지 못하고 있다. • 이 제도하에서는 수형자가 외형적인 요령으로 위선적이고 기망적인 행위를 자행할 개연성이 있다. • 단기수형자나 정신장애자 등에게는 제도적으로 큰 의미가 없다.

Ⅲ. 양자의 관계

1. 이행설

이행설(누진제 ⇨ 분류제)은 군별처우의 폐단을 극복하고 개선교화를 위해 소시설주의를 취할 것을 전제로 일률적, 기계적 누진제도를 폐지하고 그 대신 과학적 분류수용에 근거한 개별적 처우에 중점을 두어야 한다는 입장으로 수용인원 500명 수준의 소시설주의를 주장하며 미국과 스웨덴을 중심으로 발전하였다.

2. 절충설

절충설(누진제 + 분류제)은 수형자를 과학적으로 분류수용 한 후 다시 시설 내에서 질서유지 등을 위해 누진제를 실시하자는 입장으로 군별처우와 개별처우의 목적을 병행 및 절충하여 효과를 증대시켜야 한다는 견해이다. 유럽형 집단분류개념과 중대형 시설주의의 현실적 타협안으로 프랑스, 일본, 한국 등의 입장이라고 볼 수 있다.

제2절 범죄위험성 평가

Ⅰ. 개요

1. 위험요인

범죄성을 평가한다는 것은 바로 위험성을 평가한다는 것이고, 위험성을 '범죄를 저지를 가능성 또는 재범 가능성'이라고 정의할 수 있다. 따라서 위험성 평가는 미래에 범죄를 저지를 가능성을 측정 및 평가하는 것이고, 위험요인 (risk factor)은 '범죄 가능성을 야기하는 요인 혹은 재범 가능성을 촉진하는 요인'이라 정의할 수 있다. 그러나 재범 가능성과는 달리 '범죄를 저지를 가능성'이라는 용어에는 재범뿐만 아니라 초범 가능성에 대한 뜻도 포함되어 있어 실제로 재범연구에 따른 인권침해 소지가 논란이 되고 있는 현시점에서 초범 가능성에 대한 연구나 용어는 언급하기 난해한 문제가 있다.

2. 한국의 재범예측

재범 가능성을 평가하고 범죄를 예측하여 운영되었던 한국 대표적인 구금시설이 청송감호소라 할 수 있다. 이곳은 과거 사회보호법을 근거로 '개전의 정'72)이 없는 사람, 즉 재범이 예측되는 범죄자들을 선고기간이 넘어서까지 사회로부터 격리 통제하도록 정해진 곳이었다. 또한 '미수범'에 대한 법적 처벌도 범죄예측에 근거한 것이다. 그러나 사실상 범죄행위에 대한 '예측'과

---

72) 한국의 형법 제59조는 현저한 개전의 정을 선고유예 혹은 집행유예의 전제조건으로 명시하고 있는데, 이는 재범의 가능성이 없을 때에만 집행유예나 선고유예가 가능하다는 의미다.

'통제'는 간단한 문제가 아닐 뿐만 아니라 미래를 담보로 신체적 자유를 제한한다는 것은 심각한 인권침해라는 이유 때문에 사회보호법과 청송감호소는 폐지되기에 이른다. 하지만 그럼에도 불구하고 재범위험성을 보호처분, 가석방처분 등을 결정하는 데 여전히 사용하고 있으며 이는 앞으로도 쉽게 변할 수 있는 절차인 것으로 보인다(이수정, 2006).

3. 범죄예측 비판

(1) 예측의 부정확성

미래에 범죄를 저지를 가능성을 예측하는 데 비판적인 관점들 중에서 먼저 실증주의적 비판이 있다. 이것은 예측 자체에 대한 불신, 즉 예측의 부정확성에서 파생된 비판이다. 위험성 평가에 의한 범죄예측의 정확성에 대한 불신을 가지는 전문가들은 미래에 있을 범죄행위에 대한 예측을 토대로 현재 개인에게 불이익 혹은 이익이 되는 결정을 내리는 것에 반대할 수밖에 없다.

(2) 인권침해

범죄예측이라는 것 자체가 인권침해의 소지가 다분하다는 것이다. 한 개인이 미래에 범죄를 범하리라고 예상해서 현재 어떤 조치를 취한다면 비록 이 예측이 정확하다고 하더라도, 한 개인이 미래에 행할 행동에 대하여, 즉 아직 일어나지 않은 일에 대하여 미리 벌하는 것이므로 윤리적으로 정당화되지 않는다는 주장이다.

(3) 심리전문가의 직업윤리와 상충

정신의학을 담당하는 전문가들의 직업적 의무는 정신/심리적인 문제를 가진 사람들을 치유하고, 정상적인 생활을 하도록 돕는 것에 국한되어야 하고, 전문가들이 사회통제를 위한 도구로 이용되어서는 안 된다는 주장이다. 즉 위험한 개인으로부터 사회를 보호하는 것보다는 환자 개인의 복지와 안녕에 대한 염려가 정신/심리학자들에게는 우선된다는 직업적 윤리의식에 기초하고, 위험한 개인으로부터 사회를 보호하는 것은 경찰 및 기타 공권력이 할 일이라는 것이다.

(4) 법철학적 관점

범죄예측은 법학적 인간관과 상충된다는 것이다. 범죄예측은 인간의 행위가 예측 가능하다는 전제하에 이루어진다. 즉 인간의 행위를 결정하는, 파악 가능한 요인들이 존재한다는 가정이다. 그러나 법철학은 법이 범죄자에게 벌을 가할 수 있는 윤리/철학적 근거는 인간을 기본적으로 자유의지에 의해 행위하는 존재로 파악하는 데 있다. 즉 인간의 행동은 자신의 자유로운 결정에 의해 이루어지고, 따라서 그 행위의 결과에 대한 책임의 소재도 바로 그 행위자에게 물어져야 한다는 것이다. 그런데 특정한 요인들에 의하여 범죄행위가 예측된다는 전제는 자유의지에 의해 행위하는 존재로서의 인간관과는 매우 상반되는 견해인 것이다. 어떤 사람이 범죄를 저지를 확률이 높다고 하여 감금상태에 처한다면 그로 하여금 스스로 선택하여 범죄를 저지르지 않을 기회와 권리를 박탈하는 것과 같다는 것이다.

Ⅱ. 위험성 평가의 통계방법

1. 정신의학적 위험성 평가와 통계적 위험성 평가

(1) 정신의학적 위험성 평가

그 평가판단의 과정이 상당히 직관적이라는 것이다. 대상자의 현재 인격상태와 환경조건 또는 과거의 성장환경 등을 전반적으로 분석·검토하여 최종적으로 당사자의 재범가능성을 전문가들이 '네' 아니면 '아니요'로 판단하는 형식으로 이루어진다. 그래서 이 방법을 흔히 직업적 전문성에 주로 의존한다. 그러나 이 방법은 그 어떤 통계적·과학적 사실에 근거하지 않아 결국 판단근거의 타당성 및 신뢰성에 대해 다양한 의문점이 제기되는데, 이 중 가장 심각한 문제는 정신건강 전문가들에 의해 이루어지는 위험성 판단이 지나치게 보수적인, 즉 높은 수준의 오류긍정률을 지닌다는 것, 즉 실제 재범이 낮은 사람을 재범이 높다고 예측하는 오류로 인권침해의 소지가 많다는 것이다.

(2) 통계적 위험성 평가

범죄자와 비범죄자 집단을 대상으로 재범과 관련이 되는 요인들은 조사하고 이를 통계적으로 체계화한 기준에 근거하여 이루어진다. 소위 범죄예측표라고 불리는 일정한 범인성 요인을 기준으로 해서 각 개인의 위험요소를 계량적인 방법으로 측정해 낸다. 이렇게 범죄통계표에 의한 예측은 과거의 많은 사례에 대한 실제적인 경험에 의존하기 때문에 객관성과 타당성을 확보할 수 있다는 큰 장점이 있다. 경험적인 자료에 대한 사전분석을 근거로 위험요인을 산출하기 때문에 일정한 훈련기간을 거치면 쉽게 적용이 가능하다. 주로 정적 위험요인들의 유무로 재범예측을 진단하게 되는데 이런 형태의 범죄통계학적인 변수들로 구성된 위험성 평가체제가 정신의학자들의 직관적인 위험성 판단보다 재범을 예측하는 데 있어서 훨씬 우수한 예언타당도를 지닌다는 것을 여러 연구들에서 확인할 수 있다.

(3) 예측오류에 대한 이유

범죄는 특정한 한두 개의 원인에 의해서 발생하는 것이 아니라 수많은 요인들과 그 요인들 상호간의 복잡한 상호 작용 그리고 그 밖의 다른 환경 및 상황요인들과 상호 작용하기 마련이다. 따라서 범죄예측에서 오류가 아직 범죄에 대한 예측력 있는 변인들이 무엇인지를 규명해 내지 못한 것이 가장 중요한 요인일 수 있다. Litwack와 Schlesinger(1987)에 의하면 미래에 범할 범죄에 대해 가장 강력한 예측력을 가지는 변인들은 두 가지가 있는데, 한 가지는 '최근의 폭력성을 반복적으로 보였는지의 여부'와 '그로부터 처벌받지 않았는지의 여부'라는 것이다. 여기서 반복적인 폭력성은 성격이나 인성에 의해 유발된다고 한다. 따라서 최근의 폭력성 전력과 인성변수들을 함께 고려하면 더욱 정확성이 높은 범죄예측이 가능할 것으로 추정된다.

Ⅲ. 위험성 평가의 활용

위험성의 측정을 토대로 한 범죄의 예측은 예방단계, 수사단계, 재판단계 그리고 교정단계 등 형사사법의 거의 모든 단계에서 유용한 정보를 제공한다.

1. 수사단계

범죄의 수사단계에 있어 수사를 종결시키는 경우 범죄자의 처리나 처분을 결정하기 위한 목적으로 위험성을 평가하는 경우가 있다. 특히 소년사건의 경우 형사사법기관의 개입의 필요성이나 개입의 시기와 정도를 결정하기 위하여 비행성을 측정하는 경우가 있다.

2. 검찰단계

검찰단계에서 선도를 조건으로 기소를 유예시키는 경우 피의자의 죄질은 여러 각도에서 평가받는다. 미국의 경우 검찰단계에서 기소결정을 위하여 가장 많이 활용되고 있는 일명 검찰 관리 정보체계라고 불리는 사건 평가표라는 것이 있다. 기본적인 논리는 본 범 내용이 얼마나 심각한지, 그리고 과거 범죄전력이 어느 정도인지에 따라 기소확률이 결정되어야 한다는 것이다.

3. 재판단계

재판과 판결에서 범죄위험성에 대한 판단은 형의 종류를 결정하는 데 중요한 근거가 된다. 먼저 형법 제59조 1항은 1년 이하의 징역이나 금고 등을 선고해야 할 경우에 양형의 조건을 참작하여 개전의 정이 현저할 때는 그 형의 선고를 유예할 수 있다고 규정하고 있고, 형법 제62조 1항은 3년 이하의 징역이나 금고 등을 선고하는 경우, 마찬가지로 양형의 조건을 고려하고 정상참작의 이유가 있을 때 집행을 유예할 수 있다고 규정하고 있다. 여기서 '개전의 정'이나 '정상참작'의 이유에는 범죄위험성에 대한 의미가 내포되어 있다 (이수정, 2006).

(1) 선고유예/집행유예

선고유예나 집행유예는 피고에 대한 잠재적 위험성의 평가가 꼭 필요한 의사결정 과정이다. 이런 의사결정은 궁극적으로 피고를 사회로 복귀시키기 때문에 국가는 이들의 잠재적 위험성으로부터 사회를 보호해야 할 의무를 지니기 때문이다.

(2) 판결 전 조사(presentence inquiry)

피고인에 대해 집행유예나 선고유예를 결정할 때에는 형사법원은 관할 보호관찰소에 판결 전 조사를 요구할 수 있다. 그 목적은 이 처분 시 보호관찰이 필요한지의 여부를 결정하고 감독과 준수사항의 수준을 결정하기 위한 것으로 볼 수 있다. 판결 전 조사는 법원이 요청하고 보호관찰관이 담당하게 되는데 판결 전 조사보고서에는 범행동기, 직업, 생활환경, 교우관계, 가족상황, 피해외복 여부 등과 함께 범죄경력과 가족관계와 생활 정도, 성장과정, 정신 및 신체상태, 보호자의 보호능력 등이 포함되어 있다. 판결 전 조사서에는 범죄원인과 재범위험성, 보호관찰대상자로서의 적격성에 관한 조사담당 보호관찰관의 의견이 첨부된다(이춘화, 2001: 140－144).

(3) 소년분류심사원 위탁

소년사건의 경우에 재판단계에서 위험성 평가를 위한 제도를 하나 더 가지고 있다. 검찰에서 소년부송치를 한 사건들(소년보호사건)은 소년부판사에 의해 보호처분을 받게 되는데 처분을 결정하기에 앞서 소년법원은 소년에 대해 조사를 위해 소년을 소년분류심사원에 위탁할 수 있도록 하고 있다. 위탁된 소년들은 1개월 정도 수용되어 여러 가지 검사와 교육을 받게 된다. 비행의 원인을 진단하고 재비행성을 예측하고 거기에 따른 적절한 교정처우 방법을 제시하는 것을 목적으로 하는 분류심사원의 활동은 과학적 범죄위험성 예측을 시도하고 있다. 각종 검사와 면접이 종결되면 분류심사관은 검사결과와 관찰, 면접결과를 토대로 분류심사결과 통제서를 작성하는데, 여기에 재비행예측에 대해 의견을 쓰는 것도 포함하고 있다. 이 통지서는 법원에 제출되어 보호처분 결정의 자료로 이용되고 있다.

4. 행형단계

행형단계에서 재범위험성의 예측이 중요하게 고려되는 측면은 크게 두 가지로 대별해서 볼 수 있다. 하나는 보호관찰자 분류에 있어서의 재범예측의 역할이고 하나는 시설수용자의 분류에 있어서의 재범예측의 역할이다.

(1) 보호관찰처분을 받은 자에 대한 감독과 재범방지를 위한 분류

97년 이전에는 성인과 소년보호관찰대상자에 대해 다른 분류처우기준을 가지고 있었으나 1997년 1월 1일 이후의 보호관찰대상자 분류는 보호관찰관의 지도·감독순응 정도, 재범위험성, 개선가능성, 환경 등을 참고하여 행해진다. 이를 토대로 세 가지 등급으로 분류되는데, 일반관리대상자, 주요관리대상자 그리고 추적조사대상자이다. 일반관리대상자는 보호관찰 성적이 양호하고 재범가능성이 희박한 부류이고, 주요관리대상자는 재범가능성이 있어서 보다 적극적인 감독과 준수사항 부과가 필요한 등급이며, 추적조사대상자는 소재를 파악하여 필요시 신속히 신병을 확보해야 하는 대상자이다.

(2) 시설수용자의 분류

수형자의 분류에 대해서는 수형자 분류처우규칙에 규정되어 있는데, 새로 들어온 신입자에 대해 분류심사를 하는 것은 '수형자의 개성과 능력, 교육 정도, 범죄의 원인을 과학적으로 진단하여 개별처우의 적정을 기함'을 목적으로 하고 있다. 신입자에 대한 분류는 미래 재범위험성의 측면보다는 수용생활에 얼마나 잘 적응할 수 있을 것인가가 더 중요한 것으로 생각된다. 수용자의 신입 시 분류는 수용생활 적응과 보안의 효율성을 위해 이루어지는 측면이 강하며, 재범위험성이라는 측면은 상대적으로 덜 고려되고 있다고 볼 수 있다.

5. 가석방 결정과 위험성 평가

가석방의 요건에 대해서는 형법 72조에 규정되어 있으며 이에 따라 가석방에 대한 기본요건이 갖추어진 수형자 중에서 처우급이 최상급에 속하거나 또는 재범위험성이 없고 사회생활에 잘 적응할 수 있다고 인정을 받은 수형자들은 가석방 신청을 할 수 있다. 가석방심사위원회는 가석방의 적격 여부를 판단하기 위해 수형자의 연령, 죄명, 범죄동기, 형기, 수형생활 중 행장, 가석방 후의 생계수단과 생활환경, 재범위험성 유무 등 모든 사정을 참작하여야 한다. 과거에는 가석방 심사기준이 주로 범죄사실을 위주로 이루어져서 가석방심사 대상자의 범위가 제한적이었으며 1998년 5월에 이르러 심사기준이 재범가능성 유무로 전환되었다. 즉 가석방심사의 기준이 본 범의 죄질보다는 수형생활 중의 자격증 취득이나 생계수단의 습득 혹은 해당 수형자의 생활환경

등을 토대로 하여 미래의 재범가능성을 판단하겠다는 것이다. 이와 같은 사실은 수형기간 동안의 수형자 자신의 노력 여하에 따라 사회복귀를 앞당길 수도 있음을 의미하며 나아가 일반시민들 역시 재범위험성이 없는 사람들이 가석방이 되면 보다 안전한 생활을 할 수 있다는 점에서 다행이라 할 수 있다.

제3절 교도작업·직업훈련·교정교육

Ⅰ. 교도작업

1. 의의

교도작업(prison labour)이란 교도소 등 교정시설에서 수형자에 대하여 교화작용의 일환으로 부과하는 노역으로 통상적으로는 형법에 의한 징역형 수형자의 정역(定役)의무를 지칭하는 것이다.

2. 형사정책적 목적

(1) 윤리적 목적

노동은 모든 인간생활의 기본이므로 교도작업은 나태하고 무위도식하는 수형자의 습벽을 교정하고 기술습득을 통하여 석방 후 생계유지에 도움을 줄 수 있다. 그리고 수형생활의 고독감과 번민을 제거하고 정신적·육체적 건강을 증진한다.

(2) 경제적 목적

작업수입으로 교정시설경비의 일부를 충당하고 작업수익금은 교도작업특별회계법상의 수입금(국가수입)이며, 교도작업이 너무 수익성에 치중하면 민업압박의 문제를 야기할 수 있으므로, 법무부장관이 운용·관리하는 교도작업관리특별법을 제정하였다. 따라서 교도작업으로 연마된 기능자가 사회복귀함으로써 산업사회에 공헌할 수 있다.

(3) 행정적 목적

교도작업은 교도소 내의 질서유지와 수형자의 나태를 해소하고 교정사고예방에 유용하다는 점에서 행정적 목적을 실현할 수 있다.

(4) 사회교육적 목적

수형자의 근로정신함양과 생활지도, 직업지도 등에 유용하다.

3. 개념의 구분

교도작업은 그 적용대상자의 범위를 기준으로 광의의 교도작업과 협의의 교도작업으로 구분된다. 협의의 교도작업이란 정역이 부과된 징역형 수형자에게 교도소에서 강제로 실시하는 작업을 말하며, 광의의 교도작업이란 징역형 수형자와 그 밖의 수용자들의 작업을 말한다.

4. 성격

교도작업의 성격은 형벌사상의 변화에 따라 변천해 왔는데, 근대적 자유형이 등장한 16C에는 고통·보복의 수단으로, 18C에는 위하·예방의 수단으로, 그리고 19C에는 교화·구직의 수단으로 역할을 하였다. 오늘날 이러한 교도작업은 근본적으로 교화개선수단이어야 하며, 생산적인 작업이어야 하고, 석방 후의 전업적인 작업이어야 하며, 전문적이어야 하고, 수형자의 정신적·육체적 장애를 초래해서는 안 된다.

5. 작업과정

(1) 의의

작업과정의 인정 여부에 따라 소극설과 적극설이 대립하는데, 오늘날 통설은 적극설의 관점에서 교도작업의 과학적 운영으로 획일주의에서 초래되는 폐단을 보충하도록 하고 있다. 이러한 작업과정은 작업성적을 판정하는 기준에 불과하므로 시간 내 작업과정을 달성하였다고 하여 작업이 감경되는 것이 아니고, 시간 내에 달성하지 못하였다 하여 연장되는 것은 아니다.

(2) 구분

작업과정은 수량과정과 시간과정으로 구분되는데, 수량과정이라 함은 보통 1인의 1일 능률고(8시간 기준)와 작업시간을 표준으로 하여 균일하게 정한 것을 말하며, 시간과정이라 함은 능률고를 표준으로 할 수 없는 작업(취사·청소·간병 등)에 대하여 작업시간을 표준으로 한 과정을 말한다.

(3) 현행

한국에서는 원칙적으로 수량과정하에 균일과정을 적용하고 있으며, 예외로 시간과정을 인정하고 특히 필요할 때 개별적 과정을 실시하고 있다.

6. 교도작업의 관용주의

(1) 의의

교도작업관용주의란 교도작업 생산품을 주로 국가 또는 지방공공단체, 국영기업체 또는 정부관리기업체에 우선적으로 공급하는 것을 말한다.

이러한 교도작업관용주의는 교정자급자족주의(self – supporting system)와 일맥상통하는 것으로 민업압박을 피하려는 경영활동이다.

(2) 평가

장점	단점
• 경기변동에 관계없이 장기계획하에 작업을 계속할 수 있어 작업경영이 안전하다. • 자급작업은 교도소의 이용이나 소비에 공급하게 되어 민업압박의 문제를 제거한다. • 소 내 생산품을 교도소 자체 내에서 소비함으로써 관용주의의 기초가 된다. • 생산품을 원가공급하므로 교정비용을 절약하고 수주활동이 불필요하다. • 자체설비 및 계획생산 등 자급경영의 합리화가 용이하다.	• 제품의 질이 일반 사회제품에 비하여 떨어질 우려가 있다. • 제품의 공급이 즉시 사회구입이 아니므로 적기에 공급되지 않을 가능성이 있다. • 수형자가 제품제작에 정성을 쏟을 가능성이 희박하며, 권고와 주의 등에 신중성이 결여되기 쉽다. • 담당교도관이 작업경영에 열의가 없고 타성에 젖을 우려가 있다.

Ⅱ. 교도작업의 역사

1. 역사적 고찰

(1) 고대～중세

전쟁포로나 민사채무자 및 범죄자 등을 노예화하거나 유사한 신분으로 전락시켜 강제노동에 종사시켰다. 즉 수형자의 노동력은 주요한 국가의 자원이었다. 중세 때는 종교적 이념이 지지되었지만, 그 본질적 성격은 변화가 없었다.

(2) 16C 말～18C경

1597년 암스테르담 여자노역장에서는 강제노동이 교육수단으로 활용되었고, 박애적 자유형 사상과 산업혁명으로 수형자도 산업계의 유용한 공급원으로 이용되었다. 1777년 John Howard는 <State of Prison in England and Wales>에서 "사람들을 근면케 하라. 그렇지 않으면 정직한 사람을 만들 수 없다."라고 설파했다.

(3) 18～19C경

18C 초에는 미국이 영국에서 추방된 범죄인들보다 아프리카 노예들을 공공사업이나 도로건설 등에 이용하게 되자 영국의 교도소는 다시 과밀수용에 시달렸다. 1787년부터 호주의 식민지개발에 영국이 유형수(流刑囚)의 노동력을 이용하였으며, 18C 말부터 생산기술의 향상발전과 인구증가 등으로 노동시장에 노동공급이 과잉현상을 보이면서 교도작업이 위기를 맞게 되었고, 결국 수형자의 일자리가 줄어들어 수차를 밟는 공역을 과하기도 하였다. 1837년 추방제도가 범죄자의 개선과는 거리가 멀고 부패한 사회를 만든다는 이유로 비판받으면서 1868년에는 이러한 추방제도가 사라졌다. 1854년 아일랜드에서는 자원개발 및 노동력 부족을 고려하여 Crofton이 중간교도소제 등을 실시하기에 이르렀다.

(4) 20C 이후

미연방교도소 산업공사제도	교도작업을 철저한 관용주의로 운영하기 위하여 연방 및 주정부가 직접 통합하는 교도작업회사를 재단법인인 정부조직체로 구성하고 수형자들의 완전고용과 직업훈련을 실시하며, 그 생산품을 미국정부의 각 기관에 조달·공급하기 위하여 연방교도작업공사(UNICOR)를 운영하고 있다. 이는 관용작업제도에서 그 운영관리책임자였던 교도관 대신 산업경영전문가로 하여금 그 운영책임을 지게 하고 작업에 참여하는 수형자에게 임금을 지급하는 체제이다.
일본의 교도작업 협력사업부	1983년 일본의 행정개혁방침에 따라 종래의 교도작업운영체계에 큰 변혁을 가하여 동년 7월에 법무성의 외곽단체인 재단법인 교정협회 내에 '교도작업 협력사업부(CAPIC)'를 설치하여 3년간에 걸친 국가보조금을 기금으로 독립채산제를 실시하고 동 사업부에서 교도작업의 원자재조달과 생산제품의 판매를 담당하고 있다.
싱가포르의 갱생사업공사	1975년 설립된 갱생사업공사(SCORE)는 교도작업계획을 교정국에서 마련한 교정프로그램 등과 조화를 이루어 수형자가 스스로 개과천선할 수 있도록 조력하는 데 목적을 둔다.

2. 한국의 교도작업사

1895년	징역처단례를 제정하였고, 도형을 폐지, 역형(役刑)을 일반범에 부과하였다.
1898년	감옥규칙과 감옥세칙 제정. 작업에 관하여 작업의 부과방법·급여공전 및 면역일에 대한 규정 등이 제정되었다.
1905년	형법대전의 제정에 의하여 역형과 금옥형(禁獄刑)으로 구분하여 금옥형은 정역을 과하지 않고 역형에 대해서만 노동에 복역시킬 것을 규정하고 감옥의 잡일에 종사하는 것을 작업으로 하였으나, 이때에는 작업장과 취업상 필요한 설비도 없었다.
1908년	감옥관제의 실시와 함께 근대적인 교정시설이 설치됨에 따라 종로감옥에서는 민간인의 고공(짚으로 만드는 수공)을 도급작업으로 최초 실시하였다.
1909년	구한말시대부터 전국적으로 수형자에게 작업을 부과하였다.
1962년	'교도작업관용법'이 제정·공포되어 시행되고 있다.
2008년	교도작업관용법과 교도작업특별회계법을 통합하여 '교도작업의 운영 및 특별회계에 관한 법률'로 제정하였다(2010. 1. 1 시행).

III. 교도작업의 종류

1. 교도작업의 의미

(1) 일반적으로 징역수형자에게 과하는 것으로 응보적 차원(책임주의 관점)의 형벌적 의미가 강한 정역이다.

(2) 오늘날 교도작업은 교육형주의 관점에서 교화개선의 수단으로 이해되고 있다.

2. 교도작업의 구분

법적 강제 여부	강제작업(정역)과 신청작업
제품생산 여부	생산작업(수익작업)과 관용작업(자영작업)
시설내외 여부	구내작업과 구외작업

3. 공동작업의 종류

(1) 직영(관사)작업

특징		직영작업은 한국 교도작업의 원칙으로 교도작업관용주의에 가장 적합한 작업이다.
형태		교도소에서 일체의 시설·기계·기구·재료·노무 및 경비를 부담하여 물건 및 자재를 생산하고 판매하는 작업이다.
평가	장점	• 자유로이 작업종목을 선택하고 직업훈련에 편리하다. • 형벌집행의 통일과 작업에 대한 통제가 용이하다. • 민간업자의 관여를 금지할 수 있다. • 수형자의 적성에 부합하는 작업을 부과할 수 있다. • 국고수입을 증대시키면서 자급자족할 수 있다. • 경제변동에 따른 불시의 손해를 입지 않는다. • 이윤을 독점할 수 있다.
	단점	• 기계·기구의 설비자금, 재료구입자금 등 많은 예산이 소요된다. • 관계법규의 제약으로 적절한 시기에 기계·기구·원자재구입이 어렵다. • 시장개척 및 경쟁의 곤란으로 제품판매가 용이치 않은 점 때문에 예기치 않은 손실을 받게 되는 경우가 있다. • 직영작업이 교도작업관용주의를 취하지 않고 자유시장에 대량 출하를 할 경우 민간기업체를 크게 압박한다는 비난을 받을 염려가 있다.

(2) 위탁(단가)작업

형태		위탁작업은 외부 민간기업체 또는 개인으로부터 작업에 사용할 기계·기구 및 재료의 전부 또는 일부를 제공받아 물건 및 자재를 가공 생산하거나 수선하여 위탁자에게 송부하고 그 대가를 받는 작업(즉 단위생산량당 일정 금액의 수령방식)이다.
평가	장점	• 기계와 기구의 설비자금, 원자재의 구입자금이 필요 없으며, 사무의 복잡함을 피할 수 있다. • 관용주의가 아닌 직영방식보다는 사기업 압박이 덜하다. • 적은 비용으로 행할 수 있으며, 교정의 통일을 해하지 않는다. • 불경기가 문제되지 않으며, 경제사정의 변화에 교정당국은 직접적인 영향을 받지 않아 위험부담이 적다.
	단점	• 업종이 다양하지 못하여 직업훈련에 부적합하다. • 위탁자의 경영사정에 따라 일시적 작업이 보통이므로 작업목적에 부합하지 않는 경우가 많다. • 위탁업자의 잦은 작업장 출입으로 보안상의 문제점 등이 있다. • 경제적 이윤이 적다.

(3) 노무(수부 · 임대)작업

연 혁		1843년 미국 켄터키 주의 상인이었던 조얼스코트가 5년간 수용자 노동력을 사용하는 조건으로 주정부에 1천 달러를 증여하겠다고 제안한 것에서 시작되었다. 현재 한국은 시설 외 외부통근작업, 시설 내 직원이발공 등에 대하여 노무작업을 인정하고 있다.
형태		임대작업이란 교도소와 민간업자와의 계약에 의하여 교도소는 민간업자에게 노무만을 제공하고, 그 대가로 민간업자로부터 노임을 징수하는 작업방식을 말한다.
평가	장점	• 취업비가 필요 없고 자본 없이도 경제적인 효과가 있다. • 경기변동에 큰 영향을 받지 않는다. • 제품처리의 문제가 없다. • 경제상의 수속 등 절차가 간단하다.
	단점	• 민간업자 관여가 가장 많으며, 외부와의 부정가능성이 있다. • 단순노동 등 직업훈련에 부적합하다. • 행형상 통일성을 유지하기 곤란하고 수형자의 교화목적이 외면될 우려가 있다.

(4) 도급작업

형태		도급작업은 기업체나 민간업자와 일괄 도급계약에 의하여 기일 내에 준공하는 작업으로서, 교도소가 노동력의 제공과 작업용 자재, 비용, 공사감독 등을 맡아 작업을 기일 내 완성하고 도급계약에 의한 대가를 받는 작업이다.
타 작업과의 유사성과 차이점		민간업자 등으로부터 일정한 작업량을 주문받아 작업하는 점은 위탁작업과 공통된다. 그러나 도급은 주로 구외작업의 형태이나 위탁은 주로 구내작업의 형태로 이루어진다.
평가	장점	• 작업의 대형성으로 높은 수입을 올릴 수 있다. • 다수 수형자의 출역으로 불취업자 해소에 유리하다.
	단점	• 실패 시에는 손실이 크고 보상이 어렵다. • 구외작업으로 계호부담이 크고 민업압박의 우려가 크다. • 전문기술자의 확보가 곤란하여 실현성이 희박하다.

4. 구외작업

개요	교정시설의 외부에서 실시되는 작업으로 통역작업과 외박작업으로 구분된다. 통역작업은 주로 교정시설에서 숙박하며 이루어지는 외부통근작업이 대표적이며, 초범자, 단기수형자 등 도주의 우려가 없는 자 등이 주로 선정된다. 외박작업은 교정시설 외의 일정 장소에서 숙박하면서 하는 구외작업이다. 한국에서의 구외작업은 통역작업이 일반적이며, 외박작업에 대해서는 법률적 규정이 없다.
연혁	18~19C 중엽에 수형자를 반자유구금형태로 구외작업을 실시한 영국이 호주의 식민지 개발에 있어 많은 유형자를 공공작업에 취업시킨 것 등에서 발전한 것이다. 1854년 아일랜드의 Crofton이 가석방 전에 실시한 중간교도소제 등은 구외작업을 실시함으로써 당시 시설 내 수용과잉을 완화하고 사회적으로도 자유노동자가 부족하여 노동력을 보충하려는 목적을 갖고 있었다. 미국의 후버법이나 스웨덴의 행형법 등은 구외작업을 수형자의 구금상태를 완화하고 사회적응훈련을 행하는 제도로 발전시켜 석방 전 수형자의 사회복귀를 위한 중간처우로 활용하였다.

<table>
<thead>
<tr><th rowspan="2">평가</th><th>장점</th><td>
<ul>
<li>수형자의 사회적응훈련으로서 유용하고, 입소 전의 직업이 구외작업과 연계되면 기능향상 및 석방 후 취업의 보장이라는 이점이 있다.</li>
<li>단기수형자에게 구외작업이 용이하며, 장기수형자에 대한 적절한 구외작업의 활용은 장기간 수형생활에서 오는 정신적·신체적 장애를 제거할 수 있다.</li>
<li>소년수형자의 사회성 훈련에 적합하게 활용될 수 있다.</li>
<li>교정경비 면에서 다른 작업보다 경제적이고, 수형자와 교도관의 인간적 신뢰관계로 그들의 반사회성 교정에 기여할 수 있다.</li>
<li>최근 교정의 개방화 추세에 비추어 중간처우방법으로 활용되기도 한다.</li>
</ul>
</td></tr>
<tr><th>단점</th><td>
<ul>
<li>도주 등 교정사고의 우려, 다수인의 혼역(混役)으로 인하여 악풍감염의 가능성이 있다.</li>
<li>계호인력의 낭비를 초래할 수 있으며, 부진한 구외작업은 오히려 취업자에 대한 직업보도 면에서 실효성이 의문시된다.</li>
<li>취업자와 계호자 사이에 정실(情實)이 개재될 때 교화개선의 실효를 거두기 어렵다.</li>
<li>민간인의 접근 등은 오히려 수형자 인격에 손상감을 가져올 수 있다.</li>
</ul>
</td></tr>
</thead>
</table>

Ⅳ. 작업수입 등의 처리

1. 작업수입의 성격

(1) 귀속의 구분

교도작업의 수입은 3분주의(교도관·석방자보호·취업자), 2분주의(국가·취업자), 국고귀속주의로 구분하는바, 한국은 국고귀속주의하에 작업수입을 국고수입으로 귀속시키고 있다.

(2) 작업장려금제

<table>
<tbody>
<tr><td colspan="2">개요</td><td>수형자의 작업은 형법의 규정에 의한 정역(강제로 부과되는 작업)으로 계약에 의한 근로가 아니므로 임금을 지급할 수 없다. 작업장려금은 국가가 수형자의 작업장려를 위하여 정책적으로 급부하는 공법적 성질을 가지며, 청구권이 인정되지 않는 은혜적 급부이다.</td></tr>
<tr><td colspan="2">지급</td><td>지급 전까지는 단순한 계산고로서만 존재할 뿐이고 작업장려금이 지급됨으로써 비로소 수형자의 소유가 된다. 작업장려금이 지급되기 전에는 성질상 국가의 소유이기 때문에 경우에 따라 징벌의 일종으로 작업장려금 삭감이 인정된다.</td></tr>
<tr><td rowspan="2">종류</td><td>일반작업 장려금</td><td>작업의 종류·성적과 처우급을 참작하여 모든 취업수형자(직업훈련생 포함)에게 지급하는 작업장려금으로 재소 중 또는 출소 시에 본인에게 지급한다.</td></tr>
<tr><td>특별작업 장려금</td><td>형집행기간이 10년을 경과하고 8년 이상 취업한 수형자로서 교도작업발전에 획기적인 공로가 있는 자 중에서 가석방이 허가된 자에게 가산지급 하는 작업장려금이다.</td></tr>
</tbody>
</table>

(3) 작업임금제

의의		작업임금제란 수형자가 작업에 취업하여 노무를 제공한 대가로서 국가가 임금을 지급하는 제도로 교육형주의와 인권존중사상에 기초한 것으로 16C 중엽 영국의 노역장(workhouse)에서 처음 채용되었고, 18C 중엽에는 영국과 프랑스의 교도소에 도입되었으며 18C 말에는 미국 대부분의 주에서 인정하고 있다. 독일의 Wahlwerg가 1884년 임금제를 주장하였고, 1895년 제5차 국제형법 및 형무회의에서도 지지되었으며, UN피구금자처우최저기준규칙 제76조에서도 작업임금제를 권장하고 있다.
차이점		작업장려금제는 국가의 은전적 배려로 볼 수 있고, 작업임금제는 취업자가 노무를 제공한 반대급부로 보수를 지급받는 것이므로 수형자는 권리로서 국가에 보수를 청구할 수 있는 제도이다.
평가	찬성론	• 수형자의 작업은 개선수단이며, 제공한 노무에 상당한 보수를 지급함은 개선의 희망을 증대시키고 출소 후 재범방지에 기여할 수 있다. • 노동에 대한 정당한 대가를 지불하는 것이 개인의 기본권 보장을 위하여 당연한 것이고 노동의 즐거움이 보수에 있다는 것을 가르치며, 노동에 흥미와 의욕을 가지게 한다. • 가족의 생활비 등 가계에 기여한다는 점과 피해자에게 손해배상의 기회를 주고, 석방 후 생계준비에 유익하다. • 수용생활 중 자기용도에 사용하거나 저축하게 하여 경제적 생활에 익숙하게 된다.
	반대론	• 형집행상 노동은 국가와의 계약관계가 아니므로 대가지불의 의무가 없고, 국가에 손해를 끼친 자에게 임금을 지불함은 오히려 이율배반이다. • 노임을 받음으로써 심리적으로도 의뢰심이 생기며, 일반국민의 법감정과 사회의 실업자와의 균형상에도 불합리하다. • 작업수입 중 행형비용(의식비, 의료비, 납세 등)을 공제하고 지급할 경우 임금제가 현재의 작업장려금제보다 불리할 수 있다. • 교도작업수입의 한계에도 불구하고 일반사회의 보수수준에 맞추어 지급할 경우 다액의 국고지출이 불가피하며, 그렇지 않을 경우에는 수형자의 노동력 착취가 되어 평등주의에 반한다. • 개인작업이나 직업훈련에 종사하는 수형자에 대해서는 임금제의 실시가 어렵다.

2. 작업 중 재해금 등

(1) 장해보상금

수용자가 작업 중 부상을 당하거나 사고로 인하여 사망하였을 때 노동자보상법에 의거하여 지급하는 보상금이다. 보상액의 결정은 통상적으로 산업위원에 의하여 개최되는 심의회에서 결정되는데, 미국의 앨라배마 주 등이 이에 해당한다.

(2) 조위금과 위로금

수용자가 작업 중 사고로 인하여 사망 또는 부상을 당하거나 장애인이 된 때 그 정상을 참작하여 법무부장관이 정하는 바에 의하여 조위금 또는 위로금을 지급한다. 한편 작업 중인 수용자들의 인권신장 차원에서 법령을 개정하여 2007년 2월부터 수용자들도 산업재해보상보험법에 의거, 일반근로자와 동일한 재해보상을 받고 있다.

(3) 실업보험금 및 휴업보상금

수형자가 석방 후 실업하였을 때 일정 기간 실업보험금이나 휴업보상금의 급부를 보장하여야 하는가에 대하여 미국의 대부분의 주와 한국은 허용하지 않고 있다.

V. 교도작업의 활성화 방안

(1) 교도작업에 대한 수형자, 국가, 사회의 전향적인 시각전환이 필요하다.
(2) 과학적 분류심사 및 효율적인 수용관리로 수형자 노동력의 효율적 활용이 필요하다.
(3) 열악한 작업환경의 개선과 작업우수자에 대하여 실효성 있는 포상제도를 마련하여야 한다.
(4) 교도작업수익을 위한 효과적인 직업훈련이나 신업종에 대한 시설투자방안 등을 모색하여야 한다.
(5) 수형자의 의사를 존중한 작업지정방안, 작업수익의 적정한 분배(교도작업 임금제의 도입 등) 등을 적극 검토하여야 한다.

VI. 직업훈련

1. 의의

직업훈련(職業訓鍊)은 교정시설에 수용되어 있는 수형자에게 사회복귀 후 각종의 직업에 취업할 수 있도록 근로정신을 함양하고 기술을 습득시키는 훈련을 말한다.

2. 목적

① 근로의욕 고취, ② 1인 1기의 기술습득, ③ 출소 후 생활안정, ④ 재범 방지, ⑤ 고도산업사회가 요구하는 기능인력을 양성한다는 목적과 교정시설에서 수형자를 생산업무에 취업시켜, ⑥ 교정행정경비의 일부 혹은 전부를 충당하려는 목적, 더불어 부차적으로 ⑦ 훈련을 통해 교도소 내 질서를 유지하고 규율을 확립시킨다는 행정적 목적도 있다.

3. 발전사

한국에서는 1967년 직업훈련법이 공포되어 시행되었고, 1969년 5월 3일 전국 21개 교도소에 공공직업훈련소를 병설하여 교도작업과 병행하여 실시하였으며, 1971년 4월 14일에는 법무부 자체에서 시행하는 일반직업훈련과정을 신설하여 훈련을 실시하였다.

현재는 전국 31개 교정시설을 공공직업훈련시설로 지정하고 자동차정비, 건축, 전기 분야 등 74개 직종에 대하여 6개월 내지 2년 과정의 훈련을 실시하고 있고, 107명의 직업훈련교사와 관·학 협력을 통한 46개 대학의 교수 70여 명과 외부강사 130여 명을 확보하여 수용자들의 직업능력개발에 힘쓰고 있다.

또한 2005년도에 청주여자교도소를 여자정예직업훈련소로 지정함은 물론, 2007년도에는 여주교도소 등 4개 기관을 여성수형자 직업훈련 전담기관으로 지정하여, 여성의 특성에 맞고 취업연계성이 높은 네일아트, 피부미용 등의 직종에 대하여 전문적인 직업훈련을 실시하고 있다.

4. 종류

(1) 공공직업훈련

‘근로자직업능력 개발법’에 의거하여 노동부장관의 인정을 받아 각종 기능 자격 취득을 목표로 실시하는 공공직업훈련으로 양성훈련, 향상훈련, 고급기능인력의 양성을 목표로 하는 정예훈련, 기업체에서 필요로 하는 기능공 양성 목적의 지원훈련, 재훈련(전직훈련)이 있다.

(2) 일반직업훈련

일반직업훈련은 공공직업훈련과는 달리 '근로자직업능력 개발법'의 훈련기준적용을 받지 아니하고 각 교정시설이나 여건 등을 참작하여 수형자에게 적합한 기능을 연마시키는 훈련으로, 기능자격검정에 해당되지 않는 각종 면허취득을 목표로 하는 훈련과 공공직업훈련에 해당되지 않는 기타 직업의 기능사 자격취득을 위한 훈련이다.

5. 기술교육 및 직업훈련의 활용

(1) 현황

1995년부터를 기능장 및 산업기사 전문과정을 신설하여 고급기술교육을 실시하고 있으며, IT 관련 산업 등 첨단기술을 필요로 하는 기능인력을 양성하여 산업사회발전에 기여하고 있다.

한편, 기술자격 취득 수형자를 대상으로 보다 심화된 기술훈련을 실시하기 위하여 2007년부터 청송직업훈련교도소에 전문기술숙련과정을 운영 중에 있으며, 2009년도부터는 최첨단 훈련시설과 장비를 갖춘 화성직업훈련교도소를 개청하여 민간기업이 필요로 하는 고급 기능 인력을 양성할 계획을 가지고 있다.

(2) 자격 취득 및 숙련

직업훈련을 수료한 수형자는 각종 기술검정에 응시하게 하여 소정의 기술자격을 취득하게 하고 있으며 2004년도에는 교정행정 사상 수용자로서는 최초로 기술사 1명을 배출하였고, 2007년도에는 기능장 2명, 기사 5명, 산업기사 237명, 기능사 2.262명 등 총 2,506명의 우수 기능 인력을 배출하였다.

또한 각종 기능자격을 취득한 후 산업현장에 쉽게 적응할 수 있도록 일정 기간 동안 기술숙련훈련을 실시하고 있다.

(3) 지식정보화사회 및 산업환경 변화에 부응한 훈련실시

1999년부터 지식정보화 사회에 적응할 수 있도록 IT 관련 직업훈련을 실시하여 117명이 정보기기운용기능사자격증을 취득한 이래, 산업사회 변화에 부응하는 IT 관련 직종의 직업훈련을 강화하여 2007년도까지 8,001명이 각종

기술자격을 취득하였다. 2007년도에는 153명의 수형자가 전국 및 지방기능경기대회에서 입상하는 등 지금까지 4,708명이 입상하는 좋은 성적을 거두고 있다.

(4) 취업연계

법무부에서는 직업훈련을 수료한 수용자들에 대한 기술숙련과정을 통하여 산업현장에서 실제 필요한 기능을 연마하게 하는 한편, 산업체와의 협력과 유대 강화를 통하여 직업훈련 수료자에 대한 취업연계 활동을 강화해 나아갈 예정이다.

(5) 인성교육 및 사회적응훈련

각 대학 심리학 교수 등 외부 전문가 집단과 연계하여 소그룹 중심으로 전문심리 치료프로그램을 지속적으로 실시하는 등 사회복귀 후 원만한 사회적응을 위한 인성교육 및 사회적응훈련 프로그램을 직업능력개발훈련과 병행함으로써 바람직한 인성을 갖춘 기능인력 양성에 주력하고 있다.

6. 평가

문제점	교도소 내 직업훈련은 수형자를 마지막 국민으로 취급하는 사회적 기대감(최소자격원리, 열등처우원칙) 때문에 교정당국에서는 효과적인 직업훈련에 필요한 현대적 장비와 훈련된 기술진을 충분히 확보할 수 없고, 교도소 내 직업훈련 분야가 대체로 외부노동시장에서 별 유용성이 없는 것들로 이루어져 있다는 것이 문제점으로 제기된다.
개선안	교도소 내 직업훈련은 출소자의 재사회화라는 목적달성을 위한 수단으로서 현실적으로 사회 내 산업 영역에서 유용성이 높은 기능자격 취득이나 직업훈련이 이루어져야 한다. 이를 위해서는 수형자의 직업훈련에 필요한 예산의 전폭적인 지원이 필요하나, 이는 국민의 이해를 전제로 하는 것이므로 교정행정에서 직업훈련의 중요성을 홍보해나가는 방안을 강구하여야 할 것이다.

법무부 여성수형자 직업훈련 확대실시

법무부는 여성수형자의 사회복귀 촉진을 위해 오는 30일부터 직업훈련을 확대 실시한다고 27일 밝혔다. 이를 위해 여주교도소, 대구교도소, 대전교도소, 순천교도소 등 4개 기관에 한식조리, 피부관리, 네일아트의 3개 직종을 신설하고 6개월 또는 1년 과정으로 교육한다. 그동안 전국 교정시설에서 선발된 여성수형자들은 청주여자교도소에서만 한식조리 등 6개 직종에서 직업훈련을 받아 왔으며 나머지 수형자들은 각 기관에 분산 수용돼 대부분 사동청소부나 직원 식당에서 취사부로 일해 왔다. 법무부는 향후 경인지역에 독립적인 여자교도소를 새롭게 만들어 여성 특성에 맞는 전문적인 직업훈련을 전개할 방침이다.

－파이낸셜뉴스, 2007. 7. 27.

Ⅶ. 교정교육

1. 교회

역사적으로 보면 종래 교회(敎誨)는 종교를 바탕으로 하였으나, 오늘날에는 사회과학적 지식을 활용한 교회로까지 발전하였다. 따라서 교회는 종교교회와 일반교회를 모두 포함하는 개념으로 이해된다. 이러한 교회는 수형자의 도덕성을 회복하고 사회성을 배양하여 건전한 인격형성에 이바지하고 영적 감화를 통하여 심성을 순화하고 범죄성을 제거한다.

2. 교육

교육의 원리에는 인간존중의 원리, 자기인식의 원리, 자발성의 원리, 신뢰의 원리, 개인차존중의 원리, 사회화의 원리, 직관의 원리(실습식 방법이나 체험교육 등)가 있다.

3. 교정위원제도

(1) 연혁

민간인 독지방문제도는 1787년 미국 필라델피아에서 발족한 '수형자의 고통을 덜어 주기 위한 필라델피아협회'가 교도소 방문위원회를 설치하고 활동한 것에서 비롯되었다고 볼 수 있다.

(2) 교정위원중앙협의회

현재 1998년 11월 26일부터 법무부에 교정위원중앙협의회를 창립하여 전국적으로 통일된 교정교화사업을 수행하고 있다. 하부조직으로는 지방교정청에 산하기관 소속 교정위원 대표로 구성된 교정연합회 그리고 산하기관에는 교정협의회를 설치 운영하고 있다. 그 밖에 특정 분야의 외부 전문가에게 일정한 수당을 지급하고 시간제로 채용하여 수형자 정신교육 등에 활용하는 경우도 있다.

(3) 교정위원의 종류

교화위원	1970년부터 시작된 교화위원제도는 일종의 독지방문제도로 교육자, 사회사업가, 지역지도자 등 교정교육에 뜻을 가진 유지들을 교화위원으로 위촉하여 교도소와 지역사회와의 융화에 기여케 하고 있다.
종교위원	1983년부터 목사, 신부, 승려 등 종교인을 종교위원으로 위촉하여 수형자의 신앙생활을 지도하고 그들의 심성순화에 이바지하고 있다.
교육위원	1998년부터 교수, 교사, 강사, 학원장 등 교육자를 교육위원으로 위촉하여 수형자의 학과교육, 정보화 교육 활동 등을 지도하여 학업의욕증대와 기술자격취득 등의 효과를 기대한 것이다.
의료위원	2005년부터 의사, 간호사, 약사 등 의료전문가를 위촉하여 교정시설 내 열악한 의료환경을 개선하고 수형자 건강유지에 기여하고 있다.

(4) 교화활동의 내용

한국의 경우 수용자의 독서지도를 위하여 우량도서 확보와 도서대여 활성화에 노력하고 있으며, 중·장기수형자의 석방 전 처우, 문예작품 순회전시, 교화공연, 생일교화행사, 영화, 체육대회, 고령자 교화행사, 신체장애자 교화행사, 성년의 날 기념행사, 자원봉사활동 등 다양한 교화활동을 전개하고 있다.

4. 도서열람

(1) 의의

현재 한국 교정시설은 각 사방 내에 개인도서 등을 비치하고 수용자들에게 관급도서를 대여하는 방법으로 수용자들의 지능의 결함을 보완하고, 사회성을 유지하거나 구금에 따라 상실되기 쉬운 사회성을 회복할 수 있도록 지식과 정보를 전달하는 매체로서 도서를 활용하고 있다.

(2) 종류

도서는 관본도서와 사본도서로 구별되는데, 관본도서란 교정시설 내 도서실에 비치하여 수용자의 신청에 따라 대출하는 도서를 말하며, 사본도서란 수용자가 영치금 등으로 구입하거나 입소 시 소지했던 도서 그리고 가족 등이 넣어 준 도서를 말한다.

(3) 제한

도서의 열람도 수형자에 대한 교정교화목적에 반할 우려가 있고, 교도소 내의 규율을 문란하게 할 우려가 있거나 국가기본질서에 반하고 범죄를 조장하는 내용을 담고 있을 때는 일부 제한할 필요가 있다. 그러나 도서열람의 제한은 헌법상 보장된 학문과 예술의 자유를 부당하게 침해하는 정도여서는 안된다.

5. 교화처우

(1) TV 시청 및 신문열람

전 수용자 거실에 TV를 설치하여 사회의 생화정보 제공과 교육, 교화프로그램의 방영으로 문화생활을 누릴 수 있게 해 주며, 사회와의 단절감을 해소시켜 주고, 사회변화상에 대해 실시간 간접체험을 위해 수용자에게 모든 신문을 열람할 수 있도록 하고 있다.

(2) 종교생활

수용생활 중에도 자신이 신봉하는 종교에 대한 신앙생활을 할 수 있도록 목사, 신부, 승려 등을 위촉하여 종교집회, 교리지도, 상담 등 다양한 종교행사를 실시하고 있다.

(3) 음악, 미술 등 치료적 프로그램 시행

수용자의 대부분이 정서적 결함자인 점을 감안하여 음악, 미술, 표현예술, 드라마치료 등 심리치료를 통한 자아존중감 고취 및 타인에 대한 배려심 함양은 물론, 범죄심리를 약화시켜 재범을 방지하는 데 주력하고 있다.

(4) 문화, 예술활동

수용자에게 서예, 그림 그리기 등을 통해 심성을 순화시킬 뿐 아니라 자신의 예능소질을 개발시키고 있으며 매년 교정작품 전시회 및 국전 등에 수용자의 작품을 출품하여 수용자의 정서순화와 국민적 관심을 제고시키고 있다.

6. 학과교육

학과교육은 수용자의 학력 정도에 따라 검정고시 자격취득 교육, 일반학과교육, 방송통신고등학교 및 대학교육, 전문대학 위탁교육, 독학학위취득 교육,

외국어 전문교육 등으로 구분 실시함으로써 구금으로 인한 학업중단 사례를
방지하고 학업기회를 부여하고, 학력신장 등으로 성숙한 시민의 자질을 갖추
도록 하고 있다.

(1) 검정고시 교육

수용자 중에서 학교과정 교육을 필요로 하는 자에 대하여 초, 중, 고등학교
수준의 교육과정을 실시하고 있으며, 성적이 우수한 자는 매년 2회 실시하는
검정고시에 응시시켜 학력자격 취득의 기회를 부여하고 있다.

(2) 방송통신고등학교 교육

소년수용자에게 사회의 정규고등학교 과정을 이수할 기회를 주기 위하여
1982년 김천중앙고등학교 부설 방송통신고등학교를, 1991년에는 천안소년교
도소에 천안중앙고등학교 부설 방송통신고등학교를 설치하여 교육을 실시하
고 있는데, 김천방송통신고등학교는 2005년 김천소년교도소가 김천교도소로
직제가 개편됨에 따라 폐지되어 현재는 천안소년교도소만 운영하고 있다.

(3) 독학학위취득 교육 / 방송통신대학 교육

지적 능력을 함양한 고급인력 배출을 목적으로 1995년부터 국어국문학, 영
어영문학, 법학 등 독학학위취득반을 설치하여 운영하고 있으며 매년 많은 수
용자가 독학학위를 취득하고 있다.

(4) 전문대학 위탁교육

2001년 청주교도소 내 주성대학 컴퓨터프로그래밍과 40명을 시작으로
2003년에 순천교도소 내 청암대학 호텔외식조리학과 40명을 선발, 위탁교육
중에 있다.

(5) 외국어 회화 및 컴퓨터 전문교육

21C 지식정보화 사회에 대비, 취업과 사회복귀능력을 향상시켜 출소 후 사
회정착을 용이하게 하고자 영어, 일어, 중국어 등 전문교육을 실시하고 있으
며, 전 수용자를 대상으로 컴퓨터 정보화 교육을 병행실시하고 있다.

7. 교정프로그램

외국교도소 내에서 비교적 재범방지의 효과성이 있다고 인정을 받은 프로그램들의 구체적인 내용에 대하여 살펴보기로 하겠다.

(1) 분노조절 프로그램

Larson이 고안한 프로그램은 '생각 먼저 하기'라고 하는 프로그램으로 10회 걸쳐 실시하도록 되어 있다(Larson, 1992). 분노조절을 위한 자기지시법을 훈련이 끝나면 수료증이 주어지며 기록지를 완성했을 경우 토큰을 주어 필요한 물건들과 교환하도록 하는 것이다. 분노처리와 문제해결과 같은 프로그램은 인지－행동적인 이론을 기반으로 한 것으로, 자기지시법과 먼저 생각하기를 활용하여 예방적인 차원에서 시도할 수 있다. 이 프로그램에서는 미리 녹음된 비디오테이프를 사용하고 행동적인 연습과 조작적 강화로 학습을 증진시켜 준다.

Smith와 동료(1993)가 제안하고 있는 효과적인 분노조절 프로그램은 매주 1회, 매회 2시간씩, 3주일간 실시하는데, 프로그램의 목표로 설정한 것은, 첫째, 분노감의 공통적인 증세들을 묘사하기, 둘째, 사람들이 분노하는 이유에 대해 토론하기, 셋째, 어떤 방법으로 분노감을 보다 효과적으로 조절할 수 있는지 이해하기, 넷째, 재소자들로 하여금 분노조절 기법들을 자기 삶과 연관지어 활용하도록 도와주기 등이다. 사전 검사와 사후 검사로 'Novaco 분노감 척도'를 사용하여 분노감 조절 프로그램의 효과를 평가하였다.

(2) 이완훈련 프로그램

신체적 이완이 부정적인 생각과 행동을 줄인다는 사실은 이미 여러 전문가들에 의하여 지적받아 왔다. 따라서 미국 내 많은 교도소에서는 재소자들에게 신체적 이완훈련을 따로 시키기도 한다.

(3) 친사회적 행동기술 훈련

친사회적 행동기술에는 몇 가지 훈련사항들이 있다. 자기통제 훈련, 집단압력에 대처하기 훈련, 상대방이 나를 비방할 때의 대처 훈련, 남의 설득에 대한 반응 훈련, 소외감 다루기 훈련, 실패에 대한 반응 훈련, 싸움 피하기 훈련, 조력하기 훈련 등이 있다.

(4) 도덕적 논리성 발달을 위한 교육 프로그램

콜버그는 여성재소자들을 대상으로 그들의 도덕 수준이 어느 정도인지를 우선적으로 살펴보았다. 그 결과 대부분이 3단계 이하의 도덕적 추론 수준을 보였기에 이들의 도덕 개념을 향상시킬 수 있는 프로그램을 개발하였다. 프로그램의 참가자들은 토론과 민주적인 방식으로 결정 내리는 연습을 통해 문제를 해결하고 책임을 지는 기회를 가지도록 하였다. 이 프로그램에 참여하였던 참가자들이 출소한 후 2년 정도 경과했을 때 재범률을 조사하여 보았는데 이들의 재범률은 16%에 지나지 않았다. 대부분의 참가자들이 범죄로부터 벗어나, 성공적이고 책임 있는 삶을 영위하고 있었던 것으로 보고되었다. 비교적 그 효과성이 훌륭한 것으로 검증된 도덕성 증진 프로그램은 다음과 같은 특징들을 지니고 있다.

① 역할 맡기와 사회참여의 기회를 증진시킨다.
② 집단과 체계구조의 공평성, 정의성을 높인다.
③ 도덕적 딜레마를 통하여 갈등적인 도덕적 견해에 대면하게 한다.
④ 현재의 발달단계보다 한 단계 위의 도덕적 논리에 대해 제안한다.

콜버그는 재소자들이 도덕적인 발달에서 지연되고 정체하고 있는 사실에 대하여, 도덕적 성장은 신체 성장처럼 자발적으로 일어나는 것은 아니라고 지적한다. 도덕적 성장은 타인과의 관계에서 긍정적이고 성장을 유발시키는 경험을 가질 때에만 일어나는 것이기에 도덕성 교육 시 다음과 같은 요건을 지켜야 한다고 제안하였다.

① 사건을 다른 사람들의 입장에서 볼 수 있는 상황에서 생활하는 것으로, 역할 맡기 기회라고 하는 중요한 경험이 된다.
② 논리적인 사고가 부추겨지는 환경에서의 생활 경험
③ 도덕적 결정을 내리는 책임이 주어지는 환경에서의 생활 경험
④ 도덕적 결정에 대한 논리성 갈등의 기회가 주어지는 경우
⑤ 자기보다 한 단계 위의 발달단계에 있는 사람들과의 접촉
⑥ 공평한 환경에 접하는 경험

8. 교정프로그램의 효과적 측면

(1) 자발성의 확보

사회심리학자들이 보고하듯이 인간의 신념, 태도, 의도, 행동 면에서의 변화를 유발하기 위해서는 수동적인 참여보다 능동적이고 적극적인 참여가 매우 효과적이다. 프로그램 참가자들로 하여금 능동적으로 다른 사람들과 상호관계를 맺고, 여러 대안에서 선택하여 행동으로 옮기고 변화하려는 방향을 다른 사람들 앞에서 공약하는 등의 방법으로 적극적인 참여를 도모해야 한다.

(2) 분류심사 결과와 참여 프로그램의 일치성

Coulson과 Nutbrown(1992)은 이제 범죄자 재활이 효과적인가 아닌가 하는 것은 문제가 아니고, 어떠한 범죄자들에게 어떠한 환경하에서 어떤 기법 과정들이 효과적인가 하는 것이 문제라고 말한다. 김보경(1993)은 이 연구에서는 훈련 대상자들을 세 집단으로 나눌 필요가 있음을 강조하였으며, 세 가지 행동특성이란, 공격적 행동집단, 위축 행동집단, 미성숙 행동집단 등이다.

이 세 집단은 그 성격에 따라 훈련 내용에 차이가 있어야 한다고 주장하며, 공격적 행동집단에 필요한 친사회행동기술은 자기감정통제, 남과의 타협, 남의 허락 받기, 싸움 피하기, 다른 사람들의 감정 이해하기, 남의 분노에 대응하기 등이며, 위축 행동집단은 다른 사람들의 대화에 참가하기, 공포감에 대한 대응 방법, 결정하기, 다른 사람을 설득할 때에 대응하기, 자기 의견 표현하기 등의 기술이 필요할 것으로 보았다.

미성숙 행동집단에는 다른 사람과의 나눔, 타인 비방에 대한 반응 방법, 실패에 대한 대응, 집단적 압력에 대한 반응, 목표 정하기, 일에 집중하기 등의 기술이 필요한 것으로 보았다. 그래서 참가자들에게 결여된 친사회행동 분야를 선택하여 집중적으로 가르칠 것을 강조하였다.

(3) 교정프로그램의 성공요건

가장 효과적인 프로그램은 행동주의적이고, 구조화되어 있었고, 재범의 위험도가 높은 범죄자들을 대상으로 하고 있었으며, 범죄경향과 태도, 가치관, 행동의 변화에 초점을 두었던 프로그램이라고 말하였다. 한편 부적합하고 비효과적인 경우는 정신역동적, 비지시적, 의학적 모델에 의거한 프로그램으로, 명료하지 않은 전략을 가지고 있는 경우라고 하였다.

범죄자들은 인지 – 행동적 접근방법에 가장 잘 반응하는 것으로 나타났다. 따라서 반응성 원리를 적용한다면, 행동적 또는 사회학습적 기법들을 활용하거나(예로 모델링, 점차적인 연습, 반복연습, 역할기법, 강화, 또는 인지적 재구성 등), 또는 보다 구체적인 반응성을 고려하기 위해서 사전 범죄특성의 탐색을 수행하여야 한다. 또한 역할 기법/모델링을 활용한 프로그램이 효과적이었는데 이는 교정직원들이 반범죄적인 태도와 행동을 모델로 보여 주어야 한다는 점을 부각시킨다. 또한 모델링과 역할기법은 공감훈련, 대인관계 문제해결, 사회기술과 같이 범죄자들로 하여금 지금까지의 범죄경향의 환경경험을 친사회적으로 대처할 수 있도록 도와주는 요인들을 훈련하는 데에 토대로 사용될 수 있기 때문에 가치가 있다. 이런 요소들을 포괄적으로 포함하고 있는 통합적인 사회인지 기술훈련프로그램이 가장 효과적이었다. 반면 인지요소를 포함하고 있지 않은 행동주의적 프로그램이나 갈등의 원척적인 소인을 제거하려 한 정신분석적 심리치료기법은 모두 성공적이지 못하였다.

제4절 교정심리와 교정상담

Ⅰ. 교정심리(矯正心理)

1. 개요

일반적으로 구금된 수형자들은 대체로 3가지 공통된 교정심리(矯正心理)를 갖는다. 첫째, 이들은 범행을 저지르기 전에 자신의 범죄행동이 완전범죄가 될 것이라고 예측을 한다. 둘째, 교도소에 입소한 후에 이들은 자신이 저지른 범죄행동에 대한 합리화를 시도한다. 셋째, 교도소생활을 마감하는 수형자들은 출소 후에 재범에 대한 두려움이 있다. 교정행정의 목적이 수형자의 재범방지와 재사회화에 있다면, 이러한 수형자들의 공통심리를 고려해야 한다. 즉 범행이 외부 환경조건에 의한 것이 아니라 자신의 탓 때문에 발생되었다는 생각을 심어 주어야 하며, 이에 기초한 교육프로그램들이 시행되어야 한다(홍성열 외 7인, 범죄심리학, 2007: 236). 이에 여기서는 수용자의 심리와 교도관의 심리적 힘 등으로 나누어서 살펴본다.

2. 수용자의 심리

(1) 수용자로의 심리변화

수용자가 범죄행위로 인해 구속 수감이 되면 자신의 안전과 조속한 출소에 대한 욕구가 다른 어느 욕구보다 강하게 작용하여 정상적인 생활에서 보여주던 의사소통의 모습은 뒷전으로 사라지게 된다. Zimbardo 등(1976)의 실험에서도 알 수 있듯이 일반인의 경우에도 교정시설과 같은 공간에서 생활하게

되면 수용자들에게서 나타나는 동일한 사고와 행동을 보여 준다. 즉 수용자만
의 특징적인 사고나 행동이라고 여겨졌던 것이 일반인 누구라도 수용시설에
입소하게 되면 동일하게 나타날 수 있다는 것이다. 일반적으로 수용자들은 정
상적인 환경에서 나타나는 대인관계 패턴, 즉 남을 배려하거나 수용하기보다
는 무관심과 자기 위주의 인간관계를 유지하는 경향이 강해진다.

  (2) 구금심리의 반응
  ① 구금의 심리

대체로 구금 초기에는 미경험세계에 대한 호기심, 마음의 준비 또는 정보
수집 정도에 따른 공포반응을 보인다. 그러나 전과자의 경우에는 이미 시설경
험이 있으므로 호기심이나 공포심을 강하게 느끼지 않으며, 구금을 고통스럽
게 생각하지 않는 경향이 있다. 그리고 오히려 재판과정에서 받은 심리적 스
트레스가 끝났다는 안정감마저 보이는 자도 있다. 그러나 장기형을 선고받은
자의 경우에는 불안이나 공포감에 따른 신경증적인 경향을 나타낼 수 있다
(정갑섭, 1995).

  ㉠ 구금의 반응
   구금에 대한 불안/공포반응은 도피형, 공격형, 순응형으로 구분된다. 대
   체로 구금 초기에 도피형이나 공격형을 나타냈던 범죄인이라 하더라도
   점차 시설생활에 대한 저항을 단념하고 스스로 명예가 더럽혀지는 것을
   피해서 감정을 순화시켜 순응형으로 이행해 가는 자가 많다(Garabedian,
   1963). 그런데 이러한 범죄인들의 시설적응에 따른 심리적 태도에 대한
   연구들은 공통적으로 구금의 압력이 강할수록 수용된 범죄인은 내적 안
   정성, 공감성, 자기존중감을 잃어버리고 불안감이 높아진다고 주장하며,
   더불어 구금이 장기간 계속되면 재소자들은 퇴행이 심해지고 교정시설
   의 규칙이나 교도관의 지배에 순응화를 꾀하기 때문에 무감동해진다는
   특성을 주장한다.
  ㉡ 수용환경의 영향
   과밀수용은 재소자들로 하여금 자신과 주변에 대한 통제 불능의 느낌을
   갖게 하고, 하루일과나 그 밖의 개인적인 계획 등을 의지대로 수행할

수 없게 하며, 교도소환경이 열악한 경우(시끄러운 소음, 매캐한 냄새 등) 스트레스를 유발한다. 또한 불안을 유발하고 타인에 대한 적개심을 가지게 하며, 작업의 효율성이 떨어진다. 그리고 과밀수용은 재소자에게 신체적/정신적 자유공간의 축소를 가져와 이질적인 동료수용자 간의 잦은 접촉으로 스트레스가 가중되며, 교도관과 수용자 사이의 긴장관계도 고조됨에 따라 폭행사고 등 교정사고를 유발시키는 원인으로 작용한다 (김혜경, 2002).

ⓒ SES의 영향

사회경제적 지위와 교육수준이 높은 재소자일수록 수형생활에 부적응을 보이는 경우가 많고 과밀상황에 부적응적이며, 전과가 있고 수형생활경험이 있는 범죄인들이 비경험자보다 과밀상황에 더 부적응적이라고 한다.

(3) 성격이론

수형자의 성격적 특성을 알기 위해서 성격이론을 구분해 보면, 로키안이론(Lockean Theory), 칸티안이론(Kantian Theory), 로키안-칸티안 혼합이론(Lockean-Kantian Mixed Theory)으로 나눌 수 있다. 먼저 로키안이론은 인간을 둘러싸고 있는 주위 환경조건을 주시하는 것으로 연상이론(고전적 학습이론, 조작적 학습이론), 사회학습이론 등이 있으며, 칸티안이론은 인간의 자유의지를 주장하는 것으로 실존주의 심리학, 자아실현이론, 내담자 중심이론 등이 있고, 로키안-칸티안 혼합이론은 두 측면 모두를 고려하는 것으로 정신분석이론 등이 있다. 일반적으로 교정시설 내의 관리 및 처우에 있어서 성격이론으로는 과거에 초점을 두는 로키안이론에 기초한 경우가 대부분이라서 그들의 변화를 유도하기에는 비효과적이라 볼 수 있으며, 또한 로키안-칸티안 혼합이론도 수형자들의 과거에 집중하여 돌이키는 기법이라는 점에서 비효과적이고 오랜 시간 치료해야 한다는 점에서 교정현장에 적용하기 부적절하다. 따라서 교정시설 내 수형자에게 적합한 이론은 역시 칸티안이론이라 할 수 있다. 이러한 칸티안이론은 현재와 미래에 초점을 두고 수형자들이 스스로 의지를 가지고 자신의 가치를 찾도록 할 필요가 있다(홍성열 외 7인, 범죄심리학, 2007: 219).

① 인지적 특성

수용자들의 인지적 특성으로는 수동적이고 비주체적인 사고(제한된 공간에서 오는 사고의 폭의 축소, 스스로 문제해결력이 낮아지고 타인에게 의존하는 비주체적 태도 등), 이분법적 사고(자신과 세계를 흑백논리로 지각하고 이해하는 현상), 과잉일반화(하나의 부정적인 사건이 발생하면, 그 사건 하나로만 국한해서 지각하는 것이 아니라 다른 사람이나 다른 상황에서도 계속 반복되는 것으로 지각), 부정적인 사건에의 선택적 주의(상황의 부정적 측면에만 몰두하여 매사를 부정적으로 평가하는 경향), 긍정적 사실에 대한 평가절하(긍정적 경험 자체를 부인하거나 긍정적인 결과를 우연으로 생각), 쉽게 결론 내리는 경향(부정적인 해석을 지지해 줄 만한 증거가 없는 데도 사건을 부정적으로 결론 내리는 성향), 확대 · 축소경향(타인의 성공은 확대, 자신의 성공은 축소), 파국화(부정적 사건의 결과를 극단적으로 사고), 감정적 추리(자신의 감정상태나 정서적 경험을 기초하여 자신과 세상에 대해서 추론하는 것), '해야만 한다'식의 사고(극단적으로 스스로에게 규정짓는 것), 낙인(자신과 타인에 대해 부정적인 딱지를 붙이는 것) 등이다(법무부, 2002).

② 성격적 특성

범죄행동과 성격 간의 관련성을 체계적으로 설명한 대표적인 심리학자는 H. J. Eysenck이다. 그에 의하면 범죄행동의 요인으로는 외향성, 신경증적 경향성, 정신병적 경향성 등이 있으며, 이들의 특징을 보면 먼저 외향성은 내향성보다 더 반사회적 행동을 많이 하고 수용시설 내에서 관규위반이나 소 내 규칙을 거부하거나 무시하는 경향이 많다. 다음으로 신경증적 경향성이 있는 수용자는 자신의 억압된 분노나 공격성을 과도하게 표현함으로써 일상적인 마찰을 불러일으킨다. 마지막으로 정신병적 경향성이 있는 수용자는 예측 불가능한 행동을 하며, 자기중심적이고 자애적(narcissistic) 이어서 자기의 욕심만 채우려고 하고 대인관계도 원만치 못하며 욕망을 성취하지 못할 때는 특히 난폭해지는 경향성이 있다.

③ 우울과 공격성

수용자의 대표적인 심리적 특성으로는 우울과 공격성이 있다. 특히 교정시설 내에서 공격성은 자살이나 동료폭행이라는 결과를 가져오는데, 이러한 외부적 공격행동은 자기 처지에 대한 불만족이나 처우상의 불만이 행동으로 표출되면서 나타나는 결과라 할 수 있다. 자신의 목표가 좌절되면 공격성이 유발되고 공격성은 언제나 좌절의 결과로 나타나게 된다. 그래서 수용자의 우울 경향도 행동상 여러 가지 문제를 야기하는데, 상습적 범죄자인 경우에는 공격성과 밀접한 관계를 갖게 된다. 우울은 위장된 공격성으로서 주변의 동료들에게 괴롭힘을 당하는 수용자뿐만 아니라 괴롭히는 수용자 역시 우울수준이 높다. 지나치게 우울한 경향을 띠는 수용자인 경우 내부적인 공격성, 즉 자살에 대한 위험성을 염두에 두고 수용관리에 신경을 써야 한다.

3. 교도관의 심리적 힘

교도관은 수형자를 감시하고, 교육시키고 또한 상과 벌을 주는 위치에 있다. 이런 관계는 결국 사회적 힘의 관계가 성립되도록 만든다. 사회적 힘의 출처는 보상, 강압, 합법, 참조 그리고 전문성에서 비롯된다. 즉 상을 주고, 억압하고, 동료들의 선호도가 높고, 힘의 사용을 허락받고 그리고 전문적 지식을 갖게 되면 사회적 힘이 생긴다.

보상적 힘	수형자들에게 상을 줄 수 있는 교도관에게 주어지는 힘이다.
강압적 힘	교도관이 수형자들에게 벌을 줄 수 있을 때 주어지는 힘으로, 이러한 벌은 예고 없이 주어지는 경우에 강한 힘을 발휘한다. 그러나 강압적 힘은 일시적일 수밖에 없고, 수형자들의 저항을 불러일으킨다.
합법적 힘	힘을 행사할 권한을 위임받는 자가 갖는 것을 말한다. 대부분의 수용자들이 교도관의 지시에 순응하는 것은 교도관이 합법적 힘을 가졌기 때문이다.
참조적 힘	공식적인 지위보다는 비공식적 지위에 있는 사람이 다른 사람들에게 더 호감을 얻는 것이다. 즉 평소 문제를 많이 일으키고 교도관의 말도 듣지 않던 수용자이더라도 자신의 마음에 맞는 교도관의 지시에는 순순히 응하는 것을 볼 수 있는데, 이는 교도관의 참조적 힘이 발휘된 것이다.
전문적 힘	수용자들이 궁금해하는 법률적 지식에 해박거나, 불안해하는 수형자에 대한 전문적 상담기술 등을 갖춘 교도관에게서 나오는 힘이다.

Ⅱ. 교정상담(矯正相談)

1. 목적

수용관리상 교정사고 위험성이 높은 수용자를 조기 발견하여 사전에 예방하고 문제행동의 원인을 전문적인 상담기법(심리치료)을 통하여 해결함으로써 안정된 수용생활을 도모한다. 교정처우상 재범위험성이 높은 수용자들의 공통적인 문제와 개별적인 문제에 대하여 전문지식을 적용하여 범죄인성을 제거하고 교정·교화하여 원활한 사회복귀를 도모한다.

2. 용어구분

처우(處遇)	수용자의 시설생활에 필요한 작용을 모두 지칭하는 것으로 협의로는 수용자의 시설 내 생활관리적인 작용에 한정하는 것(현실생활원리의 적용을 받음)이다.
치료(治療)	연극처럼 비현실적이고 부자유스런 장면에서 행해지는 것으로 정신분석의 범죄인 치료기법에서는 그의 무의식적인 동기를 의식화시켜 줌으로써 문제를 해결하려는 방법을 모색한다.

3. 차이점

일반상담	교정상담
• 내담자가 문제유발 시 내담자의 복지를 최우선적으로 고려한다. • 내담자가 상담자에게 자발적으로 신청하거나 지속적으로 방문하려는 의지가 중요하다. • 내담자에 대한 사전정보를 갖지 못하고 상담이 시작된다. • 일정한 상담횟수와 시간이 정해져서 체계적으로 이루어진다.	• 수용자가 문제행동 시 수용질서를 최우선적으로 생각한다. • 수용자의 의지와는 관계없이 수시로 교도관은 관리자로서 호출상담이 가능하다. • 내담자의 사전정보를 가지고 상담을 하므로 편견이나 선입견 등이 상담의 진행을 방해할 수 있다. • 근무 중에도 관리자의 지도력을 중심으로 하는 단회 혹은 단기간의 상담이 이루어진다.

4. 교정상담자

(1) 개요

교정시설에서의 교정상담자는 보안과 치료라는 대립적 성격의 업무를 동시에 효과적으로 수행하기 위하여 고도의 전문지식을 갖추고 있어야 한다. 그리고 이상적인 치료환경보다는 열악한 환경에서 일할 의지를 지니고 있어야 하

며, 교정상담과정에서 발생하는 특별한 문제들을 위협이라기보다는 도전으로
받아들이는 자세가 필요하고, 심각한 문제를 가진 내담자를 다루는 기술과 재
능을 갖춘 사람이어야 한다.

윤리적, 법적 의무를 구분하고 그 사이에서 균형을 잡을 수 있어야 하며,
기관과 사회집단과 범죄자 사이의 관계에 대해서도 그렇게 하여야 한다.

(2) 필요능력

교정상담자는 윤리적, 법적 의무를 구분하고 그 사이에서 균형을 잡을 수
있어야 한다. 또한 교정상담이 수행되는 과정에서 상담자에게는 다양한 지식
과 기술을 포함하는 능력이 요구되는데, 첫째는 적절한 개입시기를 포착할 수
있는 능력(a sense of timing), 둘째는 효과적인 모험시도(effective risking), 셋째
는 겸손한 직업의식(a sense of professional humility)이다.

(3) 특수문제와 도전

교정상담자도 다른 분야의 상담자와 마찬가지로 그들이 직면하는 문제, 딜
레마, 도전 등으로 갈등을 겪는다. 그러나 교정 분야는 다른 분야와는 차이가
있는 독특한 문제와 도전이 있다. 첫째, 관리자들이 상담에 대하여 이해수준
이 낮아서 충분한 지원을 받지 못하는 경우이며,73) 둘째, 지역사회 프로그램
에서는 비밀보장이 잘 유지될 수 있으나, 소년원이나 교도소처럼 폐쇄된 공간
에서는 소문이 아주 빠르게 퍼지기 때문에 어렵고 또한 내담자가 비밀보장을
전제로 말한 탈주계획, 동료수용자에 대한 폭행계획, 자살예고 등의 문제인
경우에 상담자는 수용관리 차원에서 상부에 보고하여야 할 필요성도 있기 때
문이다. 셋째, 교정시설 내 상담자가 맡아야 할 수용자의 수가 너무 많다는
것이며, 더불어 과중한 탁상업무(paper work)까지 맡는 경우에는 과중한 업무
부담으로 YAVIS 증후군74)을 갖게 된다. 넷째, 교정시설 내에서의 상담은 비

---

73) Johnson(1974)은 상담자 역할에 대해 상이한 시각을 보여 주는 3가지 행정조직을 제시하였는데,
    먼저 강제적 행정(coactive administration)은 시설이 안전하고 사고 없이 운영되는 것을 목표로 하
    기 때문에 보안을 중시하여 상담은 무시된다. 분산적 행정(diffuse administration)은 외부적으로 상
    담지향적인 시설로 비치는 데 열중하는 전시적 행정조직으로 실제로는 상담자의 역할은 매우 제
    한적이다. 판별적 행정(discrimitive administration)은 진정한 치료지향적인 프로그램을 제공하는 체
    계로 관리자의 지원을 받아 상담자는 가장 생산적인 활동을 하게 된다.

74) YAVIS 증후군: Schofield(1964)가 명명한 말로, 상담자가 젊고(Young) 매력적이고(Attractive) 지적
    이고(Intelligence) 표현력이 풍부하고(Verbal) 성취적인(Successful) 내담자와 일하기를 좋아하는 것
    을 일컫는다. 이는 상담자가 압박감을 느끼는 분위기에서 가능하면 상대하기 편한 수용자와 많은

자발적인(강압적인 - coercive counseling) 상담의 형태라는 점에서 내담자의 저항이 크다는 점이다.[75] 다섯째, 일반적으로 수용자들의 문제는 시설 밖에 있는 사람들과의 관계에서 발생하기 때문에 교정상담자에게는 현실검증의 기회가 제한된다. 여섯째, 교정상담자는 교정시설의 보안에도 신경을 써야 하기 때문에 일인이역(Wearing Two Hats)을 담당해야 한다. 일곱째, 교정상담자와 상담을 통해 자신들의 수용생활이 변화될 수 있다고 기대하는 수용자들의 속임수를 잘 파악하여야 한다. 그러나 상담자도 몇 번 속임수를 당했다고 해서 수용자들을 경직스럽게 대하거나 무조건 의심부터 하는 태도는 경계해야 한다. 여덟째, 범죄와 재범률의 증가로 형사사법체계는 실패에 대한 강박관념(emphasis on failure)이 지배하고 있다. 그래서 교정상담자도 수용자의 변화가능성에 대하여 포기하는 태도를 갖기 쉬운데, 상담자는 그의 개인적인 능력과 그가 수용자에게 제공하는 특별한 서비스에 대한 자긍심을 가져야 한다.

5. 교정상담의 영역

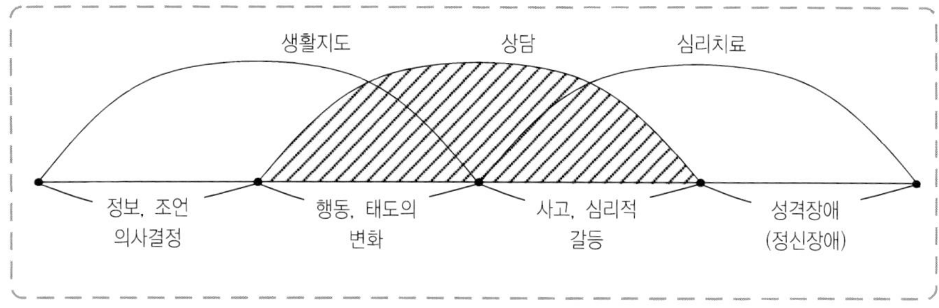

6. 교정상담의 단계

교정상담은 수용자의 감정을 다스려 이성을 회복하도록 만들어 주는 것이다. 교정상담은 자발적으로 상담을 신청하는 경우와 직원이 수용자를 불러서 상담이 이루어지는 호출상담으로 나눌 수 있다. 자발적인 상담의 경우에는 해

상담시간을 보내고 싶은 심리를 지적한 것이다.

75) Clanon과 Schafer(1965)의 연구에 의하면, 시설 내 수용자와 지역사회 프로그램 참여자들 간의 동기수준에 있어 차이가 크지 않다는 견해도 있으며, Manggrum(1971)은 많은 경험을 가진 교정상담자들이 때때로 강제적인 상담이 필요하다는 견해를 제시하고 있다고 한 바 있다.

결할 문제와 상담목표가 수용자에게 있지만, 호출상담의 경우 해결할 문제와 상담목표가 직원에게 있다. 따라서 자발적인 상담과 호출상담의 과정은 서로 다를 수밖에 없다. 자발적 상담의 경우에는 적극적 경청, 공감, 수용적 존중, 핵심문제 찾기, 행동바로잡기, 끝내기의 단계가 필요하나, 호출상담의 경우에는 행동바로잡기와 끝내기로 상담을 마칠 수 있다. 그러나 호출상담의 경우에도 수용자가 직원의 행동바로잡기를 수긍하지 못하고 부정적 감정을 표출하면 공감과 수용적 존중의 단계를 다시 거치고 난 후에 행동바로잡기 단계를 거친 후 끝내기로 들어가야 한다.

7. 상담유형별 특징

행동주의적 상담에서는 외형적 행동을 강조하며, 생태학적 상담에서는 개인의 환경적 특성을 찾아 해결하려 하고, 심리요법상담에서는 내적 상태의 변화에 따라 접근하며, 집단상담은 교도소 내 유사한 문제를 가진 반사회적 집단에 대하여 건설적인 처리방안을 제공한다. 교정상담 시에는 상황에 대해 수용자의 변화를 지속적으로 관찰하여야 한다.

8. 교정상담의 유형

지역사회 내 상담	지역사회 내 상담은 대체로 보호관찰관 및 가석방담당관 그리고 여타 중간처우시설의 담당직원들에 의해 행하여지는 상담을 일컫는다. 이 외에 정신건강센터, 직업알선기관, 자원봉사자관리센터, 민간 중독치료센터, 각종 종교단체 및 사목상담자 등은 지역사회교정상담의 중요한 전문적 자원체계이다.
교정시설 내 상담	시설 내 상담은 소년원, 소년분류심사원, 교도소, 구치소 등의 시설에서 이루어지는 상담을 의미한다. 그러나 교정시설 내 근무자들의 주요 관심사는 시설의 안전을 유지하는 것이기 때문에 교정시설 내 상담은 성공적인 수용관리라는 1차적 목표에 밀려서 2차적 목표달성을 위한 수단으로 전락하게 된다.

9. 교정상담의 종류

(1) 개별상담법

현재 교정에서 이용되는 교정처우방법으로 수형자들은 심리적으로 또는 감정적으로 장애가 있다는 기본가정에서 출발하고 수형자들이 겪고 있는 개인의 특정 문제를 극복하도록 도와주는 방법이다.

(2) 집단상담법

대체로 3∼4명의 수형자들을 대상으로 공통된 문제를 상호 수용과 지원의 계발을 강조하는 기법으로 해결해 가는 방식이다(교도소 내에서의 금주동맹, 심리극, 집단지도 상호 작용 등). 이러한 집단상담은 시간과 비용절감이라는 매력이 있으나, 그렇다고 해서 집단상담이 개별상담보다 덜 효과적이라는 의미는 아니며, 내담자의 문제유형에 따라 집단상담 또는 개별상담을 적절하게 선택적으로 적용하였을 때 효과가 나는 것이다.

(3) 환경요법

모든 교정환경을 이용하여 수용자들 간의 상호 작용의 수정과 환경통제를 통해서 개별수용자의 행동에 영향을 미치고자 하는 것으로서 1956년 Maxwell Jones의 요법처우공동체(therapeutic community)라는 개념에서 출발한 것이다. 모든 수용자가 교도소 내의 일에 대하여 자유롭게 자신의 견해를 피력할 수 있는 보다 민주적인 수용환경 속에서 수형자가 책임감을 갖게 될 때 변화를 기대할 수 있다는 방법(사회요법, 요법사회적 접근, 남녀공용교도소제의 도입 주장 등)이다.

사회요법	Social therapy란 심리적 또는 행동 수정프로그램의 약점을 보완하기 위해서 시도된 요법으로서 수용자들을 위해 건전한 사회적 지원유형을 개발하고자 하는 것이다.
요법처우공동체	이는 범죄성은 처벌로써는 개선의 효과를 거둘 수 없고 치료되고 처우되어야 한다는 것이다. 즉 환경에 의한 결과가 범죄이고, 이는 사회적·생물학적 요인에 의해 결정된다고 보는 것이다. 따라서 요법사회개념은 결정론적인 관점에서 주어진 모든 환경을 이용하여 수용자를 치료·처우하려는 프로그램이라고 할 수 있다.
긍정적 동료 부문화 (positive peer culture)	생산적인 청소년 부문화를 형성하기 위한 집단적 접근법의 하나로서, 집단지도 상호 작용을 모태로 하기 때문에 시설 내 수용생활의 모든 면을 총동원하는 총체적 전략이다.
남녀공동교도소	남녀공동교도소는 요법사회화 취지에 적합한 것으로 남녀를 동시에 혼합하되, 사방이나 사동을 분계하고 교정시설의 공동사용과 처우의 공동참여 등 다양한 형태로 남녀를 통합하여 공동으로 교육·교화하는 교도소를 말한다.

(4) 가족치료

교정시설 내에서 가족을 참여시키는 치료방법이 최근 발전하는 것은 원인론과 범죄행동치료에서 가족역할에 대한 관심이 증대하고 있다는 것을 반영한다. 교정프로그램이 일반적으로 비효과적이라는 비난을 받고 있는 이 시점에서, 가족개입은 재범률과 가족기능에 대해 긍정적인 효과를 나타내고 있다고 평가된다(Gendreau & Ross, 1979). 수용자의 사회복귀 혹은 교화과정에 가족구성원을 포함시킬 수 있는 경우는 가족이 범죄행동의 원인과 상호 관련되어 있을 경우, 가족폭력의 경우, 시설보호를 받던 수용자가 가정생활로 복귀하는 것을 돕는 경우 등이다. 형사사법 종사자들은 범죄인의 범죄행동 이외에 그들의 실업, 이혼, 약물남용, 교육문제 등의 부가적인 측면을 관심 있게 다루어야 한다. 이러한 문제해결을 목표로 삼는 가족서비스 프로그램은 가족치료의 교정 분야 적용에 대한 필요성과 이해를 증진시킬 수 있다. 실제로 상당히 많은 수용자들의 경우 가족의 개입 프로그램이 필요할 수 있다. 그러나 가족치료가 수용자에게 모두 적합하고 효과적인 것은 아니다. 또한 가족치료는 개인치료보다 복잡하고 고비용이라는 문제점이 있다.

(5) 교류분석법

Eric Berne이 창안한 것으로 두 사람 이상의 사람들 사이에서 그들이 상호작용할 때 나타나는 교류를 탐색하고 설명하는 과정이다. 교류분석이론은 인간의 행동이 초기 아동기의 경험과 사건에 의해 깊은 영향을 받는다는 가정에서는 정신분석이론과 일치한다. 교류분석의 가장 큰 장점은 구어의 사용, 즉 모든 사람들에 의해 쉽게 이해될 수 있는 직접적이고 간단한 용어를 사용하는 데 있다. 이러한 교류분석이론은 5가지의 특별화된 단어(부모, 성인, 아동, 게임, 각본)만을 사용하기 때문에 이해하기 용이한 학습틀을 제공한다. 여기서 부모는 판단하고 통제하며, 성인은 성숙하고 현실적이며 윤리적이고, 아동은 유희적이고 의존적이며 때로는 버릇이 없기도 하다. 교류분석의 목표는 사람들로 하여금 자신의 문제가 성인으로서라기보다는 화난 부모나 연약한 아동으로서 세상에 접근할 때 문제가 야기된다는 것을 인식하도록 하는 것이다.

(6) 기타 기법

행동수정법	바람직한 행동에 대해서는 보상하고 바람직하지 않은 행동에 대해서는 처벌함으로써 수형자를 변화시키고자 하는 방법(동전경제)이다.
현실요법	수형자가 보다 책임 있게 행동하기 시작할 때 수형자의 문제가 어떻게 감소될 것인가를 강조하는 방법이다.
강제적 요법	수형자의 동의에 관계없이 수형자에 대한 처우의 필요성과 목표를 결정하는 강제적 요법(물리요법 중 약물요법이 가장 많이 활용 ⇨ 인권침해의 우려) 등이 있다.

10. 교정상담의 효과성

교정상담의 효과는 다양한 방법으로 측정되고 있다. 일반적으로는 '재범률 전후비교 평가법(before and after recidivism)'이 가장 많이 활용되고 있으며, 다른 평가방법으로는 장기 추적조사, 사례연구, 심리검사에 의한 인성변화 측정 등이 있다. 그러나 현재까지는 완벽한 평가방법이 개발되지 않았다. 실험에 의한 평가는 다분히 인위적이며, 면접은 통제가 결여되어 있고, 관찰에 의한 평가는 다른 관찰자들이 검증하기 어려운 개인적 변수가 많아 객관성이 결여되기 쉽다(이백철·양승은, 교정교육학, 1995: 158).

제5절 시설 내 교정

I. 폐쇄형 처우

1. 개념

범죄자의 처우가 폐쇄된 시설 내에서 이루어지고 구금 및 질서유지를 위한 보안처우에 보다 중점을 두고 행해지는 것으로, 소위 행형이라 함은 주로 시설 내 처우에 초점을 둔다.

2. 처우방법

폐쇄형 시설 내 처우의 방법으로는 분류제, 누진제, 정신교육, 교도작업, 수형자토론회 등 다양한 형태가 있다. 그중 시설 내에서만 처우가 이루어지는 폐쇄형 처우제도로는 수형자자치제, 선시제 등이 대표적이다.

3. 종류

(1) 선시(善時)제도

① 의의

선시제도(good time system)란 수형자가 교도소에서 선행을 함으로써, 형기 자체를 감해 주지는 않지만 자기 스스로의 노력과 품행에 따라 일정한 법률적 기준하에 석방의 시기가 단축되는 제도를 말한다. 오늘날 다양한 형태로 운영되는 선시제도는 은사를 남용하지 않으면서 정기형의 엄격성을 완화하려는 시도로 스페인의 몬테시노스가 고안한 것이다. 선시제도는 수형자의 조기 석방을 염원하는 일반적 심리를 교도소관리 및 소 내 규율유지에 이용하며, 수형자의 자력에 의한 발분노력으로 교화개선을 촉진하고 형기를 단축시킨다.

② 타 제도와의 구별

구별	석방의 의미	단축의 의미	형식적 형기	실질적 형기	별칭
선시제	형기종료	자력단축	변화 없음	단축	선행감형제, 선행보상제, 형기자기단축제
감형제	형기종료	은혜적	단축	단축	
가석방	임시석방 (시설 내 처우 ⇨ 사회 내 처우)	은혜적	변화 없음	단축	선행조건부 석방제

③ 발전사

1817년 뉴욕 주에서 선시법(선행보상법)이 최초로 제정된 후 1868년까지 미국의 24개 주가 선시법을 제정하였고 그 후 호주, 뉴질랜드, 캐나다 등 영미계의 국가에서 채택되었다. 한국의 경우에는 1948년 3월 우량수형자석방령으로 시행되다가 1953년 10월 3일 신형법의 실시와 함께 폐지되었고, 최근 일부 교정학자들에 의하여 재차 도입이 주장되고 있다.

④ 선시대상자

주로 선시제도의 목적에 부합하는 유기형 수형자(대체로 무기수형자나 단기수형자는 제외)인바, 이들에게는 수형생활의 양호, 지시된 의무의 효과적이고 성실한 수행, 타 수형자에게 모범이 되는 근면성 등이 요구된다.

⑤ 선시제도의 도입논쟁

찬성론	반대론
• 정기형의 엄격성을 완화하고, 특별한 선행을 시상하여 개선갱생을 촉진시키고 작업능률을 향상시킨다. • 교도소의 규율을 유지하는 데 기여하고, 특정 작업을 독려하여 수익을 증대하기 위해서 실시하는 것이다. • 현대 교정이념에서 수형자의 자력적 개선을 중시하는 사회 내 재통합이라는 목적을 추구하고 있다는 점에서 보면 적합한 제도이다.	• 형기계산이 복잡하고, 행정권에 의하여 형기를 변경시킴은 사법권의 침해이다(3권분립원칙에 위반). • 교도소 생활에 익숙한 교활한 수형자가 외면상 좋은 품행으로 조기에 석방될 수 있다는 점에서 형사정책상 불합리하다. • 가석방과는 달리 취소나 실효제도가 없으므로 사회방위적 측면에서 불리하다. • 수형자의 교화개선을 수형자 자신에게 부담시키는 제도이므로 근본적으로 수형자의 교화개선에 대한 국가의 의무를 포기하는 것이다.

(2) 수형자자치제(受刑者自治制)

① 개요

개념	수형자자치제(inmate self-government system)란 수형자의 책임과 자치심으로 교도소의 질서를 유지하고, 계호주의의 흠결을 교정하며, 그들 스스로 사회에 복귀할 준비를 하도록 유도하는 자치생활을 말한다(즉 교도민주주의의 실험).
목표	직업적 노동의 부과로 수형자의 사회적(시민성) 훈련에 중점을 두고 자치생활을 통하여 궁극적으로 사회적응력 배양에 목표를 둔다.
방법	수형자의 자력갱생을 조장하고 건전한 사회일원으로 복귀하도록 자유에 상응한 책임을 부여하는 자기통제의 원리에 입각하고 있는 교육·훈련방법이다.

② 연혁

영미국가	19C 초 보스턴 소년감화원에서 E. M. Wells가 시도한 적이 있으며, 1895년 뉴욕 주의 프리빌(Freeville)에서 W. George가 불량소년·소녀 150명을 대상으로 세운 사설소년원(일명 조오지소년공화국) 등에서 소년의 감화개선을 위하여 실시되던 제도로, 이를 1914년 미국의 T. M. Osborne[76]이 오번감옥에서 지원수(志願囚)가 되어 체험한 것을 바탕으로 수형자들의 상호복지연맹(Mutual Welfare League)이라는 자치제를 조직하였는데, 이는 행형시설 최초의 수형자자치제라 할 수 있다. 한편 W. Gladstone은 "사람을 자유에 적합하게 하는 것은 오직 자유뿐이다."라고 하여 수형자자치제의 실시를 주장한 바 있다. 그러나 수형자자치제는 세계 각국에 일반화된 제도는 아니며, 전면적 자치를 인정하는 국가도 없다.
한국	1999년 2월 1일부터 원칙적으로 처우등급 1·2급 수형자, 외부통근작업자, 구외출역자, 관용부, 교육훈련생 등을 대상으로 분류처우위원회의 심사를 거쳐 자치활동에 적합한 자를 선정하여 운영하고 있다.

③ 전제조건

수형자자치제는 자유형 집행 중의 자치이므로 자기통제를 전제한 제한적 자치임을 인식하여야 하며, 혼거를 전제하므로 과학적 분류기법을 통하여 적합자를 선정하고, 개선 정도에 따라 부정기형 제도로 조기석방 하거나 정기형 하에서 가석방제도를 적극 활용하여 민주시민으로 조기에 사회복귀 시키는 제도적 뒷받침이 전제되어야 한다. 대체로 대규모 교정시설에서도 가능하지만 비교적 계호부담이 적은 소규모 교정시설에서 더욱 효과적이다.

---

76) 뉴욕 오번 시의 시장이었던 Osborne은 Donald Laurie가 저술한 <My Life in Prison>을 읽고 감명을 받아 1921년에 뉴욕주립교도소 개혁위원회의 의장직을 수락한 바 있다. 이후 싱싱교도소의 소장으로 임명되어 수용자들의 자율통제 프로그램을 실시하였으며, 최초로 실제적인 분류심사제도를 정립하였다.

④ 평가

장점	단점
• 자율적 개선에 노력하도록 하는 것으로 독립자치정신의 배양, 상부상조정신, 단체책임의식을 함양한다. • 자율적이고 자발적인 교정질서의 확립에 두며, 수형자의 명예심과 자존심을 자극하여 사회적응능력을 유도한다. • 교정시설의 계호부담을 경감할 수 있다.	• 자제심의 결여로 범죄에 이르게 된 수형자에게 자유를 허용하는 것은 위험 부당한 일이다. • 범죄는 사회적 무통제하에서 발생하므로 시설 내에서 자유의 허용 및 무통제는 오히려 수형자의 범죄상태를 연장하는 데 불과하다. • 형벌의 위하력과 존엄성을 축소시키며, 국민감정에도 위배된다. • 교도관의 권위 추락, 교도소 풍기문란, 더불어 수형자의 소수가 지도권을 행사하여 이에 따른 다수의 수형자가 고통을 받게 된다.

Ⅱ. 개방형 처우

1. 개요

(1) 용어의 구분

① 개방처우의 개념

수형자에 대한 신뢰와 수형자 각자의 자율에 기초하여 시설 내 처우에 기반을 두면서 가능한 한 사회와 접근시킨 상태에서 교정처우 하는 것이다. 보안상태나 행동의 자유에 대한 제한 등이 완화된 시설에서 또는 폐쇄된 시설이라도 시설 내 처우와 연계되면서 사회생활의 준비가 필요한 수형자를 대상으로 사회적응력을 배양시키려는 개방된 처우형태를 말한다. 구금상태를 완화하는 반자유처우(외부통근제, 외부통학제, 외부통원제, 주말구금, 휴일구금, 야간구금 – 주간가석방, 단속구금, 귀휴제 등)가 이에 해당된다.

② 개방시설의 개념(UN안)

개방시설이란 도주방지를 위한 물적 또는 인적 경비가 없고 수용자의 자율심과 소속집단에 대한 자책감을 기초로 하는 제도로서, 보안적 경비가 없이 수용자의 자율에 의하여 질서가 유지되는 시설이라고 규정한 바 있다.

③ 개방처우대상자(UN안)

수형자의 형사상 또는 행정상의 범주와 관계없이, 형기의 장단과도 관계없이 수용자가 개방시설에 피수용적성이 있어 사회적응이 타 시설에 의할 경우

보다 개방시설에 의하여 달성될 가능성이 클 때, 가능한 한 의학적 · 심리학적 검사 및 사회적 조사에 기초를 두고 행한다고 규정한 바 있다.

(2) 발전사

19C 아일랜드에서 실시된 중간교도소 등에서 그 기원을 찾을 수 있으며, 제2차 세계대전 이후로 각국의 캠프농장, 코로니 등이 발전하면서 본격적으로 개방처우가 국제적인 주목을 받게 되었다. 1950년 네덜란드의 헤이그에서 개최된 제12회 '국제형법 및 형무회의'에서의 이론과 실제에 관한 결의가 있었고, 1955년 제네바의 제1회 'UN 범죄방지 및 범죄자처우에 관한 회의'에서 개방시설처우의 채용 및 확충을 각국에 권고사항으로 결의한 바 있다. 또한 1957년 동경 제2회 UN 아시아지역 범죄예방 및 범죄인처우회의에서도 수형자의 구외작업의 활성화를 위해 개방교도소제를 최대한 활용할 것을 권고하였다.

(3) 운영형태

전통적 교정시설의 일부를 개방구역으로 정하여 운영하거나 아니면 전체 시설을 개방화하여 운영할 수 있다. 전통적 교정시설의 일부 구역을 이용하는 경우에는 처우의 지속성을 유지하고 개방구역에서 사고나 위험성의 발견 시 폐쇄시설로 즉시 복귀가 용이하다는 장점이 있으며, 시설 전체를 개방시설로 운영하는 경우에는 관리의 편의를 위해 주객이 전도되는 것을 예방하고 일관된 시설 · 정책 · 자원 운용으로 철저한 개방처우가 가능하다는 장점이 있다.

(4) 평가

장점	단점
• 수형자의 사회적응력 향상과 신체적 · 정신적 건강에 유리하다. • 교도소 등 교정에 대한 신뢰감의 제고로 갱생의욕을 자극한다. • 가족, 친지 등과의 유대가 지속되며, 규율위반에 따른 처벌의 필요성이 감소한다. • 구금시설에 비해 비용이 절약된다.	• 형벌관념의 혼란을 초래하고, 일반국민의 감정에도 맞지 않다. • 도주의 위험이 증대하며, 개방처우대상자가 보다 자유로운 계호를 이용하여 외부인과 부정한 접촉을 할 소지가 있다.

2. 종류

(1) 귀휴제도

① 개요

귀휴제도(Furlough System)란 수형자에게 일정한 조건하에 가사를 돌보게 하거나 사회복귀의 준비를 할 수 있도록 일정 기간을 정해 귀가를 허가하는 제도이며, 형벌휴가 또는 외박제라고도 한다.

② 근본취지

가족과 사회와 단절된 수형자의 가족적 · 사회적 유대를 강화하고 나아가 사회적응력을 배양하는 데 제도적 가치가 있다.

③ 발전사

1913년	미국의 위스콘신 주에서 통과된 Huber Law에서 비롯되었다.
1918년	최초의 귀휴 프로그램은 미시시피에서 실시되었다고 한다.
1929년	뉴욕 주 교정법에서는 근친자의 위독 · 장례 시에 외출 및 휴가를 부분적으로 허용하였다.
1962년	한국은 행형법 제1차 개정(1961. 12. 23.) 시에 도입하여 귀휴제도를 실시하고 있다.

(2) 외부통근제도

① 개요

외부통근제란 수형자를 주간에는 시설 외부의 일반 직장에서 통근작업을 시키고 야간에는 다시 시설로 돌아와 수용생활을 하게 하는 제도로 주간석방(Day Parole)제도, 반구금제, 반자유제라고도 한다. 한편 주간에 대학 등 학교에 통학하고 야간에는 재수용되는 제도를 외부통학제(Study Release)라고 한다.

② 발전사

1913년	미국의 위스콘신 주에서 Huber Law가 제정된 후 처음 채택되어 경범죄자 및 단기수용자에 대하여 법정이 판결로써 외부통근을 명할 수 있도록 하였다(사법형 외부통근제).
1954년	영국에서는 외부통근 수형자를 수용하는 hostel이라는 개방시설을 일반 교도소의 개방구역이나 교도소 외의 시가지에 특별히 설치하여 호스텔제의 형태로 실시하였다(행정형 외부통근제).
1955년	제네바의 제1회 '범죄예방 및 범죄자처우에 관한 회의'에서 개인회사에 통근과 함께 직업보도를 권고한 바 있다.
1984년	한국 최초로 수원교도소(2001. 7. 15. 여주교도소로 이전)에서 삼성전자 수원작업장에 직업훈련으로 12명이 외부통근을 나간 이래로 전국 각 교정시설에서 행정형 외부통근제도를 확대 실시하고 있다.

③ 실시조건

외부통근제의 실시는 임금제의 확립, 채용직장의 개발, 담당 교정직원의 양성, 노동계약의 확립, 산업재해의 보상 등의 조건이 선행되어야 한다.

④ 유형

구분	성격	국가	대상	수용	목적	임금	장점	단점
사법형 외부통근	중간처벌 (통근형벌)	미국	경미 범죄인	사회 내 처우	형벌의 일환	노동대가로 임금제 인정	• 직장유지 및 가족 생계보장 가능 • 구금에 따르는 폐해 방지	• 국민의 응보감정에 위배가능성 • 형벌 위하력의 약화 등
행정형 외부통근	중간처우 (개방처우)	한국, 영국, 유럽대륙	주로 장기 수형자	호스텔 등 개방시설 (반자유, 반구금)	사회복귀 준비, 사회성 회복	임금의 일부를 행형경비로 공제 가능	• 사회성 회복으로 원활한 출소 준비 • 직업훈련 및 직장 선택에도 유리 • 행형경비 절감의 효과	• 국민의 법감정상 부적절 • 도주 등 교정사고 위험성 • 경제변동에 큰 영향을 받음
혼합형 외부통근	미국의 노스캐롤라이나 주에서 시행하는 외부통근제도로, 법원은 형벌의 일종으로서 통근형을 선고하고 교도소가 가석방위원회 등의 허가를 얻어 외부통근을 실시하는 형태이다.							

(3) 카테지제도

① 발전사

1854년	미국 랭커스터의 오하이오 학교에서 처음 실시하였다.
1904년	교정시설인 뉴욕 청소년수용소(juvenile asylum)에 채택되었다.
1913년	캘빈 데릭에 의해 카테지제는 수형자자치제와 결합되어 운영되었다. 이는 카테지의 가정적인 공동생활 측면과 자치제의 사회복귀 측면의 효과를 기대할 수 있고, 소집단인 카테지 내에서 자치가 허용됨으로써 결국 누진적 처우와도 연결되는 형태로 발전하였다.
1922년	영국의 borstal감화원에서도 개인적 점수제를 지양하고 카테지형태인 가족적인 단체제도를 실시하였다.

② 처우내용

의 의	카테지제(Cottage System)란 소집단으로 가족적인 분위기에서 처우하는 제도로 수형자는 적성에 따라 각개의 카테지로 분류하고 카테지별로 자치적으로 생활하며 엄격한 행동제한 및 처우방법이 강구된다.
수용인원	카테지의 인원은 20~35명 정도로 독립된 가옥에 분류수용 하고 가족적인 생활을 할 수 있도록 한다.
처우방법	벨기에의 경우 소년 카테지는 A·B·C·D로 4등분하고 A는 개별처우를 위한 심사와 직업훈련 관계 결정, B는 가족적인 분위기에서 처우 실시, C는 전면적·자치적 처우, D는 자유적 처우(교도소 밖 출입허용)를 실시한 바 있다.

③ 평가

장점	단점
• 점수제·독거제 및 혼거제의 단점을 보완할 수 있다. • 수형자에게 상부상조정신을 함양시킬 수 있다. • 진정한 행형규율의 확립과 교화에 유익하다. • 독립적인 자치심을 배양시켜 줄 수 있다.	• 과다한 처우비용을 확보하기가 어렵다. • 프로그램을 운영할 전문요원 확보가 곤란하다. • 과학적 분류제하에서만 효과를 기대할 수 있다. • 사회감정(국민이나 피해자 감정 등)에 위배된다.

(4) 주말구금제도

① 구분

주말구금	형의 집행을 가정이나 직장생활에 지장이 없는 토요일과 일요일인 주말에 실시하는 제도로 매 주말마다 형이 집행되는 형의 분할집행방법이다.
휴일구금	주말 이외의 휴일에 범죄인을 시설 내에 수용하고 형을 집행하는 구금방법으로 주말 외의 봄·여름휴가 등을 이용하여 형의 분할집행을 하는 방식인 단속구금도 휴일구금에 속한다.

② 출현배경

주말구금제도는 1943년 독일의 소년법원법에서 소년구금의 형태로 휴일구금을 인정한 데서 비롯되었는데, 원래 주말구금은 종래의 소년에 대한 단기자유형의 폐해를 제거하기 위하여 새로이 채택된 제도이다.

③ 입법례

영국	1948년 영국의 형사재판법은 경범죄인에게 직장에 지장이 없는 휴일에 출두하여 제재를 받게 한 바 있으며, '수강센터 출석제도(Attendance at an attendance center)'도 주말구금의 일종이다.
독일	1953년 제정된 신소년법원법(서독)에 흡수되어 현재까지 계속 시행되고 있으며, 성인에 대해서는 1956년 형법초안에 의하여 휴일구류제도를 채택하였다.
벨기에	1963년 단기자유형의 폐해대책으로 주말구금제를 반구금제와 함께 채용한 바 있다.

④ 집행대상

주말구금의 대상은 원칙적으로 형의 집행을 받지 않은 자인데(벨기에는 불문), 독일의 소년법원법에 의한 휴일구금 및 1956년의 형법초안은 1~4주 이하로 주말구금을 실시하였고, 프랑스의 행형과 형사입법협회 초안은 최고 10회의 주말구금을 실시하였으며, 벨기에에서는 원칙적으로 1개월 이하의 자유형대상자에게 주말구금을 선고하였다.

⑤ 집행방식

토요일과 일요일의 양일이 휴일인 자는 토요일 아침부터, 토요일 오후와 일요일이 휴일인 자는 토요일 오후부터 교정시설에 수용하여 월요일 아침에 석방된다. 그 외에 휴일 및 연말휴가기간에는 집행되지 않는다.

⑥ 집행장소

주말구금은 원칙적으로 소년은 독방에 수용하여 엄격하게 집행하며, 주말마다 집행명령이 없더라도 수형자가 자진하여 시설수용에 응해야 하고, 만약 불출두 시에는 도주로 보아 구금형에 처하는 등 강력한 조치를 취할 수 있다.

⑦ 평가

장점	단점
• 경범죄자의 명예감정을 자각시키면서 범죄책임을 반성토록 촉구할 수 있다. • 단기자유형의 악풍감염 등 폐해를 제거할 수 있다. • 직장과 가정생활을 유지할 수 있으며, 피해자에 대한 손해배상에도 유리하다.	• 피해자나 국민의 법감정에 맞지 않다. • 장기수형자에게는 적용하기 곤란하다. • 수용시설이 원거리인 경우 왕래가 곤란하다.

(5) 석방 전 호스텔

영국에서는 1954년부터 석방 전 호스텔(Predischarged Hostel)제도가 발달하기 시작하여 1962년에는 동 호스텔이 13개소 정도로 확대되었고, 호스텔은 대부분 교도소의 일부 구역을 개방시설로 설치하여 운영하고 있다. 이곳에 이송된 자들은 시중에서 자기의 기능에 맞는 취업처를 물색하여 돈벌이를 하고, 출소 시에는 상당한 돈을 모으게 되는 것은 물론 장차 복귀하여야 할 사회의 사정에 익숙해져 석방준비에 크게 기여하고 있다고 한다.

(6) 기타 개방처우제도

사회견학제	사회견학이란 장기수형자의 구금으로 인하여 사회와 단절된 상태를 완화하고, 사회의 우수한 기술습득 등 석방 후 사회복귀를 용이하게 하기 위한 것으로, 견학지는 주로 전통문화 및 애국지사 유적지, 대단위영농단지, 성공적인 사회교육현장, 양로원, 고아원 등 건전한 국민정신을 함양하기 위한 교화적인 장소이거나 각종 상업시설 중 기술향상에 기여할 수 있는 작업장 등이다.
사회봉사활동	사회봉사활동이란 모범수형자들이 사회 내의 고아원이나 양로원 등을 방문하여 봉사활동을 하는 것을 말한다. 따라서 이 제도는 시설 내 수형자를 대상으로 개방처우방식으로 이루어지는 제도이므로 사회 내 처우로서 인정되는 사회봉사명령과는 구별되는 제도이다.
가족만남의 집	통상 부부특별접견제라 하는 것으로 배우자가 있는 수형자(일반적으로 남성수형자에게만 가능)에게 완전한 부부접견을 별도의 장소에서 일정 시간 동안 허용함으로써 동성애를 줄이고 수형자의 성적 긴장감을 해소하며, 혼인의 유지에 기여하고 안정된 수형생활을 도모하려는 데 목적이 있다. 이러한 부부접견제도(Conjugal Visiting System)는 1959년 미국 미시시피 주의 Red House에서 부부접견을 허용한 데에서 공식화되었다. 한국은 1999년부터 부부만남의 집을 건축하여 운영해 오다가, 현재는 가족만남의 집으로 개칭하여 운영하고 있다.77)

77) 한국의 경우 가족만남의 집의 처우를 받기 위해서는 1년 이상 복역한 수형자로서 형기의 3분의 1(무기징역형은 7년)을 경과하고 처우급 2급 이상인 자, 감호집행 중인 자, 기타 특히 필요한 자를 대상으로 한다. 가족만남의 집의 구조를 보면 침실, 부엌이 갖춰진 13평 규모의 단독주택으로 일반 가정과 같이 아늑하게 조성되며 어느 정도 자유로운 분위기에서 가족과의 면담이 허용된다.

교도소 내 특별구역에서 주로 모범수형자들과 그들의 가족들이 합동접견 하는 것으로 일반접견보다는 더 자유롭고 더 오랜 시간 동안 접촉할 수 있다는 점에서 수형자들에게 호응이 좋다. 현재 연 4회 이상 실시하며 시기는 어버이날, 중추절, 석가탄신일, 성탄절 그 밖에 기관장이 적당하다고 인정하는 때에 실시한다. 외부 접견인은 친족 중 5인 이내, 무연고자는 자매결연자, 교화·종교위원 및 종교단체 신도 3인 이내에서 허용하는 것이 원칙이나, 교화상 필요한 경우에는 접견인원을 증감할 수 있으며, 음식물은 보안상 문제가 없는 범위 내에서 허가하되 음료수는 기관에서 지급하는 것을 원칙으로 하고 필요시 교정시설 내 매점판매 음료를 사용하도록 하고 있다.

'간절한 사랑' 무기수 남편과의 교도소에서의 하룻밤

한 무기수가 교도소 측의 배려로 꿈에도 그리던 아내를 만나 평생 잊지 못할 하룻밤을 보냈다. 살인죄로 무기징역형을 선고받고 공주교도소에서 수용생활 중인 A(35) 씨는 11일 대전교도소 내에 마련돼 있는 가족만남의 집에서 아내 B(33) 씨와 하룻밤을 지낼 수 있었다. 지난 1994년 구속 수감되면서 아내와 헤어진 지 13년만이다. A 씨는 수감생활 초기 아내에게 모진 소리도 많이 했다. 무기수의 신분으로 꽃다운 나이의 아내가 자신을 기다리며 허송세월을 보내는 것이 안쓰러워 정 떼기 작업을 벌였다. 하지만 아내 B 씨에게는 오직 남편뿐이었다. 매달 2~3차 
례 남편을 면회했고 이틀이 멀다 하고 남편에 대한 사랑과 믿음이 물씬 묻어나는 편지를 보냈다. 그러다 최근에는 남편이 있는 공주 인근으로 이사까지 했고 교도소 측에 "우리 가정을 지켜 나가기 위해서는 아이가 필요하니 남편과 함께 하룻밤을 보낼 수 있도록 해 달라."는 애절한 사연을 보냈다. 교도소 측은 A 씨가 한 때의 잘못을 깊이 뉘우치면서 성실하게 수용생활을 하고 있어 A 씨 부부에게 특별한 만남의 시간을 마련해 주기로 결정했다. 어린 나이에 가정을 꾸린 지 얼마 되지 않아 한순간의 실수로 같이 지낼 수 없게 된 이들 부부에게 이번 만남은 남다른 의미로 다가왔다. 애틋한 하룻밤을 보내며 남편은 자신 때문에 고생하며 청춘을 보내고 있는 아내에게 감사와 위로의 마음을 전했고 아내는 앞으로도 남편만을 보고 살겠다는 믿음을 보여 줬다. 공주교도소장은 "아내의 사랑에 힘을 얻은 A 씨는 최초 4급에서 시작된 행장급수(모범수 등급)를 지난 해 1월 2급으로 올렸고 한 달 뒤에는 국문학사 독학학위를 취득하는 등 모범적인 수용생활을 해 오고 있다."며 "가정을 지켜 나가려고 노력하는 아내의 소중한 바람에 도움을 주기 위해 짧은 시간이지만 부부가 함께 지낼 기회를 줬다."고 말했다.

- 노컷뉴스, 2007. 7. 13.

제6절 사회 내 교정

Ⅰ. 개요

1. 개념

사회 내 교정은 지역사회교정이라고도 하는 것으로, 지역사회교정이란 지역사회와 범죄자의 상호 의미 있는 유대라는 개념을 바탕으로 지역사회에서 행해지는 다양한 처벌(sanctions)과 비시설 내 교정처우프로그램을 말하며, 지역사회의 보호, 처벌의 연속성 제공, 사회 내 재통합이라는 목표달성을 위하여 존재한다.[78]

즉 수형자를 교정시설에 구금 또는 수용하는 것이 아니라 처우나 생활의 기초가 사회에서 이루어지는 것이다. 처우의 기본을 유지하면서 직접 내지 간접적으로 시설의 처우를 받는 사회적 처우(개방처우)와 구별될 수 있다.

2. 목적

지역사회교정은 범죄자에게 혜택을 주면서 동시에 지역사회를 보호하는 비용효과적이고 연속적인 다양한 처벌을 달성하려는 목표를 갖고 있다.

---

[78] 일반적으로 지역사회교정은 국가나 공공기관이 아니라 민간부문에 의해서 이루어지는 것으로 인식할 수 있으나, 반드시 그렇지는 않다. 물론 민간부문에 의해서 운영되는 프로그램들이 보다 지역사회교정에 유리하고 상당 부분 민간부문에 의해 운영되고 있는 것도 사실이다. 그렇지만 민간부문의 지역사회교정프로그램의 경우도 사회로부터 격리되고 감시와 통제가 엄격한 시설도 있다는 점을 기억해야 한다(송태호, 교정교육학, 청문사, 2003, p.357).

3. 출현배경

지역사회교정은 1950년대 후반 교정시설의 과밀수용과 재범률 증가, 신종 범죄와 범죄의 양적 급증, 형사사법기관의 업무량 증가와 비효율화, 양극적 처벌의 부적당성 증대(형평성 제고 및 처우효과 거양방향), 범죄환경 변화에 따른 다양한 처벌의 필요 등으로 출현하게 되었다.

4. 발전사

1965년	스웨덴 스톡홀름의 제3차 UN 범죄방지 및 범죄인처우회의에서 보호관찰제도에 관한 토의를 시작하였다.
1967년	법집행과 사법에 관한 대통령위원회가 지역사회교정을 교정의 주요 업무로 규정한 것이 발전하는 계기가 되었다.
1970년대	지역사회교정의 막연한 개념으로 부실하게 시행되어 부정적인 결과를 초래하였다.
1980년대	형사정책의 보수회귀현상(get tough on crime)으로 미연방정부의 지역사회교정에 대한 지원이 축소되었으며, 교정시설의 과잉수용문제는 더욱 악화되었다. 이에 1985년 이탈리아 밀라노의 제7차 UN 범죄방지 및 범죄인처우회의에서 이에 대한 대체방안으로 사회 내 처우가 적합하다는 데에 의견이 모아졌다.
1990년대	강력한 범죄통제전략에 관한 여론의 지속적인 증가로 집합적 무능력화라는 범죄통제방식을 통한 구금강화가 선호되었으나, 급기야 과잉구금이라는 엄청난 비용에 직면하게 되었다. 제8차 UN 범죄방지 및 범죄인처우회의에서 사회 내 처우를 각국에 권고하게 되었다.
2000년대	향후 보다 저렴한 비용으로 동일한 효과를 달성할 수 있는 범죄통제전술로서 지역사회교정이 강력히 대두될 것이며, 이러한 시도는 회복 위주의 사법정책과 더불어 맥을 같이하면서 발전해 나갈 전망이다.

5. 분류

미국의 경우 지역사회 내 처우시설은 자유의 허용 또는 규제의 정도에 따라 분류되는데, ① 사실상 거의 완전한 자유를 보장하는 형태로서 일반 개인 집에 위탁하는 경우, ② 최소한의 규제만을 행사하는 소규모 형태로서 가족적 분위기로 운영하는 경우, ③ 상당한 사생활이 보장되는 준구금시설형태로서 YMCA와 같은 시설에서 외부통근작업이 실시되는 경우, ④ 외부와의 연계가 상당히 통제되는 일정한 형식을 갖춘 준구금시설형태로서 집단치료요법 프로그램 등과 같이 전문화된 처우를 실시하는 조기출소센터나 외부통근작업센터의 경우 등이 있다(송광섭, 범죄학과 형사정책, 2003: 577).

6. 평가

장점	단점
• 시설 내 처우로 인한 사회단절과 악풍감염의 폐해를 줄이고 범죄배양효과 내지는 낙인효과를 피하게 해 준다. • 전환(diversion)제도로 이용되면 형사시설의 과밀화 방지에 기여하여 형사사법기관의 부담을 감소시킬 수 있다. • 단기자유형의 폐해극복 및 범죄인처우를 위한 국가비용을 절감할 수 있다. • 알코올중독자, 마약사용자, 경범죄인 등 시설 내 형사처벌이 부적당한 자에 대한 유용한 대책이다. • 수형자를 점진적으로 사회에 적응하게 함으로써 구금보다는 인도적 처우로 인식된다.	• 지역사회의 반대 등으로 사회 내 처우시설의 유치가 곤란하고, 국민 법감정과 배치되며 사회방위를 침해할 수 있다. • 시설 내 구금의 한계를 극복하기 위한 신종의 사회통제전략으로 형사사법망의 확대에 불과하다. • 사회 내 처우는 형식적으로는 구금이 아니나, 사회 내 처우 관련 기관들이 개입하므로 실질적으로 구금기능을 할 수 있다. • 구금보다는 낙인이 덜할 수는 있으나, 낙인이 야기하는 범죄의 재생산을 극복하지 못하고 사회 내 처우를 받지 못한 자들은 더 흉포한 자로 평가되어 낙인효과가 더 커질 수 있다. • 실질적인 사회 내 처우는 오히려 시설 내 처우보다 고비용이 들 수 있다.

7. 소결

지역사회교정과 같은 사회 내 처우는 범죄인에 대한 개별화 처우에 접근하는 제도로 시설 내 처우보다는 효율적/전문적인 처우기법의 하나로 평가되고 있다. 이에 따르는 고통은 구금의 경우보다 약하다는 점에서 이도적이라 할 수 있고 오히려 고비용이 들 수 있는 제도이지만, 이 제도가 정당한 것이라면 그 경제성은 채택 여부를 좌우하는 요인이 될 수 없으며, 지역사회교정제도가 재범방지에 비효과적이라는 비판이 있기는 하지만 일반적으로는 시설 내 처우를 받은 자들보다는 재범률이 낮다. 따라서 시설 내 처우의 한계를 극복하기 위하여 창안된 사회 내 처우의 문제점을 보완해 나가는 것이 형사정책적으로 바람직할 것이다.

Ⅱ. 사회 내 중간처벌제

중간처벌은 자유형과 보호관찰이라는 극단적 양형 중간에 새로운 형사제재를 가능하게 함으로써 재판관이 형을 범죄의 심각성 정도에 더 적정하게 할 수 있게 한다. 결국 이는 형사제재의 연속성에 기여하는 것인데, 이는 강제와 통제의 수준이라는 견지에서 매우 다양한 교정전략의 범주를 일컫는다. 범죄자가 처음에는 자신의 범행심각성과 전과경력에 기초하여 일정 수준의 형사제재를 받게 되고 다음에는 그들의 행동과 관찰보호에 대한 반응에 따라 제한을 더 많이 받거나 적게 받게 된다.

1. 주장배경

중간처벌제도는 1980년대 이후 과밀수용의 문제와 보호관찰대상자들의 높은 재범률에 따라 일정 범죄인에 대한 새로운 대체처벌방안이 강구되면서 주장된 것으로 주로 사회 내에서 이루어지며, 범죄자에 대한 강화된 통제방안 등이 포함되어 있다는 것이 특징이다.

2. 평가

장점	① 형벌부과의 불공정성을 감소시키고 생산적인 비구금 교정프로그램으로서의 가치가 있다. ② 교정제도의 수용능력에 융통성을 주어 수용자 개별처우 및 수용관리상에 기여한다. ③ 형사제재의 연속체는 융통성이 있기 때문에 국가나 지방자치단체에서 모두 이용 가능하다. ④ 구금형과 보호관찰 사이에 계단식 형벌단계를 제공하므로 형벌의 적정성이 이루어질 수 있다. ⑤ 교정의 민영화 확산 및 지역사회교정의 활성화에도 기여한다.
단점	① 구금인구 중 강력범 비율 감소 효과가 미지수이다. ② 중간제재의 선별과 결정 그리고 집행기관을 어디로 할 것인가에 대한 논란이 있다. ③ 중간제재에 적합한 대상자의 선정문제가 거론된다. ④ 중간제재는 범죄자에 대한 통제력을 약화시키기보다 강화시킨다는 비판(사법망의 강화와 확대, 상이한 사법망의 형성)이 있다.

3. 종류

(1) 유형구분

재판 관련 중간처벌	벌금형, 판결 전 전환 등
보호관찰 관련 중간처벌	집중감독보호관찰, 배상제도, 사회봉사명령제도, 수강명령, 전자감시가택구금, Day Reporting Center[보호관찰조건위반자에 대한 주간개입(처우)] 등
교정 관련 중간처벌	Shock Probation(충격 보호관찰부 유예제도), Boot Camp(병영식 캠프), Restitution Center(배상을 하지 못하는 피배상명령자 수용), 보호관찰 주간보고센터(Probation Center, 지속적 규칙조건위반자를 단기간 수용하는 거주시설) 등

(2) 전자감시제도

① 개요

전자감시제도는 사회 내에서 감독할 필요가 있는 대상자의 위치를 확인해 주는 원격감시시스템으로 형집행의 모든 단계와 미결구금에도 적용되고 있다. 즉 보호관찰 등 사회 내 처우를 조건으로 석방 또는 가석방된 자가 미리 지정된 시간과 장소에 있는지의 여부를 확인하기 위하여 이들의 손목 및 발목 등에 전자감응장치를 부착하여 유선전화기나 무선장비를 사용해서 위치를 확인한다. 만약 범죄인이 무단으로 자신의 신체에 매인 전자장비를 제거하게 되면 교정시설에 구금하는 등의 강력한 제재를 받게 된다. 이러한 전자감시제도의 주체는 원칙적으로 보호관찰소이지만 때때로 민간업체에서 담당하는 경우도 있다.

② 배경

전자감시제도는 1964년 하버드대학의 Ralph Schwitzgebel 박사에 의하여 고안되어 미국에서 본격적으로 보호관찰 등에 도입되었다. 당시 과잉구속 완화책의 묘수가 없는 가운데 종래의 형태와는 발상을 달리하는 새로운 사회 내 처우의 등장이 요구되었으며, 법과 질서를 유지한다는 점에서 범죄자의 엄정한 처벌을 요구하는 시민감정이 고조되어 있었고, 과학기술의 고도화로 급속하게 발전하는 가운데 교정보호 분야에도 전자기술의 이용의 필요성이 높았으며, 민간기업이 교정보호 분야에 전자기기를 응용하는 것이 상업적으로 채산이 맞는다는 판단하에 시장개척을 나서게 된 것도 전자감시제도의 출현배경이 된다.

③ 유형

현재 전자감시제도의 대표적인 감시시스템으로는 계속적 감시시스템(active system), 단속적 감시시스템(passive system), 탐지시스템(tracking system), 무선송·수신 기록감시시스템, 위성위치추적시스템(GPS)으로 분류할 수 있다.

단속적 감시시스템 (passive system)	정해진 주거지에서 지속적으로 감시를 받는 것이 아니고, 정해진 시간에 소재 여부를 확인하는 방식으로 중앙감시컴퓨터가 무작위 또는 선정된 시간에 범죄자를 전화로 호출하여 그 응답 여부를 통해 소재 여부를 확인하는 방식이다.
계속적 감시시스템 (active system)	범죄자의 발목 또는 손목 등에 소형발신기를 착용시켜 그 발신기가 일정한 시간간격으로 전화기를 통해 무선신호를 자동 발신하면 중앙감시컴퓨터는 전송된 사항과 해당 전자감시 대상자에게 주어진 지시사항을 대조하여 위반사항 여부를 감시하는 방식이다.

탐지시스템 (tracking system)	주거지 밖에서 활동하는 범죄인을 감시할 필요성 때문에 개발된 것으로 전화기 대신 범죄자에게 부착된 소형발신기가 계속적으로 무선신호를 발신하면 범죄자의 주택 부근을 순회하는 감시자의 차량에 부착된 수신기나 혹은 감시자가 소지하고 있는 휴대용 수신기로 범죄자의 소재유무 여부를 확인 추적하는 방식이다.
무선송수신기록 감시시스템	무선신호를 송신하는 장치를 전자감시대상자에게 부착하게 하여, 전자감시대상자에 부착된 송신장치에서 계속 발신되는 무선신호를 전자감시대상자의 집 또는 승인된 장소에 설치된 탐지장치가 수신하여 기록하고 무선신호로 중앙감시장치에 정보를 중계하는 방식이다.
위성위치추적시스템(GPS)	전자장치로부터 위치정보를 이동통신망을 통해 수신하여 부착대상자의 이동경로를 추적하는 방식이다.

④ 방법

전자감시제도는 유죄나 무죄의 확정 전 재판진행 중에 있는 피고인에게 미칠 구금 대신 일정한 조건을 부과하거나, 보석의 한 조건으로 실시되거나, 법원의 판결에 따른 유죄확정 후 형벌집행의 단계에서 집중감독보호관찰이나 통금명령 등 다양한 프로그램과 결부되어 실시되고 있다. 집중감독보호관찰(IPS, Intensive Probation Supervision)은 교정시설의 과잉구금을 피하기 위하여 일반 보호관찰 위반자를 교도소에 수감하는 대신에 또는 갱집단이나 약물중독자에 대하여 주 5회 이상의 집중적인 접촉관찰과 병행해서 대상자의 신체에 전자추적장치를 부착하여 제한구역을 이탈하면 즉시 감응장치가 작동되도록 하는 추적관찰을 실시하는 프로그램이다. 또한 가석방자나 소년비행자, 여성범죄자, 음주 관련 범죄자 등의 경우에는 유형별로 각각 시행 국가의 사회문화 및 제도적인 특성에 맞추어 다양하게 실시되고 있다. 영국의 경우에는 전과자들의 재범을 방지하기 위한 수단으로 전과자에게 전자인식표의 의무부착제를 실시하여 큰 성과를 거두고 있다. 프랑스의 경우 지난 2002년부터 시행된 전자발찌제도는 비용이 교도소에 비해 6분의 1밖에 들지 않아 현재 2,300만 명에게 시행하고 있다.

⑤ 대상자

전자감시의 대상자는 일반적으로 약물중독 등의 문제가 없고 재범의 위험성이 낮고, 폭력적이지 않은 자로서 본인이 희망하고 있으며, 그들의 가족이나 동거자 및 집주인 등의 동의가 있는 경우에 선정한다. 대상자는 기본적으로 정확한 주거지와 전화를 소유하고 있어야 하며, 확실한 직업이 있거나 재교육을 받기 위한 자리가 확보되어 있고, 전자감시 비용을 부담할 수 있는 경제적 능력이 있어야 한다. 국가에 따라 다르지만 공통적으로 대상자들은 단기

자유형이 선고되거나, 잔형이 얼마 남지 않은 경우에 고려된다. 그러나 형집행종료자에 대한 전자감시제도는 이중처벌의 위험성도 있다. 한국은 만 19세 이상인 특정 성폭력범죄자에게 전자팔찌나 발찌 등과 같은 장치를 차게 하여 감시할 수 있는 '특정 성폭력범죄자에 대한 위치추적 전자장치 부착에 관한 법률'을 2007년 4월 27일에 제정하여, 2008년 10월 28일부터 시행하고 있으며, 2009년에는 '특정 성폭력범죄자'를 '특정 범죄자'로 범위를 확대하여 '특정 범죄자에 대한 위치추적 전자장치 부착 등에 관한 법률'을 2010년 1월 1일부터 시행하게 된다.

⑥ 평가

장점	• 시설 내 처우보다도 비용을 절약할 수 있으며, 과밀수용의 해소 등 시설수용의 단점을 피할 수 있다. • 기존의 사회 내 처우와도 병행해서 이용할 수 있으며, 특수한 처우가 필요한 범죄자 등에게도 적용할 수 있다. • 특별한 시설을 필요로 하지 않으며, 기존의 시설에 의해서 운영될 수 있으므로 실시하기가 쉽다. • 미결, 기결에 상관없이 형사사법의 각 단계에 있어서 형사처분으로서 폭넓게 이용할 수 있다. • 보호관찰관의 업무효율성 증대와 적절한 감시감독업무에 기여할 수 있고 사회방위효과를 강화할 수 있다. • 빈곤한 미결수용자가 보석보증금에 대신하여 전자감시에 탐지되는 것을 조건으로 보석제도를 활용할 수 있으며, 구속집행정지자 또는 형집행정지자에게도 사용된다. • 음주운전 등으로 주말구금을 하는 대신 전자감시제도를 이용하면 경비절감, 직원의 부담경감, 구금형의 폐해방지 등의 효과가 있다. • 사법형 외부통근의 보조수단으로 전자감시를 부여한 경우 대상자의 위치파악을 통해 위반 여부 확인이 수월하다.
단점	• 구금형의 대체수단으로 쓰일 수 없고, 형사사법망의 확대가 형벌의 확대로 이어질 수 있다. • 단기자유형을 받는 것보다 감시기간이 길어질 가능성이 있으며, 형벌의 엄격성을 약화시킨다. • 전자장치 때문에 직업안정상 문제의 소지가 있으며, 감시요소 강화는 오히려 사회복귀사상과 대립된다. • 수수료를 지불할 능력이 없는 자에게는 불평등이 될 수 있으며, 기계에 의한 인간의 감시이므로 인간존엄성을 침해할 소지가 있다. • 전자족쇄를 늘 착용하고 있어야 하므로(특히, 더운 여름) 낙인효과가 크며, 대상자의 사생활을 24시간 감시하는 것은 과잉침해금지의 원칙에 위배된다는 점이 지적되고 있다. • 전자감시가 일상화되면 시민의 자유에 대한 위험이 될 수 있고, 전자감시는 소재파악에 유용할 뿐 어떠한 행동을 하고 있는지 확인할 수는 없다. • 한국의 사회문화 정서상 전자감시제도가 받아들여질 수 있는지 여부에 대하여 상당히 회의적인 시각이 있다.

(3) (전자감시) 가택구금제도

개요	가택구금(home confinement)제도는 범죄인을 국가시설이 아닌 자신의 집에 구금한 상태에서 자유형의 일부 혹은 전부를 집행하는 제도이다. 가택구금제도에 전자감시제도가 결합된 것은 1964년 쉬츠게벨이 고안하여 1977년 Jack Love 판사가 제작하도록 한 전자장비를 이용하여 범죄자를 감시하는 일종의 중간처벌제도가 개발되면서부터이다.

특성		보호관찰에서 감독기능 강화라는 측면에서 집중감독보호관찰과 유사하지만 자유형으로서의 성격이 강하다. 따라서 가택구금은 보호관찰의 종류라기보다는 보호관찰을 위한 하나의 조건이며, 전자감시는 보호관찰제도의 조건을 충족시키기 위한 하나의 수단이다. 가택구금자는 법원이 허락한 특정한 활동(직업활동, 학교생활, 종교활동 등)을 제외하고는 집에서 외출하는 것이 일체 금지된다. 대상자는 원칙적으로 성인과 소년을 불문한다.
대상자		가택구금의 대상자는 주로 보호관찰대상자와 구금의 대상이지만 위험성이 낮은 자로 하되, 미국의 경우에는 주에 따라 차이가 있다. 텍사스 주에서는 대다수가 재산범이고, 플로리다 주 및 오클라호마 주에서는 인신매매범에게도 적용하고 있다. 아르헨티나에서는 피의자를 대상으로 하고, 스웨덴에서는 음주운전자에게, 프랑스에서는 경범수형자와 잔형기가 1년 미만인 수형자, 자녀를 양육해야 하는 수형자 등을 대상으로 한다.
평가	**장점**	• 실직 또는 가정파괴 등 교정시설수감에 따른 사회적 비용을 방지한다. • 시설수용에 비해 비용이 절감되며, 형사사법의 각 단계에서 또는 재판과 병행하여 탄력적으로 운용할 수 있다. • 임신 중인 여자범죄인이나 AIDS범죄인 등 특수한 범죄인에게 유용한 처우방법이다. • 가택구금제는 병과된 피해배상이나 사회봉사활동이 피해자나 지역사회와 화해할 수 있는 기회가 되므로 범죄인의 사회복귀를 용이하게 할 수 있다. • 처벌이 가시적이며 중요한 지역사회유대가 유지될 수 있다.
	단점	• 가택구금에 부수하여 생활에 대한 간섭을 받기 때문에 프라이버시를 침해할 가능성이 크고 가족들에게 스트레스를 준다. • 일반적으로 시설수용보다 장기간에 처해지기 때문에 사실상 형기가 장기화될 우려가 있다. • 가택구금의 확대는 보호관찰대상을 축소하게 되어 형사사법망이 확대될 염려가 있다. • 보호관찰관의 가택구금자에 대한 감독활동은 보호관찰관의 역할을 사회복귀를 위한 원조에서 감시로 변질시킬 수 있다. • 감시요금의 징수를 조건으로 하는 경우에는 빈곤한 자는 지불능력이 없기 때문에 가택구금의 혜택을 보지 못하는 차별의 문제를 야기할 수도 있다. • 범죄문제의 해결을 가정에 맡기는 결과가 되어 국가책임의 포기로 이어질 수 있다.

(4) 분할선고제도

① 개요

여러 가지 형벌의 종류를 결합하여 선고하는 방식을 말하는 것으로 Shock Probation, Boot Camp, Shock Parole 등 다양한 형태로 존재한다. 이러한 제도들은 단기간의 구금을 거쳐 사회 내 감독기간으로 연결되며, 주로 성인교도소에 구금경력이 없는 젊은 층 범죄자를 대상으로 한다는 점에서 공통점이 있다. 미국의 경우 형벌기관의 전체 수용인원의 2.5배 이상이 보호관찰부 형의 유예를 받고 있을 정도로 폭넓게 활용되고 있지만, 그렇다고 해서 미국의 시민이나 정치가들이 이 제도에 대하여 긍정적인 반응을 보이는 것은 아니다. 오히려 1990년대 이후에는 이러한 보호관찰부 형의 유예가 더 이상 전적으로 시설수용의 대안으로 부과되는 형이 아니라는 인식이 확산되고 있다. 그러한 예로 재판부가 수형기간과 보호관찰의 기간을 명시하여 분할선고(split sentence) 한다든지, 처음 형을 선고한 재판부가 제한된 시기 내에 범죄자의 형을 변경하여 보호관찰부 형의 유예로 선고를 수정(modification of sentence)하든가, 아니면 자유형이 선고된 범죄자가 일정 기간 수용(충격)된 후 석방되어 보호관찰부 형의 유예(shock probation)로 재처분되는 경우 내지는 보호관찰부 형의 유예를 받은 범죄자가 야간이나 주말에 시설수용(intermittent incaceration)될 수 있는 방법들이 애용되기도 한다.

② 종류

충격 보호관찰부 유예제도 (Shock Probation)	• 병영식 캠프의 전신으로 1965년 오하이오 주에서 시작된 것으로 구금의 고통이 가장 큰 짧은 기간 동안(통상 30~90일 사이)만 범죄인을 구금함으로써 범죄자에게 형벌의 제재효과를 확실히 충격적으로 보여 주자는 것으로, 보호관찰과 형의 유예 및 구금의 일부 장점들을 결합한 것이다. • 이 제도는 장기구금에 따른 악풍감염 등의 폐해와 부정적 요소를 해소하거나 줄이는 대신 구금이 가질 수 있는 긍정적 측면을 강조하기 위한 것이다. 이러한 충격 보호관찰부 유예제도는 일반적으로 보호관찰 전에 일시적으로 교정시설에 구금함으로써 수감의 고통을 경험케 하여 장래 범죄행위에 대한 억지력을 발휘하리라고 가정하는 처벌형태이다. • Rand연구소의 연구결과에 의하면, 충격구금에 이어서 보호관찰 된 범죄자, 정규보호관찰자 그리고 출소자 사이에 결과상 아무런 차이가 없는 것으로 나타나 결국 제도적 효과가 작다는 견해도 있다. 실제로 충격 보호관찰부 형의 유예제도는 중요 범죄자에 대해서는 효과적이지 못하다는 사실과 보호관찰관 1인이 담당해야 할 과다한 대상자의 수는 의미 있는 보호관찰을 어렵게 만든다는 비판이 있다.
병영식 캠프 (Boot Camp)	• 1983년 미국의 조지아 주에서 시작한 것으로 3~6개월 정도 단기간 시설에 수용된 후 보호관찰을 계속 받게 되는 프로그램으로서 범죄자로 하여금 엄격한 군사훈련 등을 통하여 규칙적인 생활습관을 유지하게 하면서 마약이나 알코올과의 접촉을 차단시켜 건강을 회복하도록 고안된 제도이다. 프로그램은 일상적으로 매일 격한 체력단련, 행진, 군사훈련 그리고 힘든 육체노동을 포함한다. • 병영식 캠프는 다수의 청소년범죄자들은 자아존중심이 부족하고 자신의 삶을 정리할 수 없기 때문에 범행에 가담하게 된다고 보아 이러한 훈련을 통하여 그 대상자들에게 자기존중심을 향상시킬 수 있도록 한다고 주장한다. 그러나 혹독한 훈련 등은 이들 도심청소년들이 범죄에 가담하게 만든 문제들을 극복하는 데는 아무런 도움이 되지 못한다는 주장도 있다. 이러한 반대론에도 불구하고 미국에서는 1990년대 이후 병영훈련 프로그램이 범죄자에 대한 엄격한 형사정책이 대중의 지지를 얻으면서 가장 보편적인 중간처벌 형태로 자리 잡고 더욱 확산되고 있는 추세이다.
충격 보호관찰부 가석방 (Shock Parole)	전체 형기 중 단기간 동안 구금하고, 나머지 기간 동안은 필요적으로 가석방하여 보호관찰을 받도록 하는 방식이다.

(5) 배상명령제도

① 특징

배상명령(restitution)은 범죄자로 하여금 자신의 범죄로 인한 피해를 범죄피해자에게 금전적으로 배상시키는 제도로서, 피해자에 대한 단순한 금전적 배상이라는 점에서는 하나의 처벌인 동시에 금전 마련을 위해서 일을 하거나 피해자를 배려한다는 등의 차원에서는 교화개선적 기능도 가지고 있다.

② 평가

장점	• 시민이나 교정당국에 아무런 비용을 부담시키지 않으며, 범죄자를 사회로부터 격리수용할 필요가 없이 지역사회에서 가족과 인간관계를 유지하며 직업활동에 전념할 수 있고, 그 결과 수용으로 인한 낙인과 범죄학습 등의 폐해가 없다. • 보호관찰과 같은 다른 형태의 처분과 병행해서 부과할 수 있기 때문에 보호관찰처분만을 할 때의 지나치게 관대한 처분이라는 비판을 해소시킬 수 있다. • 금전적 배상으로서 그렇지 않을 경우 있을 수 있는 형벌을 대신함으로써 지나친 처벌이라는 비난을 면하게도 해 줄 수 있어서 형벌이 지나치게 관대한 경우와 지나치게 무거운 경우의 간격을 메워 줄 수 있다. • 가해자가 피해자에게 배상하는 과정에서 피해자와 가해자가 상호 화해를 이룰 수 있어 사회적 갈등의 소지를 없앨 수 있게 해 준다. • 전통적으로 형사사법체제와 절차상 거의 배제되어 왔던 피해자를 형사사법절차와 과정에 참여시키게 되어 형사사법에 대한 인식의 개선과 지원의 확보가 용이해질 수도 있다. • 처벌이 가시적이며 중요한 지역사회유대가 유지될 수 있다.
단점	• 경제적 능력이 없는 가해자에게는 오히려 지나칠 정도로 무거운 처분이 될 수도 있다. • 배상능력이 없을 때에는 이를 대신할 수 있는 처분(대체로 환형처분 등)을 받아야 하기 때문에 경제적 능력이 있는 사람에게만 이점이 있는 차별적 형사정책이 되기 쉽다.
개선안	배상액의 정도도 중요하지만 가해자의 경제적 능력을 고려하여 차등적으로 결정하고 배상의 집행도 일시불이 아닌 연불이나 후불로 할 수 있게 할 필요가 있다.

(6) 보호관찰제도

① 개념

보호관찰제도(probation)는 이론적으로 생성된 제도가 아니라 정책적 의미가 강한 제도로서 그 개념을 한마디로 정의하기는 어렵다. 그러나 일반적으로 보호관찰제도란 범죄자의 자유를 박탈하지 않고 사회 내에서 생활하게 하면서 지시된 준수사항의 이행을 위해 지정된 보호관찰관의 지도와 원호를 통하여 개선·교육함으로써 재범을 방지하고, 관찰의 기간이 종료되면 원만하게 사회에 복귀할 수 있도록 하기 위한 제도이다(송광섭, 2003: 593).

② 유래

	특징	보호관찰의 기원을 이룬 영미법상의 프로베이션(probation)은 형사절차에 있어서 공판절차 이분론에 기초한 제도로서 유죄의 인정 후에 형을 유예하고 보호관찰에 부하는 제도이다.
영·미법상	영국	보호관찰제도의 기원은 12~13세기경 영국의 보통법상 나타난 재판 시 관행들을 시발로 19C 중엽 소수의 독지가들의 활동에서 비롯된 것이나, 영국의 보통법상 관행들은 당시의 가혹한 형벌로부터 범죄인들을 보호하기 위한 단순한 목적에서였다. 14C경 보증부 유예제도와 함께 보호관찰제도의 최초의 기초적 단계로 간주되고 있다.
	미국	보호관찰의 직접적 기원은 1841년 미국의 매사추세츠 주 보스턴 시에서 제화점을 경영하면서 금주협회 회원으로 활동하던 John Augustus가 한 알코올중독자의 재판에서 법관에게 청원하여 형의 선고유예를 얻어 내고 그를 근면한 시민으로 갱생하는 데 성공(최초의 보호관찰)한 이후라 할 수 있다. 그는 최초로 프로베이션(probation)이라는 용어를 사용하고

영·미법상	미국	케이스워크(case work)의 방법을 첨가하여 보호관찰제도의 원형을 완성하였다. 케이스워크 시스템(Case Work System)은 보호관찰관 1인이 대상자들을 일대일로 접촉하여 요구사항이나 문제점을 분석하여 그를 개선시키기에 적합한 처우방법을 찾는 방식인데, 보호관찰 서비스모형이 이를 본뜬 것이다. 팀 어프로치 시스템(Team Approach System)은 각 분야의 전문가(사회사업가, 정신과의사, 상담전문가 등)들로 보호관찰팀을 구성하여 이들이 자신의 특수한 전문지식이나 기술을 전제로 하여 보호관찰사건에 대한 자신의 책임 영역을 제한하는 방식으로 케이스워크 시스템의 단점을 보완하기 위한 것이다. 그 후 1878년 매사추세츠 주에서 국가가 채용한 보호관찰관이 시행하는 강제적(공식적) 보호관찰제도가 최초로 입법화되면서 보호관찰제도의 권리장전(Magnacarta)으로 불리었으며, 여기서 현대적 의미의 보호관찰제도(probation)가 확립되었다.
대륙법상	특징	대륙법계 국가들의 보호관찰제도는 사회방위 차원에서 고려된 것으로 보호관찰은 형의 선고유예·집행유예 등과 별도로 또는 이와 관련된 별개의 처우수단으로 이해된다. 즉 조건부 판결 또는 조건부 특사의 형태를 띤다.
	한국	한국에서는 1989년 7월 1일 소년범에 대하여 처음으로 보호관찰을 실시하고 이후 성폭력사범(1994), 성인형사범(1997), 가정폭력사범(1998)까지 보호관찰을 실시하는 등 그 대상자를 확대하고 있다.

③ 모델

재활(rehabilitation)모델	치료지향적 모델로서 범죄행위에 대한 책임을 개인이 아닌 사회에 두고, 범인성의 치료개선에 초점을 맞춘다. 통제보다 원호에 중점을 둔다.
억제(deterrence)모델	범죄자에게 보호관찰의 준수사항을 위반하게 되면 구금될 수 있다는 것을 일깨워 줌으로써 구금고통을 피하기 위해 범죄행위를 자제하도록 하는 모델이다. 원호보다 통제에 중점을 둔다.
응보(desert)모델	범죄자들에게 범죄에 대해서는 응분의 대가로서 처벌을 받게 된다는 점을 인식시켜 미래의 범죄행위를 예방해야 한다는 입장에서 피보호관찰자의 행동을 밀착감시 하는 보호관찰프로그램을 적용한다. 역시 통제에 중점을 둔다.
정의(justice)모델	재활프로그램의 효과에 대해 의문을 제기하고 개인의 헌법적 권리를 침해하는 양형상의 불일치를 비판하면서 범죄자에게 공정한 제재가 부과될 수 있도록 엄격한 관리·감독이 이루어져야 한다고 주장한다.
제한된 위험통제(limited risk control)모델	장래의 범죄예측을 전제로 범죄자의 위험성에 따라 통제수준에 차이를 둠으로써 범죄자의 위험성에 초점을 맞춘 공정한 처벌을 추구한다.

④ 구분

보호관찰	보안처분
영·미에서 생성되어 발전한 보호관찰은 보호와 감독이라는 이중기능에 기초하여 범죄인의 보호와 장래의 범죄예방을 목적으로 하며, 범죄인에게 사회 내에서 자유를 부여하고 사회 내 처우로 처벌을 완화한 것이라 할 것이다.	보안처분은 사회방위를 목적으로 구주대륙에서 비롯된 것인데, 일정한 시설에 수용하는 시설 내 처우를 원칙으로 하고 일반적으로 형을 가중하는 등 질적인 차이가 있다. 형벌 이외의 방법으로 형벌을 대체 또는 보충하는 것으로 국가가 사용하는 개선교육·치료보호 기타 일체의 처분을 의미하며 장래의 범죄예방을 목적으로 하는 것이다.

⑤ 기능

Smykla의 <보호관찰관의 기능, 자원의 활용> 차원에서 보호관찰을 모형화하면 전통적 모형, 프로그램모형, 옹호모형, 중개모형이 있다. 이러한 보호관찰의 기능에는 재활(사회복귀)기능, 억제기능, 범죄통제기능, 재통합기능, 처벌기능, 배상기능, 교도소과밀화 해소기능이 있다.

⑥ 평가

장점	단점
• 선고유예·집행유예제도의 완전한 활용과 가석방제도의 활용을 증진시킬 수 있다. • 낙인의 방지와 교정시설의 과밀수용의 해소에 기여함으로써 효율적인 시설 내 처우를 가능하게 한다. • 재범률의 감소와 국가경제적으로 비용이 적게 들고, 특히 집중감시보호관찰 등은 약물중독자나 갱집단에 이용될 수 있다. • 범죄인의 자기책임의식을 촉진·강화하고, 자신의 능력의 적극화를 통한 변화를 추구할 수 있다. • 소년초범 및 부녀자에 대한 가장 실효성 있는 처우수단이고 사회복귀에의 시민의 직접적 협동을 얻을 수 있다. • 범죄인의 부양가족에 미치는 경제적·정신적 피해를 최소화할 수 있고 구금시설에서 할 수 없는 교육, 직업과 고용프로그램에 접근이 용이하다.	• 실질적으로 사회복귀라는 목적보다는 처벌적으로 운영되는 면이 없지 않다. • 환경이론을 전제하고 있으면서도 사실상 사회환경의 변화에 영향을 미치지 못하고 단지 사회통제수단의 확대적 측면에 머물러 있다. • 보호관찰이 동시에 요구하는 자발성과 강제성 사이에는 모순이 존재하고 오히려 대상자에게 심리적 구금감을 들게 할 우려가 있다. • 보호관찰은 재정의 지출을 최대한 억제하기 때문에 경비가 적게 드는 것이지, 교육·취업의 기회를 제공하거나 상담 등의 원조를 원하는 범죄인에게 그것들을 실제로 제공하여 준다면 오히려 비용이 증가한다. • 미국의 Rand연구소의 연구결과에 의하면 대부분의 보호관찰대상자가 다시 체포된 것으로 밝혀져 이 제도가 재범방지에 효과적인가에 대한 의문이 생긴다.

❏ 보호관찰대상자의 기간

법률구분		대상	기간
형법	제59조의 2	보호관찰을 조건으로 형의 선고유예를 받은 자	1년
	제62조의 2	보호관찰을 조건으로 형의 집행유예를 받은 자	1년 이상 5년 이하의 범위 내에서 유예기간(별도기간을 정한 경우는 그 기간)
소년법	제32조 제1항 제4호	단기보호관찰의 처분을 받은 자	1년
	제32조 제1항 제5호	장기보호관찰의 처분을 받은 자	2년(1차 1년 연장 가능)
치료감호법	제25조	가종료자	3년
가정폭력범죄의 처벌 등에 관한 특례법	제40조	보호처분을 받을 자	6개월 이내(보호처분변경 시 1년 가능)
아동·청소년의 성보호에 관한 법률	제28조	소년법상의 보호처분으로 처리	단기 1년, 장기 2년(1차 1년 연장 가능)

❏ 보호관찰 부과절차도

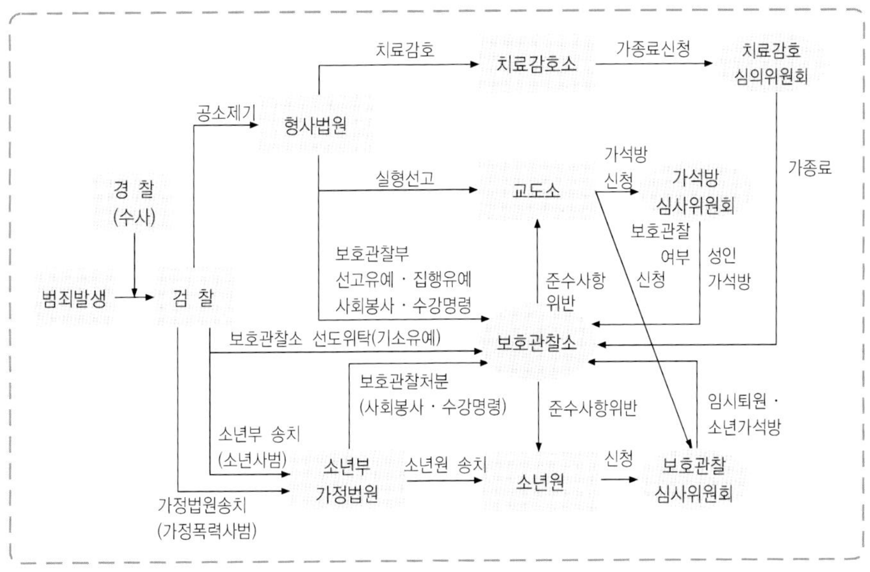

❏ 보호관찰의 집행 · 개시 · 종료

(7) 사회봉사명령제도

① 개요

개념	사회봉사명령(community service order)은 법원이 주로 경미한 죄를 범한 범죄인에 대하여 벌금 또는 단기자유형을 선고하는 대신 일정 기간 무보수로 봉사작업을 하도록 명하는 것을 말한다.
형사정책적 가치	무보수에 의무적인 작업을 부과한다는 점에서 처벌의 효과를 발휘할 수 있고, 범죄로 인한 사회의 피해에 대하여 배상, 범죄인의 사회복귀 그리고 범죄행위에 대하여 속죄한다는 의미도 내포하고 있다. 그래서 일부에서는 '보호관찰(probation) 이래 최대의 형벌개혁'이라고 주장될 만큼 범죄자와 사회의 화해를 통한 지역사회 내 재통합이 가능하다는 평가를 받고 있다.
연혁	• 사회봉사명령제도의 출발은 1960년 영국에서 교정시설의 과밀수용을 해소하기 위한 방안으로 사회 내 처우제도를 확대하려는 과정에서 개발된 것이다. • 1970년 형벌제도에 대한 자문위원회가 '비구금형벌과 반구금형벌'이라는 우튼(wootton) 보고서에서 소개한 것이다. • 1972년 본인의 동의를 전제로 한 사회봉사명령제도가 영국의 형사재판법에 공식적으로 규정되어 시험운영 후 1977년부터 영국 전역에서 실시되었다. • 현재 한국을 포함하여 세계 여러 국가에서 이 제도를 채택하고 있으며, 최근 사회봉사 화상감독 시스템 등을 도입하여 시행하고 있다.

② 성격

구금회피수단설	사회봉사명령제도를 단순히 과잉구금에 대처하기 위한 구금회피의 수단으로 보는 견해이다.
사회책임설	사회봉사를 통하여 사회봉사명령대상자에게 사회적 책임을 환기시키거나 사회에 대한 보상을 할 기회를 제공하는 것으로 보는 견해이다.
봉사정신자각설	사회봉사명령대상자에게 자원봉사의 정신을 배우게 하고 봉사작업의 중요성을 일깨우는 데에 기여하는 제도라는 견해이다.
구금형 대체수단설	주로 단기나 중기의 구금형에 대한 대체수단으로 보는 견해이다. 최근에는 사회봉사명령이 사회복귀를 위한 케이스워크를 주축으로 한 처우방법이라는 입장은 후퇴하고, 단기나 중기의 구금형에 대한 대체수단으로 보는 견해가 유력해지고 있다.

③ 대상자

적합한 성인대상자	자신을 비하하거나 목적 없이 생활하면서 자신의 능력을 모르고 있는 경우이며, 사회적으로 고립되어 있거나 단편적인 행동양식을 가지고 있는 경우이다. 또한 근로정신이 희박하고 다른 사람의 재산을 탐내거나 직무와 관련하여 부당한 대가를 받은 경우와 음주운전·무면허운전 등 중대한 교통법규위반죄를 범한 경우 등이다.
적합한 소년대상자	부모의 과잉보호로 인하여 자기중심적이고 배타적인 성격을 가진 경우와 생활궁핍의 경험이 없는 경우, 근로정신이 희박하고 무위도식을 하는 경우이다. 또한 퇴폐향락과 과소비에 물든 경우와 경미한 비행을 반복하여 범함으로써 가정에서 소외된 경우 등이다.
부적합한 대상자	마약이나 알코올중독으로 범죄를 범한 경우와 상습적이거나 심한 폭력 또는 성적 도착에 의한 범죄를 범한 경우, 정신질환이나 심한 정신장애의 상태에 있는 경우를 들 수 있다. 또한 육체적 장애로 인하여 주어진 작업을 수행할 수 없는 경우, 보안관찰의 대상이 되는 공안범죄를 범한 경우 등이다.

④ 집행사례

현재 사회봉사의 종류로는 자연보호활동, 식물원봉사활동, 도서관봉사활동, 사법 및 교정시설 봉사활동, 장애자 및 노약자시설에 대한 봉사활동, 문화재 및 고궁보호활동 등이 있다. 실제 사례를 보면, 한국자원재생공사에서 쓰레기 분류작업을 통해 재활용품을 선별, 일정액을 받고 재활용 처리공장이나 중국 등지의 외국에 수출하는 일을 하고 있다. 현재 한국자원재생공사 각 사업소는 사회봉사명령대상자를 활용하지 않고는 운영에 곤란을 겪을 정도로 대상자에 대한 의존도가 매우 높다. 또한 서울을 비롯한 전국 보호관찰소에서는 위험이 상존한 도로공사 등에 대상자 투입·집행 시 사회봉사명령의 의미와 당해 기관의 업무내용, 당일 작업내용, 안전교육 등 사전교육을 철저히 실시하는 한편, 현장직원들과의 긴밀한 접촉과 관계 형성을 통해 사회에 적응하도록 하는 계기를 마련하여 주었으며, 대상자들로 하여금 봉사정신을 제고시켜 생산성 향상에도 크게 기여하고 있다.

⑤ 평가

장점	• 기존 사회 내 처우의 기본형태인 전문가에 의한 처우형태를 넘어서 처우기반을 사회에서 구하고 자원봉사자들의 참여폭을 열어 놓았다. • 범죄인을 지도(원조)받는 수동적 객체에서 사회에 봉사하는 능동적인 주체로 전환시켰다. • 범죄인의 행동을 사회에 대한 보상이란 관점에서 벗어나 지역사회에 대한 봉사활동으로 바꾸는 계기가 되었다. • 범죄인에 대한 관리통제기능을 구금형에서 사회로 대체시키는 효과를 발휘하였다. • 비구금처우라 하더라도 봉사활동을 통하여 형벌의 엄격함을 유지할 수 있다. • 국가경제 면에서 보더라도 비용절감이 가능하며, 낙인의 효과를 감소시킬 수 있다. • 사회봉사명령은 보호관찰제도보다는 강한 형벌의 효과를 기대할 수 있고 단기자유형을 대체할 수 있다.
단점	• 대상자의 선정문제, 위반행위에 대한 조치 미비, 사회봉사명령 시 교통비의 지급의 문제, 사회봉사명령의 노동시간에의 산입문제 등이 있다. • 사회봉사의 영역이 지나치게 광범위하고 그 법적 성격이 확실치 않으며, 보호관찰관의 전문가로서의 재량권 남용 등으로 통일적이고 일관적인 집행이 어렵다.

(8) 수강명령제도

의의	주로 누범자가 아닌 경미범죄인들을 대상으로 일정 기간 수강센터에 참석시켜 상담 또는 강의, 훈련을 받도록 하는 처분으로 1948년 영국의 형사재판법에서 21세 미만의 범죄자를 위하여 도입된 제도이다.
목적	이 제도는 범죄인들의 여가시간을 박탈함으로써 처벌의 효과를 얻고 동시에 여가시간을 건설적으로 활용하는 교육적·개선적 효과를 거두는 데에 목적이 있다.

유사제도	수강명령제도와 유사한 것으로는 보호관찰부 주간센터명령이 있다. 여기서 주간센터란 입주시설이 아닌 보호관찰대상자에 대하여 기본적인 사회적 적응능력을 향상시켜 재범의 악습으로부터 전환할 수 있도록 필요한 교육과 훈련을 시키는 시설을 말한다. 특별한 연령제한은 없으나 대체적으로 17~25세가 많으며, 주간센터는 수강명령과 달리 20~25명 정도의 소규모 그룹으로 프로그램을 운영하고 있다.
적합한 대상	수강명령에 적합한 대상자는 본드·부탄가스를 흡입하는 등 약물남용범죄를 저지른 경우 또는 마약범죄를 범한 경우, 알코올중독으로 인한 범죄를 범한 경우, 심리·정서상의 특이한 문제와 결합된 범죄(성범죄 등)를 범한 자로서 적절한 프로그램을 통하여 치료를 받을 필요가 있는 경우 등이다.
집행사례	현재 푸른교실, 희망교실, 청소년건강교실, 알개교실, 토요교실(보호관찰소에서 직영) 등에서 실시되고 있는 수강명령의 내용을 보면 약물남용의 폐해에 대한 교육, 인간관계의 개선방법, 올바른 성관념을 위한 성교육, 심성개발훈련 등이 있다.

Ⅲ. 사회 내 중간처우제

1. 개요

중간처우는 교정시설 내의 범죄자를 지역사회에 연계시키기 위하여 재사회화의 필요에 따라 수용자에 대한 통제를 완화함과 동시에 자율을 강화하고, 처우의 장소를 교정시설로부터 지역사회로 전환한다는 특징이 있다. 이러한 중간처우는 초기에 시설 내 처우와 결합된 형태로 시작되었으나, 오늘날에는 사회 내 처우에 기반을 두면서 중간시설을 이용하는 형태라 할 수 있는데, 시설 내 처우와 사회 내 처우의 중간형태 내지 결합형태라고 할 수 있다.

2. 차이점

중간처우가 사회복귀에 더욱 중점을 두는 것이라면, 중간처벌은 보호관찰과 구금형 사이에 존재하는 일련의 처벌형태로 제재에 더욱 중점을 두는 것이라 할 수 있다.

3. 범위

광의로는 시설 내 중간처우(개방처우 – 외부방문제, 일시출소제, 학습제도 등)에 사회 내 중간처우(협의의 중간처우 – 중간처우소, 작업출소센터, 지역사회교정센터 등)를 포함하는 것이라 할 수 있다.

4. 논의점

현재 중간처우의 개념은 다의적으로 해석되고 있다. 이러한 혼란은 중간처우가 운영주체를 기준으로 구분하는가 또는 장소적 개념으로 구분하는가 등에 따라 달라질 수 있다는 점에서 초래된다. 중간처우의 개념은 운영방식의 관점에서 고찰할 문제이며, 국가주체이든 민간주체이든 관계없이 일정한 기간 동안 통제된 시설에 강제적으로 수용되는 조건하에서 시설 내에서만 처우가 이루어진다면 이는 폐쇄형으로, 그리고 시설 내에 기반을 두면서 지역사회와 연계되는 처우프로그램이라고 볼 때는 개방처우로 구분한다. 반면에 국가든 민간이 운영하든 시설에 강제적 수용이 전제되지 않으면서 또는 지역사회 내 교정시설에서 자발적인 처우를 받는다면 이는 사회 내 처우로 구분하는 것이 합리적이다. 예를 들면 민영교도소는 운영주체가 민간이지만 강제적 수용이라는 점에서 보면 이는 기본적으로 폐쇄형 시설처우에 가깝다. 물론 민영교도소 수용자를 대상으로 지역사회와 연계된 프로그램이 진행된다면 이는 개방처우로 분류할 수 있다.

5. 과제

중간처우제도에 있어 행형의 사회화 실현을 위해서 해결되어야 할 과제를 살펴보자. 먼저 중간처우는 수형자의 사회적 접촉을 전제로 하는 제도이므로 중간처우시설의 설립에 대하여 해당 지역주민이 반대할 가능성이 높고, 수형자와 교정담당자의 상호 작용에 의한 치료를 하는 제도이므로 교정담당자가 전문적 능력을 갖추어야 한다. 그리고 중간처우는 처우의 개별화를 전제로 하므로 처우비용이 높다. 따라서 중간처우의 실시는 재정 확보가 필수적인 전제이다.

6. 종류

(1) 중간처우의 집(Halfway House)

중간처우의 집은 한마디로 시설수용 내지는 석방의 충격을 완화하는 완충지대 역할을 담당한다고 할 수 있다. 이러한 중간처우의 집의 종류로 먼저 입소 전 중간처우의 집(Halfway in House)은 정신질환범죄자나 마약중독자들에게 유용한 것으로 교정시설에 입소하기 전에 일정 기간 중간시설에 수감된 후 본래의 교정시설에 수용하여 구금의 충격을 완화시켜 주는 역할을 한다. 석방 전 중간처우의 집(Halfway out House)은 1950년 최초로 미시간 주와 콜로라도 주의 교도소에서 채택되었으며, 교도소로부터 멀리 떨어진 곳에 독립된 시설을 두고 그곳에 석방준비단계의 수형자들을 일반적으로 20명 내외, 거주기간은 30~90일가량, 출입에 대한 제한은 최소화하여 수용하는 제도이다.

(2) 가석방호스텔

가석방호스텔이란 가석방을 받고 출소한 자를 처우하기 위한 조직으로 미국에 있어서 종교단체나 자선단체에서 운영하며(한국의 법무보호공단과 유사), L. W. McCokle과 F. L. Bixby가 창안한 것으로 하이필드계획(highfield project)이 대표적이다. 이는 시설구금의 대안으로 1950년 뉴저지 주에서 16세와 17세의 소년 20명을 수용하는 소거주시설을 설치하고 4개월 거주시키며, 주간에는 인근 농장이나 병원에서 일하고 주 5회씩 90분 단위로 자신들의 문제에 대한 집단회의를 가졌다고 한다. 이러한 하이필드계획은 McCokle이 1957년 <하이필드 스토리>라는 책자에서 소개한 이래 단기집중처우제도로 각 시설에서 채택된 제도인데, 이는 소집단규모의 토론방식이므로 '집단 상호작용 지도법(guided group interaction)'이라고도 한다.

(3) 보호관찰호스텔

거주를 필요로 하지 않는 자들을 위한 보호관찰호스텔은 미국의 군이나 주에 설치된 보호행정 담당부서에서 운영한다. 유타 주 Provo의 파인힐스계획(pinehills project)이 대표적이다. 대상자는 비거주의 15~17세 사이의 소년으로 주간에는 학업이나 마을의 잡역을 하고, 일을 마친 후에는 센터에 모여 가족이나 친지, 직장에서 경험한 사실들을 집단토의 하며, 오후 7시에 귀가하고 기간은 4~6개월이다. 이 제도는 일반의 피보호자나 소년원생에 비하여 성과가 높은 것으로 보고되고 있다.

(4) 다목적센터

미국의 교정정책은 연방정부·주정부·군정부에 분립되어 있고 각각 독립된 수용대상자를 위하여 센터를 운영하고 있으나, 재정이 영세한 군정부는 한 가지 목적만을 위하여 독립된 시설을 운영하기 어렵기 때문에 다목적센터(또는 Reception Center)를 설치하게 되었다. 주로 소년을 대상으로 소년법원의 결정을 조력하는 진단소년원에서 가퇴원자의 보호나 보호관찰의 지도를 위한 보호시설로 이용되고 있다. 대표적인 예로는 캘리포니아 주 당국에 의한 청소년교정센터를 들 수 있다. 대체로 비행다발지역에 설치되며, 시설은 3개 블록으로 구분되고 1블록당 정원은 16명이며, 3단계 처우를 실시한다.

(5) 석방 전 지도센터

의 의	미국의 석방 전 보도센터 또는 조기출소지도센터(Prerelease Guidance Center)라고도 하는 것으로, 석방준비단계에 있는 수형자의 원활한 사회복귀를 위하여 구금시설과 지역사회의 중간에 있는 대형 저택이나 호텔 등 시설의 일부를 이용한다. 이는 사회생활에 적응할 수 있도록 지도를 하는 숙박 위주 교정시설로 1961년 미국의 뉴욕 등 여러 주에서 실시한 바 있다. 석방 전 지도센터는 Hostel제도나 Halfway House제도를 현대화시킨 사회 내 중간처우시설이다.
기 능	대체로 석방 전 지도센터의 정원은 20명 내외이고 운영은 교정시설의 직원으로서 심리학이나 사회사업학 등을 전공한 자를 선발하여 출소예정자들이 형기만료 몇 주 전에 석방준비, 성격교육, 개별지도 등 책임 있는 사회의 일원으로 복귀하도록 지도한다.
형사정책적 가치	석방 전 보도센터에서는 전문적인 Case Worker가 개별수형자를 지도·보호함으로써 개별처우에 대한 구금시설의 한계를 보완할 수 있다.

(6) 기타 중간처우제도

Emmaus House	여성범죄자를 위한 주거식 소규모 처우시설로서 가족적 분위기가 특징이다.
Option Center	비주거식 소극적 처우시설로서, 취업을 알선해 주는 직업 소개적인 성격을 갖고 있다.
Project Rehabilitation	마약이나 알코올중독 및 정신적 결함이 있는 범죄자를 대상으로 종합적인 치료를 하기 위한 처우시설이다.

참고문헌

1. 국내논문

강영철 (2001). 형벌·행형의 목적과 단기자유형, 교정연구 제13호, 한국교정학회.

강영철 (2003). 자유형과 행형제도의 발전방향, 교정연구 제19호, 한국교정학회.

강영철 (2009). 수형자의 개별처우와 교정시설 및 처우의 다양화, 교정연구 제43호, 한국교정학회.

경의성 (2008). 북한의 법집행 제도와 인권, 제3기 통일미래지도자 과정 정책연구과제집, 통일교육원.

고종우, 염영희 (2003). 간호사의 직무스트레스와 직무만족 및 조직몰입간의 관계에서 사회적 지지의 역할, 대한간호학회지 33(2): 265-274.

공정식 (1996). 범죄인의 법률관, 범죄관 및 수형환경이 시설적응태도에 미치는 영향, 고려대학교 교육대학원 석사학위논문.

곽병선 (2001). 사회 내 처우로서 전자감시에 의한 보호관찰 도입방안, 형사정책 제13권 제2호.

권오익 (2005). 범죄자의 사회 내 처우제도 개선방안에 관한 연구, 숭실대 박사학위논문.

김근식 (1995). 지역사회내 교정처우 프로그램의 효과성 분석에 관한 연구: 사회통합 척도를 통한 프로그램 산출 평가, 연세대학교 대학원 박사학위논문.

김명환 (1999). 교정의 사회화 확대방안에 관한 연구, 정갑섭교수 정년퇴임기념논문집.

김민호 (1991). 교사스트레스와 탈진, 연세대학교 교육대학원 석사학위청구논문.

김병섭 (1994). 경찰공무원의 심리적 탈진과 그 원인, 한국행정학회 학술대회 발표문.

김병섭 (1995). 경찰공무원의 심리적 탈진 원인분석, 한국행정학보 29(2), 449-467.

김보경 (1993). 소년원 단기처우원생을 위한 친사회행동기술 훈련프로그램, 법무부 보호국 연구보고서.

김수암 (2005). 북한의 형사법제상 형사처리절차와 적용 실태, 통일연구원.

김순양, 구종태, 윤기찬 (2002). 일선 경찰공무원의 직무스트레스 수준 및 유발요인 분석, 행정논총 40(1) 123-147, 서울대학교 행정대학원 한국행정연구소.

김안식 (2009). 북한의 구금시설 및 행형제도에 관한 고찰, 교정담론 제3권 1호.

김옥현 (2003). 교정시설과 조직, 고시월보 통권 306호.

김완수 (2001). 수형자의 생활조건에 관련된 권리의 보호, 원광대학교 대학원 논문집 제27호.

김응규 (1999). 교정시설의 변천과정과 개선방향, 동국대 석사논문.

김인숙 (2000). 외국인 범죄와 처우에 관한 연구-한국과 일본의 비교, 국민대 사회과학연구 제13호.

김일수 (2005). 범죄인의 전자감독에 관한 연구, 한국보호관찰학회.

김재중 (2007). 대체형벌로서의 전자감시제도, 법학연구 제17권 제2호.

김정인 (1997). 부적 정동과 사회적 기대가 직무스트레스와 그 결과에 미치는 영향, 중앙대학교 박사학위청구논문.

김지훈 (2002). 한국의 민영교도소제도 운영방안에 관한 연구, 동국대학교 대학원 석사학위논문.

김혜경 (2002). 과밀수용의 해소방안에 관한 연구, 경기대 석사학위논문.

김혜정 (2005). 성폭력범죄자에 대한 전자팔찌 적용가능성에 관한 검토, 형사정책연구 제16권 제3호, 한국형사정책연구원.

김효정 (2004). 문화적 교정시설 조성방안 연구, 한국문화관광정책연구원.

나진영 (2000). 외국인 수용자의 효율적인 수용관리방안: 부산구치소의 현 실태와 개선사항을 중심으로, 교정 8월호.

남상철 (1998). 교정의 역사적 흔적과 발전적 전망에 관한 연구, 경기대 박사논문.

도중진 (2001). 미결구금제도에 관한 연구, 한국형사정책연구원.

문영삼 (2006). 교정시설의 거주공간 계획에 관한 연구, 홍익대 박사논문.

문일섭 (2003). 교정시설에 있어서 과밀수용 해소방안에 관한 연구, 조선대 석사논문.

박광식 (2004). 효과적인 민영교도소 운영에 관한 연구, 고려대학교 행정대학원 석사학위논문.

박상기, 손동권, 이순래 (2001). 형사정책, 형사정책연구원.

박상식 (2006). 회복적 사법 실천모델의 효과에 관한 연구, 피해자학연구 제14권 제2호, 한국피해자학회.

박상열 (2002). 미국에 있어서 민영교도소에 관한 법적쟁점 및 분석, 교정연구, 제17호.

박상열 (2007). 전자감시제도의 입법과 적용방안, 교정연구 제35호.

박석정 (2008). 민영교도소 도입에 따른 효율적 운영에 관한 고찰, 교정연구 제40호.

박성례 (2003). 교정행정에 대한 국민의식 조사, 한국형사정책연구원.

박성수 (2002). 경찰공무원의 스트레스가 이직에 미치는 영향에 관한 연구, 한국공안행정학회보 13호, 99-135.

박성수 (2006). 보호관찰대상자의 전자감시도입에 관한 연구, 한국공안행정학회보 제25호.

박영규 (2001). 전자감시제도와 가택구금에 관한 연구, 교정연구 제12호.

박희호 (2005). 외국인 수용자 처우의 개선방안에 관한 연구, 충남대 학정대학원 석사학위논문.

백형구 등 5인 (2007). 북한 인권관련 법령해설, 대한변호사협회.

변동윤 (2000). 교정시설 수용경비의 재소자 부담 방안. 월간교정 9월호.

변지은, 이수정, 유재호, 이훈구 (1997). 근로자들의 정서관련 특성이 직무로 인한 탈진감에 미치는 영향 : 탈진감에 대한 저항기제로서의 정서지능, 한국심리학회지 : 산업 및 조직, 11(1), 23-52.

신동혁 (2007). 세상밖으로 나오다: 북한 정치범수용소 완전통제구역, 북한인권정보센터.

연성진 (2004). 미국의 민영교도소에 관한 연구, 한국형사정책연구원.

오원선 (2003). 수형자 직업교육훈련의 개선방안에 관한 연구, 교정연구 제21호, 한국교정학회.

윤옥경 (2002). 미국 교정프로그램에 있어 성 인지적접근의 도입배경과 프로그램 사례, 한국교정학회, 교정연구 제14호.

윤옥경, 이수정 (2005). 수용자-교도관 폭행의 유형과 실태, 한국형사정책연구원.

이건종, 이경렬 (1993). 남북한 사법운용 및 범죄처리에 관한 비교연구. 한국형사정책연구원.

이명숙 (2001). 교정치료프로그램의 재범방지 효과성에 대한 고찰, 한국교정학회, 교정연구 제13호.

이백철 (2002). 미국의 행형의 위기와 미래: 진보주의적 관점, 형사정책연구 제13권 제2호, 한국형사정책연구원.

이백철 (2002). 미국행형의 위기와 미래; 진보주의적 관점, 형사정책연구, 제13권, 제2호.

이백철 (2002). 회복적 사법: 대안적 형벌체계로서의 이론적 정당성, 한국공안행정학회보, 제13호.

이백철 (2003). 세계교정이념의 흐름과 한국교정 -포스트모더니즘 범죄학이론을 중심으로-, 교정연구, 제21호, 한국교정학회.

이백철 (2006). 교정시설에서의 인권교육의 방향정립을 위한 거시적 모색, 교정관련 인권교육 개선 심포지엄, 법무부 인권국.

이상희 (2002). 수형자 의료권에 대한 국내법 및 국제인권법적 검토, 인권운동사랑방/인도주의실천의사협의회, 교정시설수용자 의료권보장을 위한 심포지엄 자료.

이수정, 김양곤 (2005). 보호관찰 분류지침 개발을 위한 예비연구, 한국심리학회지.

이수정, 변지은 (2001). 수형자 분류심사 도구의 개발, 한국심리학회지, 제20호 2권.

이수정, 서진환, 이윤호 (2000). 교정처우에 있어서의 재소자들의 정신건강문제, 한국심리학회지:일반, 19(2).

이수정, 윤옥경 (2003). 범죄위험성의 평가와 활용방안, 한국심리학회지 제22호 제2권.

이수정, 윤옥경 (2004). 교정공무원의 폭행피해로 인한 탈진감과 외상 후 스트레스 장애, 교정학회.

이수정, 이윤호, 이훈구 (2000). 수형자들의 문제행동 예측가능성 및 재범예측가능성 척도의 개발(예비자료 분석), 한국 사회 및 성격심리학회 하계 학술논문발표집.

이승호 (2000). 교도소 민영화에 관한 연구, 형사정책 제12권 제2호, 한국형사정책학회.

이영수, 문영삼 (2006). 국내 교정시설의 건축 유형과 특성에 관한 연구: 교도소 건축을 중심으로, 대한건축학회논문집 제22권 제1호.

이윤호 (2003). 교정공무원의 전문화 방안, 21세기 교정비전과 처우의 선진화 방안, 305-430, 교정국.

이종목, 송대현, 박한기, 송병일 (1991). 직무스트레스와 조직성과의 관계모델 검증연구, 한국심리학회지:산업 및 조직, 4(1), 1-21.

이진국 (2006). 행형단계에서 원상회복의 가능성과 문제점, 교정연구 제13호, 한국교정학회.

이진국 (2006). 회복적 사법과 형사사법에 관한 소고, 피해자학연구 제14권 제2호, 한국피해자학회.

이진국 (2001). 행형단계에서 원상회복의 가능성과 문제점, 교정연구 제13호, 한국교정학회.

이창한 (2008). 외국인 범죄자의 교정처우 현황과 과제, 교정연구 제40호.

이춘화 (2001). 소년사건의 조사제도에 관한 연구, 한양대학교 법학과 박사학위 청구논문.

이태호 (2000). 분류심사론, 한국소년보호학회.

이현승 (2003). 사회봉사명령 및 수강명령의 운용실태와 개선방안, 양형실무위원회.

이현희 (2004). 재범요인에 관한 인과적 분석, 교정학회 제24호, 한국교정학회.

이호중 (2006). 수용자의 권리제한: 보안조치와 징벌, 형사정책 제18권 제1호, 한국형사정책학회.

임재표 조선시대 행형제도에 관한 연구: 휼형을 중심으로, 한국형사정책연구원, 2000.

장중식 (2005). 새로운 형사제재수단으로서의 원상회복제도, 법학연구 제20집, 한국법학회.

장희숙 (2008). 재범요인과 범죄유형별 특성, 교정연구 제39호.

전영실, 정진수, 한상훈, 임재표 (2000). 외국의 교정현황에 관한 연구, 한국형사정책연구원.

전영일 (2000). 북한 교도관의 근무, 법무부 교정국.

정신교 (2008). 특정성범죄자 전자감시제도에 대한 쟁점, 형사정책 제20권 제2호.

정영진, 신연희 (2006). 장기수형자 처우모델 개발을 위한 탐색적 연구, 한국형사정책연구원.

정진수 (2000). 외국의 교정현황에 관한 연구, 한국형사정책연구원.

정진수 (2002). 수형자의 법적권리에 관한 연구, 한국형사정책연구원.

정진수 (2003). 미결수용자 처우에 관한 연구, 한국형사정책연구원.

조준현 (2007). 보호관찰제도의 운영과 과제, 교정연구 제35호, 한국교정학회.

조준현 (2004). 수형자의 인권과 그 한계, 교정연구 제25호, 한국교정학회.

천정환 (2004). 우리나라 교정의 발전방안에 관한 연구: 과밀수용과 수용자 인권을 중심으로, 경상대대학원 박사학위논문.

천진호 (2006). 국제수형자이송제도, 한국형사정책연구원.

최병문 (2002). 미국의 교정제도, 교정학회, 교정연구 17호.

최옥채 (2000). 북한의 교정복지 관련 주요 내용의 이해, 한국사회복지학회 춘계학술대회자료집.

최응열, 황영구 (2003), 교정시설 과밀수용의 실태와 형사사법적 대응방안에 관한 연구, 교정연구 제18호.

하기수 (2006). 북한의 범죄인처우에 관한 연구, 제1기 통일미래지도자 과정 정책연구과제 자료집, 통일교육원.

하기수 (2007). 북한의 형벌과 구금시설, 월간교정 제372호.

한상훈 (2000). 외국의 교정현황에 관한 연구, 형사정책연구원.

한영수 (2002). 전자감시제도의 도입문제, 사회과학연구 8집, 경원대 사회과학연구소.

허경미 (2008). 회복적 사법과 지역사회 교정에 관한 연구, 교정연구 제11호, 한국교정학회.

허주욱 (2003). 교정학, 법문사.

홍성열 (2002). 범죄인의 4가지 공통심리, 교정연구 제17호.

홍성열 (2009). 재범률을 낮추는 일은 곧 국가발전의 원동력이 됩니다, 교정, 제53권 1호, pp. 10-11.

홍영균, 문영삼 (2008). 교정시설의 건축공간특성 및 개선방안, 교정담론 제2권 2호, pp. 43-75.

황일호 (2009). 사회내 교정의 수단으로서의 전자감시제도, 한국교정학회 제44권.

황명호 (2008). 외국인 수용자의 한국교정기관 처우에 관한 연구: 대전교도소를 중심으로, 공주대 교육대학원, 석사학위논문.

2. 국내저서

강철환 (2003). 수용소의 노래(상), (하). 시대정신.

공정식 (2000). 형사정책, 동현출판사.

공정식 外 1인 (2006). 교정심리학, 양현월드.

공정식 外 2인 (2000). 분류처우론, 동현출판사.

공정식 (2010). 살아있는 범죄학, 마무리닷컴.

권인호 (1973). 행형사, 국민서관.

김기원 (2004). 민영교도소론, 한국학술정보.

김보환 (2005). 교정학, 교학사.

김화수 (1991). 행형법학, 동민출판사.

남상철 (2000). 교정발전론, 시사법률사.

남상철 (2005). 교정학개론, 법문사.

리준하 (2008). 교화소 이야기, 도서출판 시대정신.

배종대 (2006). 형사정책, 홍문사.

손동권 (2006). 형법총론, 율곡출판사.

송태호 (2003). 교정교육학, 청문사.

신치제 (1996). 책임형벌과 행형, 한남대학교 출판부.

오영근 (2005). 형법총론, 박영사.

이백철 外 1인 (1995). 교정교육학, 시사법률.

이상원 (2005). 범죄예방론, 대명출판사.

이수정 (2006). 범죄심리학, 북카페.

이영근 (1995). 분류처우론, 시사법률.

이영근 外 7인 (2007). 한국교정학, 한국교정학회.

이윤호 (1999). 형사정책, 박문각.

이윤호 (2002). 교정학개론, 박영사.

이윤호 (2006). 교정학, 박영사.

이윤호 (2006). 범죄학개론, 박영사.

이윤호 (2006). 현대사회와 범죄의 이해, 삼경문화사.

이윤호/이수정/공정식 (2000). 분류처우론; 교도소의 범죄심리, 동현출판사.

이정찬 (2004). 세계교정사, 한국교정선교회.

임 웅 (2000). 형법총론, 법문사.

임준태 (2003). 범죄통제론, 좋은세상.

정갑섭 (1995). 교정심리학, 경기도서.

천정환 (2005). 신판 교정복지학, 대왕사.

최옥채 (2006). 교정복지론, 학지사.

한인섭 (2006). 형벌과 사회통제: 근대감옥의 성립과 변모 그리고 현대교정, 박영사.

한철호 外 1인 (2000). 교정분류론, 일조각.

허주욱 (2003). 교정학, 법문사.

교정본부 홈페이지 http://www.corrections.go.kr

법무부 (2009). 범죄백서.

법원행정처 (2006). 북한의 형사법.

법원행정처 (2006). 통일형사사법연구.

3. 외국자료

Applegate, B.K. (1997). *Specifying public support for rehabilitation: a factorial survey approach* (Doctoral dissertation, University of Cincinnati, 1997). Dissertation Abstracts International58, p. 1927.

Applegate, B.K., Cullen, F.T. and Fisher, B.S. (1997). Public support for correctional treatment: the continuing appeal of the rehabilitative ideal.

Prison Journal77, pp. 237 - 258.

Applegate, B.K., Cullen, F.T., Fisher, B.S. and Vander Ven, T. (2000). Forgiveness and fundamentalism: reconsidering the relationship between religion and correctional attitudes. *Criminology38*, pp. 719 - 754.

Arthur, J.A. (1994). Correctional ideology of black correctional officers. *Federal Probation58*, pp. 57 - 66.

Acevedo K. C. & T. Bakken. (2001). "The Effects of Visitation on Women in Prison", *International Journal of Comparative and Applied Criminal Justice(25)*.

Alarid L. F., Burton Jr. & Cullen F. T. (2000). "Gender and Crime Among Felony Offender: Assessing The Generality of Social Control and Differential Association Theories", *Journal of Research in Crime and Delinquency, 37(2)*.

Andrew Karmen. (2006). *"Crime Victims: AnIntroduction to Victimology"*, Belmont: Thomson Wadsworth.

Andrews, D. and Bonta, J. (1994) *The psychology of criminal conduct*. Cincinnatti: Anderson.

Atlas, R. (1983) Crime Site Selection for Assaults in Four Florida Prison. *Prison Journal* 53:59-72.

Bazemore, G., Dicker, T.J. and Al-Gadheeb, H. (1994). The treatment ideal and detention reality: demographic, professional/occupational and organizational influences on detention worker punitiveness. *American Journal of Criminal Justice19*, pp. 21 - 41.

Blumstein, A. and Cohen, J. (1980). Sentencing of convicted offenders: an analysis of the public's view. *Law and Society Review14*, pp. 223 - 261.

Bohm, R.M., (1987). American death penalty attitudes: a critical examination of recent evidence. *Criminal Justice and Behavior14*, pp. 380 - 396.

Burton Jr., V.S., Cullen, F.T. and Travis III, L.F. (1987). The collateral consequences of a felony conviction: a national study of state statutes. *Federal Probation51*, pp. 52 - 60.

Burton Jr., V.S., Dunaway, R.G. and Kopache, R., (1992). To punish or rehabilitate? A research note assessing the purpose of state correctional departments as defined by state legal codes. *Journal of Crime and Justice16*, pp. 177 - 188.

Burton Jr., V.S., Ju, X., Dunaway, R.G. and Wolfe, N.T. (1991). The correctional orientation of Bermuda prison guards: an assessment of attitudes toward punishment and rehabilitation. *International Journal of Comparative and Applied*

Criminal Justice15, pp. 71 - 80.

Bales, William D. & Daniel P. Mears (2008). "Inmate Social Ties and the Transition to Society: Does Visitation Reduce Recidivism?", *Jornal of Research in Crime and Delinquency(45)*.

Ben-David, S. (1992) Staff to inmate relations in a total institution: A model of five modes of association. *International Journal of Offender Therapy and Comparative Criminology*, 36, 209-219.

Benekos, P. J. (1990), Beyond reintegration: Community corrections in a retributive era, *Federal Provation*, 54: 52-56.

Black M. & Smith R. G. (2003). *"Electronic monitoring and the criminal justice system"*, Trends and Issue in Crime and Criminal Justice.

Bösling, (2002). *"lekrronisch uberwachter Hausarrest als Alternaive zur kurzrn Freiheitsstrafe"* Monatsschrift fur Kriminologie und Strarechtsrmform.

Bottoms, Anthony E. (1999) *"Interpersonal Violence and Social Order in Prisons,"* in Prisons, edited by Michael Tonry and Joan Petersilia, pp. 205-281.

Bowker, L. (1980) *Prison Victimization*. New York: Elsevier.

Brian K. Payne & Randy R. Gainey, (2000). "Good-time Appropriate for Offenders on Electronic Monitring? Attitudes of Electronic Monitoring Directors" *Journal of Criminal Justice 28*.

Byron R. Johnson (2003). *"The InnerChange Freedom Initiative : A preliminary Evaluation of a Faith-based Prison Program"*, Center for Research on Religion and Urban Civil Society.

Champion, D. (1994). *Measuring Offender Risk: A Criminal Justice Sourcebook*, Westport, Connecticut: Greenwood Press.

Cooke, D.J. (1992) Violence in prisons: A Scottish perspective. *Forum on Correctional Research*, 4, 23-30.

Coulson, G. E. & Nutbrown, V. (1992). Properties for an ideal rehabilitative program for high-need offenders. *International Journal of Offender Therapy and Comparative Criminology*, 36(3), 203-208.

Clear, T. R., Stout, B. D., Dammer, H. R., Kelly, L., Hardyman, P. L., & Shapiro, C. (1992). *Prisoners, prisons, and religion*. Unpublished final report, Rutgers University, School of Criminal Justice, Newark, NJ.

Clear, T. R., Stout, B. D., Dammer, H. R., Kelly, L., Hardyman, P. L., & Shapiro, C. (1992). *Does involvement in religion help prisoners adjust to prison?* National Council on Crime and Delinquency Focus.

Clemmer, D., (1940). *The prison community.*, Holt, Rinehart, and Winston, New York.

Crouch, B.M. and Alpert, G.P., 1982. Sex and occupational socialization among prison guards: a longitudinal study. *Criminal Justice and Behavior9*, pp. 159 - 176.

Cullen, F.T., Fisher, B.S. and Applegate, B.K., (2000). Public opinion about punishment and corrections. In: Tonry, M., Editor, (2000). *Crime and justice: a review of researchvol.* 27, University of Chicago Press, Chicago, pp. 1 - 79.

Cullen, F.T., Latessa, E.J., Burton Jr., V.S. and Lombardo, L.X., 1993. The correctional orientation of prison wardens: is the rehabilitative ideal supported?. *Criminology31*, pp. 69 - 92.

Cullen, F.T., Link, B.G., Wolfe, N.T. and Frank, J., (1985). The social dimensions of correctional officer stress. *Justice Quarterly2*, pp. 505 - 533.

Cullen, F.T., Lutze, F.E., Link, B.G. and Wolfe, N.T., (1989). The correctional orientation of prison guards: do officers support rehabilitation?. *Federal Probation53*, pp. 33 - 42.

Davidson, J.C. and Caddell, D.P., (1994). Religion and the meaning of work. *Journal for the Scientific Study of Religion33*, pp. 135 - 147.

Dillman, D.A., (1978). *Mail and telephone surveys: the total design method.* Basic Books, New York.

Evans, T.D., Cullen, F.T., Dunaway, R.G. and Burton Jr., V.S., (1995). Religion and crime reexamined: the impact of religion, secular controls, and social ecology on adult criminality. *Criminology33*, pp. 195 - 224.

Glaser, D. (1964). *The effectiveness of a prison and parole system.* , Bobbs-Merrill, Indianapolis, IN.

Grasmick, H.G., Bursik, R.J. and Kimpel, M., (1991). Protestant fundamentalism and attitudes toward corporal punishment of children. *Violence and Victims6*, pp. 283 - 298.

Davis, W. (1982) "Violence in Prisons," in Developments in the Study of *Criminal Behavior*, vol.2. Chichester: Wiley.

Decker, S. H. & Salert. B. (1986). Predicting the career criminal : An empirical test of the Greenwood Scale, *Journal of Criminal law and Criminology*, 77: 215-236.

Ditchfield, J. (1997) *"Assaults in staff in Male closed Establishments: A statistical study*". London: Home office.

Feazwll, D. M., Quay, H. C. & Murray, E. J. (1991). The Validity and utility of Lanyon's Psychological Screening Inventory in a Youth Service Agency Sample, *Criminal Justice and Behavior*, 18: 166-179.

Federal Bureau of Prisons. (2002). *"The Mock Job Fair Handbook: Delivering the Future."*

Frank Schmalleger, (2003). *Criminal Justice: An Introductory Text for the 21st Century.* 7th ed. New Jersey : Prentice Hall, p.120.

Friel Vaughn, (1986) "Consumer' Guide to the Electronic Monitoring of Probation" *Federal Probation, Vol. 50, No. 3.*

Garabedian, P. G. (1963). *Social Roles and the Process of Socialization in the Prison.*

Gordon H. & Weldon B. (2003). "The impact of career and technical education programs on adult offenders", *The Journal of Correctional Education*, 54(4).

Hall, G. and Underwood, R. (1992) *Prison officer training and education.* In D. Bull (ed) Proceedings of the 1991 Conference of the Australasian Association of Criminal Justice Educators. Mitchell: Centre for Social Justice Studies, Charles Sturt University.

Howells, K., Day, D. and Byrne, M. (2000) *Best practice in the rehabilitation of offenders*. Report to ACT Department of Correctional Services. Adelaide: University of South Australia.

Howells, K., Watt, B., Hall, G. and Baldwin, S. (1997) Developing programs for violent offenders. *Legal and Criminological Psychology*, 2, 117-128.

Imogene L. Moyer, (2001). *Criminological Theories : Traditional and Nontraditional Voices and Themes*, Thousand Oaks, CA: Sage Publications, pp.296-335.

Johnson, D. L., Simmon, J. G. & Gordon, B. C. (1983). *Temporal consistency of the Meyer-Megargee Inmate*

Keay, N, (2000). "ome Detention An Alternative to Prison?"*Current Issues in Criminal Jusice 12.*

Kolstad, A. (1996) Imprisonment as rehabilitation: Offenders'assessment of why it does not work. *Journal of Criminal Justice*, 24, 323-325.

Kratcoski, P.C. (1988) "The Implications of Research Explaining Prison Violence and Disruption." *Federal Probation* 52(1): 27-32.

Lariviere, M. and Robinson, D. (1996) *Attitudes of federal correctional officers towards offenders*. Canadian Correctional Service Research Report.

Larson, J. D. (1992). Anger and aggression management techniques through the

Think First curriculum. *Journal of Offender Rehabilitation, 18*, 101-117.

Liebling, A. and Price, D. (1999) An exploration of staff-prisoner relationships at HMP Whitemoor. *Prison Service Research Report 6*. London: Home Office.

Liebling, A., Price, D. and Elliott, C. (1999) Appreciative enquiry and relationships in prison. *Punishment and Society*, 1, 71-98.

Light, Stephen. C. (1990) "The Severity of Assaults on Prison Officers: A Contextual Study." *Social Science Quarterly 71*: 267-83.

Mackenzie & Doris Layton. (2006). *"What Works in Corrections: Reducing the Criminal Activities of Offenders and Delinquents"*, New York: Cambridge University Press.

Matt Black & Russel G. Smith, (2003). "lectronic monitoring in the criminal justice system" *Trends & Issues in Crime and criminal Justice 254.*

McCorkle,Richard C.,Terance D. Miethe and Kriss A. Drass (1995) "The Roots of Prison Violence: A Test of the Deprivation, Management, and Not-So-Total" Institution Models." *Crime & Delinquency 41*: 317-331.

McGuire, J. (1995). *What works: Reducing reoffending: Guidelines from research and practice.* Chichester: John Wiley and Sons.

McGuire, J. (2000) *Reducing re-offending: Putting research into practice.* Presentation to a meeting of the Forensic College of the Australian Psychological Society, Adelaide, August.

Mills, Alice & Helen Codd. (2008). "Prisoners' Families and Offender Management: Mobilizing Social Capital", *Probation Journal, Vol. 55*(1).

Moos, R. (1975) *Evaluating correctional and community settings.* New York: Wiley.

Moos, R. (1987) *The social climate scales: A user's guide. Palo Alto Cal.: Psychologists' Press.*

Morgan, R. (1994) *Minimising the risk of suicide in custody. In A.Liebling and T.Ward* (eds) Deaths in custody: International perspectives. London: Institute for the Study and Treatment of Delinquency.

Ortmann, R. (2000) The effectiveness of social therapy in prison – A randomized experiment. *Crime and Delinquency*, 46, 214-232.

Patmore, P.R. (1990) *Unit programming: a positive approach: The Tasmanian Experience.* In Conference of Commonwealth Correctional Administrators. London: Legal Division, Commonwealth Secretariat.

Paulus, P.B. and Dzindolet, M.T. (1993) Reactions of male and female inmates to prison confinement:Further evidence for a two-component model. *Criminal*

Justice and Behavior, 20, 149-166.

Peat, B.J. and Winfree, L.T. (1992) Reducing the intra-institutional effects of "prisonisation": a study of a therapeutic community for drug-using inmates. *Criminal Justice and Behavior*, 19, 206-225.

Porporino, F.J. and Zamble, E. (1990) Coping with imprisonment. *Canadian Journal of Criminology*, 26, 403-421.

Prison Fellowship (2001). *"The InnerChange Freedom Initiative; A Place to Discover the Transforming Love of Jesus Christ"*.

Schmidt A. K. (2000). *"he use of Electronic Monitoring by Criminal Justice Agencies"* *National Institute of Justice*.

Smith, L. L. & Beckner, B. M. (1993). An anger management workshop for inmates in a medium security facility. *Journal of Offender Rehabilitation*, 19, 103-111.

Spangenberg G. (2004). "Current Issues in Correctional Education: A Complication and Discussion", *Journal of Correctional Education*.

Sparks, R., A. E. Bottoms and W. Hay. (1996) *Prisons and the Problem of Order. Oxford: Claredon.*

Sperbeck, D. J. & Parlour, R. R. (1986). Screening and managing suicidal prisoners, *Corrective and Social psychiatry and Journal of Behavior Technology Methods and Therapy, 32:* 95-98.

Stephen G. Gibbons & John Dana Rosecrance. (2005). *"Probation, parole and community corrections in the United States"*, Boston: Pearson/Allyn and Bacon.

Stephens, R. T. (1992). To what extent and why do inmates attend school in prison?, *Journal of Correctional Education*, 43: 52-56.

Toch, H. (1977) *Living in prisons: The ecology of survival.* New York: MacMillan.

Trotter, C. (1996) The impact of different supervision practices in community corrections: Cause for optimism. *Australian and New Zealand Journal of Criminology*, 29, 29-47.

Wexler, H.K., De Leon, G., Thomas, G., Kessel, D. and Peters, J. (1999) The Amity Prison TC evaluation. *Criminal Justice and Behavior*, 26, 147-167.

Williams, T.A. (1983) Custody and conflict: An organisational study of prison officers' roles and attitudes. *Australian and New Zealand Journal of Criminology*, 16, 44-55.

Woodward T. G. (2008). "Using protective factors to change the future of corrections", *Corrections Today, 70(1)*.

Wooldredge, J.D. (1999) Inmate experiences and psychological wellbeing. *Criminal Justice and Behavior*, 26, 235-250.

Wright, K. N. (1988). The relationship of risk, needs, and personality classification systems and prison adjustment, *Criminal Justice and Behavior*, 15: 454-471.

Wright, K.N. (1985) Developing the prison environment inventory. *Journal of Research in Crime and Delinquency*, 22, 257-277.

〈부록〉 교정학자 인명사전

▌ Alexander Machonochie

존 하워드의 영향을 받아 오늘날 행형의 근간을 이루고 있는 점수제(Mark system)와 계급별 단계처우제도(Progreessive Stage System)를 창안하여 시행하였다. 이는 오늘날의 누진처우제도로 수인(囚人)을 처우하는 데 있어서 각 수형자에 대하여 그 형기에 상당하는 책임점수를 정하고, 수형자의 행형실적에 따라 그 처우를 우대해나가는 제도의 시발이였던 것이다.

▌ Arthur Phillip

영국의 장군으로 convict라고 일컬어지는 죄수들과 간수들을 이끌고 호주에 정착한 인물이다. 1787년 영국을 떠나 1788년 Botany Bay를 통해 들어와 정착지를 개간한 후, 1791년 New South Wales의 주지사가 되었다.

▌ Andrew von Hirsch

1970년대 초반 미국 구금연구위원회(Committee for the study of Incarceration)의 구성원이었으며, 그 논의의 결과를 종합한 연구보고서를 통해 이른바 '단순응보(just desert)이론'을 주장하였다. 현재는 영국 캠브리지대학 범죄학 연구소(Institute of criminology)의 형벌이론 담당교수이다.

▌ Benjamin Franklin

존하워드의 영향을 받아 필라델피아 형법개정 후 교도소 개량협회가 설립되어 위생적인 교도소개량운동을 전개한 결과, 1790년 미국 최초의 일부 독거실(36개)을 갖춘 월넛트 구치시설(Walnut Street Jail)이 프랭클린의 주도로 건설되었다.

▌ B. Freudenthal

독일의 형법학자로 1909년 프랑크푸르트(Frankfurt) 대학 총장 취임에서 '수형자의 국법상 지위'(Die staatliche Stellung des Gefangenen)라는 제목으로 강연과 논문에서 첫째, 형식적으로 수용자의 권리제한은 법률 또는 법규명령에 의하여야 한다. 둘째, 실질적으로도 국가와 수용자의 관계는 권리·의무의 관계 내지 법률관계로써 규제되어야 한다. 셋째, 형식적으로나 실질적으로나 수용자의 법적 지위 내지 권리를 보호하기 위한 권리구제제도가 마련되어야 한다고 주장하였다.

Irwin & Cressey

수용자 하위문화는 교도소의 특유의 박탈과정에 저항함으로써 생성되는 것이 아니라 대부분의 경우 외부에서 유입되는 것이라고 보았고 이러한 모델을 유입모델(importation model)이라고 하고 있다. 이 모델에 따르면 교도소에 있을 때 수용자는 대부분 교도소 밖에 있을 때와 마찬가지로 행동한다고 보기 때문에 수용자의 교도소화는 무엇보다도 그의 입소 전 생활에 달려 있으며 수감의 조건이 수용자의 유대감을 강화시키지는 않는다고 보는 관점이다.

Donald Clemmer

‘교도소화(prisonization)’ 개념을 최초로 제시한 사회학자이다. 수형자들이 교도소에 수감되면서 특유의 문화에 적응하게 되면서 범죄성을 악화시키고 출소 후 사회적응을 불가능하게 만든다고 주장하고 있다. 교도소화의 선행요인들은 사회학습이론뿐만 아니라 통제이론의 시각에서 새롭게 해석하고 두 이론의 예측을 서로 대립시켜 검증함으로써 교도소화 연구의 새로운 가능성을 찾고자 하였다.

Elam Lynds

오번제도의 창시자로 혼거제를 시행하여 주간에는 공동생활, 야간에는 독거로 작업능률 향상을 목표로 하였다.

Eric Berne

미국의 정신의학자로 교류분석이론(Transactional Analysis)을 처음 세웠다. 인간은 다른 사람과의 상호교류를 통해 욕구를 충족시키고 성장하기 때문에 사회적 상호작용을 원하며 따라서 끊임없는 심리적 게임을 이어가게 된다는 것이다.

G. M. Sykes

범죄는 사회규범에 대한 위반행위로서 역사적/문화적 환경에 따라 다르다는 중화기술이론을 주장하는 범죄학자이다.

E. Goffman

캐나다 출신으로 시카고 대학에서 현대사회의 정체성을 연구한 사회학자이다. 인간의 모든 일상적인 행위들은 연극적 행위로 간주하여 우리가 사회화 된다는 것은 우리에게 주어진 배역이 무엇인지, 그 배역에 맞는 대본이 무엇이며 누구와 공모해야 하는지, 그리고 가장 중요한 관객이 누구인지를 배우는 것이라고 주장한다.

❚ H. J. Eysenck

독일 출생의 영국 심리학자이다. 인격 연구에 실험적 방법을 적용하였고, 행동요법을
보급하였다. 인간을 신경증/정서안정성과 외향성/내향성으로 나누어 설명하고 있다.

❚ Jeremy Bentham(1748~1832)

죄수를 효과적으로 감시할 목적으로 고안한 원형 감옥인 파놉티콘을 제안하였다. 벤담
이 제안한 공리주의는 철저한 경험주의, 의식적 법개혁의 필요성, 그리고 실용주의 법률관
을 취한다. 따라서 이념적 자연법을 중시한 Blackstone의 이론이 배경됨은 물론, 역사법학
역시 거부한다.

벤담은 영국의 법학자 철학자로 18세기 말과 19세기 초에 걸쳐 활동했다. 그의 이름을
경제학의 역사에 새긴 책은 1789년에 나온 『도덕과 입법의 원리 서론』(An Introduction
to the Principle of Morals and Legislation)이다. 벤담은 도덕적 선악의 기준을 외부적 규범
이 아니라 인간의 본성에서 찾았다. 벤담에 따르면 삶의 목적은 행복을 추구하는 것이고
행복은 고통을 피하고 쾌락을 얻는 데 있다. 무엇이 쾌락이며 무엇이 고통인지를 판단하
는 주체는 행복을 추구하는 개인이다. 사회의 행복은 개인의 행복을 합친 것이며 입법의
목적은 사회 전체의 행복을 증진하는 것이다. 이러한 생각은 '최대다수의 최대행복'이라는
표현으로 집약된다.

❚ J. Haviland(1792~1852)

필라델피아의 동부 주형무소(1821~9)와 뉴욕 묘지(1836~8) 등 감옥 설계자로 알려졌
으나, 그가 포츠빌(Pottsville)에 설계한 농부-기계공은행(1830)은 파사드 전체를 철제로 건
축한 최초의 사례로서 이는 영국보다 25년 이상 앞선 것이었다.

❚ John Howard(1726~1790)

영국의 교도소 개량운동가이자 박애주의자이다. 저서로 『교도소의 상태』가 있다.
1866년 영국에 하워드협회가 설립되었다.

존 하워드는 런던 근교 해크니 출생. 대상(大商)의 아들로 태어나, 부친 사망 후 물려받
은 재산으로 자선사업가가 되었다. 1755년 리스본에서 발생한 지진피해자 구제를 위하여
포르투갈로 가던 중 프랑스 배에 잡혀 투옥당한 뒤, 1773년 베드퍼드의 주장관이 되어 교
도소를 시찰하게 되었는데, 자신의 옥중체험 때와 같은 참상을 목격한 것이 그와 같은 일
을 하게 된 계기였다고 한다.

1775년부터 2년간 유럽 각국의 교도소를 시찰하고 돌아와 『교도소의 상태』(The State
of the Prisons, 1777)를 자비출판하여 교도소 개량운동에 앞장섰다. 그 후에도 여러 차례
에 걸쳐 8만 km의 유럽 시찰여행을 감행하다 열병에 걸려 러시아의 헤르손에서 죽었다.
1866년 영국에 하워드협회가 설립되었는데, 이 협회는 그의 인도주의를 본받아 그 후의
옥제(獄制)개혁에 크게 공헌하였다.

▎ Robert Martinson

특히 1975년의 저서『교정처우의 유효성』(Effectiveness of correctional Treatment)에 있어서 지금까지의 각종 사회복귀프로그램에 있어서 행해진 평가연구들을 망라해서 조사하고 평가하여 「전부가 무효다」(NOTHING WORKS)라고 결론지었다. 이 연구는 현 시점에서 보면 상당히 문제가 있지만, 그것이 교정에 끼친 영향은 커다란 것이었다.

1975년 연방차원의 의료모델에서의 철수라고 하는 획기적인 정책전환은 형벌목적을 개선교육에서, 응보 격리, 무능력화로 변경시키는 것을 과감히 하게 되었기 때문이다. 이는 형사정책입법의 공통 목적은 유죄판결을 받은 사람의 시설수용률을 높이고, 형을 장기화시키고 복역 중 석방시킬 가능성을 최소화하는 것이기 때문에 과밀수용이라는 사태에 직면하게 되었다.

이로 인해 미국의 형사사법정책담당자는 일종의 딜레마에 빠지게 되었다. 즉, 범죄증가에 직면에 대해서 엄격하게 과형을 요구하는 일반사회의 요청에 응한 경우에는, 교정시설은 한층 과밀수용이 될 것이고 과밀수용을 해소하기 위해서 가석방제도 등을 활용해서 시설수용인원을 줄일 경우에는 위험한 범죄자를 사회에 내보낸다고 하는, 일반사회로부터의 비판을 받게 되는 것이다. 왜냐하면 범죄로부터 해방된 안전한 사회를 실현하기 위해서는 필연적으로 시민에 대한 재정상의 부담을 요청하게 되고 재정상의 부담인가 아니면 사회의 안전인가의 둘 중 하나를 택하는 것은 시민을 압박하게 되고 결국 좋은 정책이라고 할 수 없기 때문이다.

▎ Maxwell Jones

1953년 환경치료모델을 제안하였다. 병원시스템 내에서 환경을 재구성해주고 그 속에서 인간관계를 보다 건강하게 재현시킴으로써 화자의 자아기능이 새로운 변형을 경험할 기회를 제공하여 보다 효과적이고 건강한 방법으로 사회에 재적응시키고자 하는 것이다.

▎ Michel Foucault(1926~1984)

프랑스의 철학자이다. 1958년 바르샤바 대학 프렌치센터에서 근무를 시작하여 1971년부터 13년간 콜레주 드 프랑스 교수로 활동하였다.

푸코는 '감시와 처벌'이라는 저서를 통해 정신병원은 환자를 치료하기 위한 인간적 장치가 아니라 이성중심적 사회가 배타적이고 독선적인 가치기준으로 광인을 추방하고 감금해온 장소로서 인간에 대한 권력의 지배를 강화하기 위한 억압적 수단의 필연적 산물이라고 분석한다. 또한 감옥은 범죄자들의 단순한 수용소가 아니라 권력의 사회통제를 위한 전략의 소산이며 그 범죄자들은 경제적, 정신적으로 유용한 존재들이기 때문에 그들을 존속시키기 위해서 필요한 기관이 되고 있다는 것이다.

▎ Samuel Gridley Howe(1801~1876)

미국의 교육가이자 사회사업가로 미국 최초의 맹학원(盲學院)인 퍼킨스맹학교를 설립하였고 특수교육 및 비행청소년의 교정교육과 자선사업에 힘썼다. 최초의 공적 복지기관인 매사추세츠주 자선위원회를 설립하여 위원장을 역임했다. 그는 하버드대학교 의학부를 졸업한 후 그리스독립전쟁에 외과의사로 참가하였다. 1929년 귀국, 1931년 보스턴·뉴잉글랜드 맹인수용소 설립사업에 종사하면서 맹인교육 조사차 유럽에 건너갔으나 폴란드 혁명에 말려들어 체포·투옥되었다가 귀국하였다. 그리고 1932년 미국 최초의 맹학원(盲學院)인 퍼킨스맹학교(Perkins School for the Blind)를 보스턴에 설립하고 1944년간 교장으로 활동하면서 농교육(聾敎育)·정신지체인교육 등 특수교육 및 비행소년의 교정교육, 그 밖의 자선사업 전반에 걸쳐 선각자로서의 역할을 하였다. 1963년 그의 진언에 따라 주(州) 단위 공적 복지기관으로는 최초인 매사추세츠주 자선위원회가 설립되어 1965~1974년 그 위원장을 역임하였다.

▍ T. M. Osborne

뉴욕 오번시의 시장이었던 Osborne은 Donald Laurie가 저술한 『My Life in Prison』을 읽고 감명을 받아 1921년에 뉴욕주립교도소 개혁위원회의 의장직을 수락한 바 있다. 이후 싱싱교도소의 소장으로 임명되어 수용자들의 자율통제 프로그램을 실시하였으며, 최초로 실제적인 분류심사제도를 정립하였다.

▍ Zebulon Brockway(1827~1920)

1876년 뉴욕의 엘마이라 감화원에 소장으로 부임하면서 새로운 누진제도를 시도하였다. 개별화된 교육처우프로그램을 시행하였다. 수용자는 낮에는 엄격한 작업일정에 따르게 하였고 저녁에는 학술적, 직업적, 도덕적 과목의 교육과정을 이수하게 하였다. 일정한 점수들을 따면, 등급을 올려 가석방의 기회를 주게 하였다.

▍ Philip Zimbardo(1933~)

스탠퍼드 대학교 심리학교수로 '스탠퍼드 감옥 실험'으로 유명하다. 이를 바탕으로 일부 미군들이 이라크인 포로들을 잔혹하게 다루는 행위를 분석하였다.

공정식

▌현재경력

경기대학교 일반대학원 범죄심리학과 대우교수
경기도 청소년상담지원센터 청소년지원단 위원
대법원 법원행정처 전문심리위원
법무부 범죄예방정책국 법교육위원회 전문위원
행정안전부 공채/승진 시험출제 · 문제선정 · 면접위원 등

▌학 력

경기대학교 법정대학 법학사(교정학 전공)
고려대학교 교육학석사(범죄상담 전공)
경기대학교 심리학박사(범죄심리 전공)

▌강의경력

경기대학교 · 세종대학교 · 경원대학교 · 가톨릭대학교 외래교수
법무연수원 · 법원공무원교육원 외래교수
성공회대학교 사회복지학과 겸임교수 등

▌주요 저서

『분류처우론』(2002), 동현출판사
『교정심리학』(2008), 시피디자인
『Best of Best 심리학』(2009), 가람북스
『살아있는 범죄학』(2010), 마무리닷컴

정선희 ─────────────────────────────────

▌현재경력

경원대학교 · 나사렛대학교 외래교수
한국형사정책연구원 인턴연구원
한국심리학회인증 범죄심리사 1급 등

▌학 력

경기대학교 법정대학 교정학사(교정학 전공)
경기대학교 심리학석사(범죄심리 전공)
경기대학교 심리학박사 수료(범죄심리 전공)

▌주요 논저

『최종마무리 교정학』(2009), 배움
「범죄사건에 대한 회상에 있어 현실모니터링 준거에서의 차이」
「현실모니터링 기법에 의한 진술의 진실여부 판단」
「현실모니터링 준거에 대한 타당성 연구」
「청소년대상 성범죄의 발생추세와 동향분석」
「연쇄성폭력범죄자 프로파일링과 프로파일링 제도 연구」
「진술의 진실여부 탐지를 위한 과학수사기법 – 진술분석」 등

초판인쇄 | 2010년 3월 31일
초판발행 | 2010년 3월 31일

지 은 이 | 공정식 · 정선희
펴 낸 이 | 채종준
펴 낸 곳 | 한국학술정보㈜
주　　소 | 경기도 파주시 교하읍 문발리 파주출판문화정보산업단지 513-5
전　　화 | 031) 908-3181(대표)
팩　　스 | 031) 908-3189
홈페이지 | http://www.kstudy.com
E-mail | 출판사업부　publish@kstudy.com
등　　록 | 제일산-115호(2000. 6. 19)

ISBN　978-89-268-0922-8 93360 (Paper Book)
　　　　978-89-268-0923-5 98360 (e-Book)